创业基础理论与实务

主　编　兰　海　赵治中

副主编　王艺霖　崔　锐　朱　芳

重庆大学出版社

内容提要

本书的编写以教育部《普通本科学校创业教育教学基本要求（试行）》（2012）和《国务院办公厅关于深化高校创新创业教育改革的实施意见》（2015）精神为指导，结合教师团队多年的创新创业一线教学经验，以及创新创业大赛的指导经验，直面创新创业过程中的实际问题，突出创业理论知识的系统性、创业内容的实用性和章节编排的新颖性特点。本书严格遵循普通本科学校创业教育教学基本要求和教学大纲规范要求，形成了绪论、创业概述、创业者与创业团队、创业机会与风险、商业模式设计与创新、创业资源与融资、创业计划、新企业的创办与管理等共八章的内容。本书结合各章内容设置了"知识框架图""案例导入""小知识""小故事""课堂训练""拓展阅读"等栏目，增强了内容的可读性和实操性。

本书作为大学创新创业教育课程的教材，适用于作为本科生、MBA 和其他相关专业的研究生创业基础教材，也可作为创业者、企业家以及对创新创业感兴趣的自学者的用书。

图书在版编目（CIP）数据

创业基础理论与实务 / 兰海，赵治中主编. ––重庆：
重庆大学出版社，2022.5
ISBN 978-7-5689-2467-2

Ⅰ.①创… Ⅱ.①兰… ②赵… Ⅲ.①大学生—创业—
高等学校—教材 Ⅳ.①G647.38

中国版本图书馆CIP数据核字（2020）第199945号

创业基础理论与实务
主 编 兰 海 赵治中
副主编 王艺霖 崔 锐 朱 芳
策划编辑：鲁 黎

责任编辑：文 鹏 版式设计：鲁 黎
责任校对：刘志刚 责任印制：张 策

*

重庆大学出版社出版发行
出版人：饶帮华
社址：重庆市沙坪坝区大学城西路21号
邮编：401331
电话：（023）88617190 88617185（中小学）
传真：（023）88617186 88617166
网址：http://www.cqup.com.cn
邮箱：fxk@cqup.com.cn（营销中心）
全国新华书店经销
重庆长虹印务有限公司印刷

*

开本：787mm×1092mm 1/16 印张：19.25 字数：375千
2022年5月第1版 2022年5月第1次印刷
ISBN 978-7-5689-2467-2 定价：48.00元

前言

　　20 世纪 80 年代，德鲁克提出了"创业型经济"的概念，认为"管理型经济"正在向以创新为重要特征的"创业型经济"转型，创业型经济是建立在创新与新创事业基础上的一种经济形态，创业型经济需要创业素质教育和创业精神的培育。随着现代化建设、改革开放和全面建成小康社会的不断发展，中国越来越需要更多的创新企业和创新创业人才。创新创业教育就是以培养创新精神和创业能力为基本价值取向，以培养创新型人才为主要目标的教育。深化高等学校创新创业教育改革，是国家实施创新驱动发展战略、促进经济提质增效升级的迫切需要，是推进高等教育综合改革、促进高校毕业生更高质量创业就业的重要举措。

　　创业有利于个体发展和社会进步。创业往往是创业者追求梦想的重要手段和目标。创业提供社会就业岗位，向社会提供商品和服务，促进科技创新和经济增长，进而促进社会发展，提高社会福祉水平。为此，党和国家非常重视我国高等学校创新创业教育的发展。2013 年 5 月 4 日，习近平总书记在与各界优秀青年代表座谈时指出："广大青年一定要勇于创新创造。创新是民族进步的灵魂，是一个国家兴旺发达的不竭源泉，也是中华民族最深沉的民族禀赋，正所谓'苟日新，日日新，又日新'。生活从不眷顾因循守旧、满足现状者，从不等待不思进取、坐享其成者，而是将更多机遇留给善于和勇于创新的人们。青年是社会上最富活力、最具创造性的群体，理应走在创新创造前列。"李克强总理指出："大学生是实施创新驱动发展战略和推进大众创业、万众创新的生力军，既要认真扎实学习、掌握更多知识，也要投身创新创业、提高实践能力。"党的十七大以及《国家中长期教育改革和发展规划纲要（2010—2020 年）》明确提出要"提高自主创新能力，建设创新型国家"，要"实施扩大就业的发展战略，促进以创业带动就业"，把鼓励创业、支持创业放到更加突出的地位。党的十八大明确提出要实施创新驱动发展战略。党的十八届五中全会提出了创新、协调、绿色、开放、共享的发展理念，明确提出必须把创新摆在国家发展全局的核心位置。党的十九大提出"青年兴则国家兴，青年强则国家强，青年一代有理想、有本领、有担当，国家就有前途，民族就有希望，中华民族伟大复兴的中国梦终将在一代代青年的接力奋斗中变为现实"。

　　在此背景下，国家相关部门出台了一系列支持创新创业教育发展的文件和意见。2012 年 8 月 1 日，教育部下发了《普通本科学校创业教育教学基本要求（试行）》的通知（教高厅〔2012〕4 号）文件，说明我国大学生创新创业教育进入了明确规范可依的发展阶段，高质量的教材建设被提上了日程。2015 年 9 月 23 日，国务院颁布了《关于加快构建大众创业万众创新支撑平台的指导意见》（国发〔2015〕53 号），明确提出要"把握发展机遇，汇众智搞创新，汇众力增就业，汇众能助创业，汇众资促发展"。国务院办公厅《关于深化高等学校创新创业教育改革的实施意见》（国办发〔2015〕36 号）明确指出，面向全体学生开设研究方法、学科前沿、创业基础、就业创业指导等方面的必修课和选修课，纳入学分管理，建设依次递进、有机衔接、科学合理的创新创业教育专门课程群。教育部《关于中央部门所属高校深化教育教学改革的指导意见》（教高〔2016〕2号）指出，坚持把深入推进创新创业教育改革作为中央高校教育教学改革的突破口和重中之重。

创新创业教育紧密贴合经济社会发展的需求，是经济管理学科领域正在成长起来的交叉专业学科。2014年，自从在国家层面提出并营造"双创"氛围以来，创新创业教育在高等院校得到发展，各个高校在相关学科专业层面推动创业教育的发展。当前，国内创业管理的相关研究和创新创业教育的教材编著成果较为丰富，呈现"百花齐放"的局面。本书编写团队结合自身在创业教育一线的经验和发现的问题，综合借鉴国内已有的研究成果和教材编撰出版经验，按照绪论、创业概述、创业者与创业团队、创业机会与风险、商业模式设计与创新、创业资源与融资、创业计划、新企业的创办与管理8章内容的思路来阐述创业活动的内容。

本书的编写，主要有以下特点：

第一，注重创业理论知识的系统性。本书的理论知识体系围绕创业活动及相关要素等知识体系内容展开，涵盖了创业过程的理论知识内容，对创业的相关知识、技能作了较为全面的阐述，有助于学习者对创业知识体系内容的把握。

第二，突出内容的实用性。本书注重创业理论与创业实务的有机融合，通过将创业理论、创业家思想、创业案例、创业小知识、拓展阅读、创业相关测试等结合起来，使学习者在学习创业知识的同时，领悟创业者及创业企业家们的思考方式和解决问题的方法，满足创业人才培养的基本要求。

第三，章节内容编排的新颖性。本书的章节组织基本按照创业的要素以及创业过程的规律要求来进行设计编写，结构合理，层次清晰。在编排上，设置了开篇案例导入、小知识、拓展阅读等实务内容。学生通过理论与实务的有机结合，在更深的层面理解和掌握理论。

本书编写团队由青海大学财经学院从事创新创业教育和研究的5名教师组成，兰海、赵治中担任主编，王艺霖、崔锐、朱芳担任副主编。其中，兰海负责编写第一章和第三章，赵治中负责编写第二章和第六章，王艺霖负责编写第四章和第五章，朱芳负责编写第七章，崔锐负责编写第八章。兰海和赵治中负责全书的校对工作，同时负责全书的整体篇章结构把握、统稿和修订。

本书在编写过程中引用了许多企业家、创业者、管理学家、管理研究者的相关观点、研究内容等，参阅了大量的文献和研究资料，这些观点和内容有来自正式出版的图书、教材、专著、学术期刊等，也有来自互联网信息及相关网站。在本书的每章后面都列出了主要的参考资料或文献，或在篇章相关内容标注了引用来源，如还有遗漏未列出的，请予以谅解。本书得到青海大学教材出版基金项目的资助，是青海大学教材出版基金建设的成果之一，同时，在编写的过程中得到重庆大学出版社的大力支持和帮助，在此一并深表谢意。

在本书正式出版之前，其主要内容已经在2018—2020年的三轮"创业基础"课程教学过程中作为讲义进行了使用，但由于编者的水平有限，书中的缺陷和问题在所难免，殷切期望得到读者和创新创业教育领域的同行专家、学者的批评和指正。

编　者

2020年12月

目 录

第一章
绪 论

知识框架图

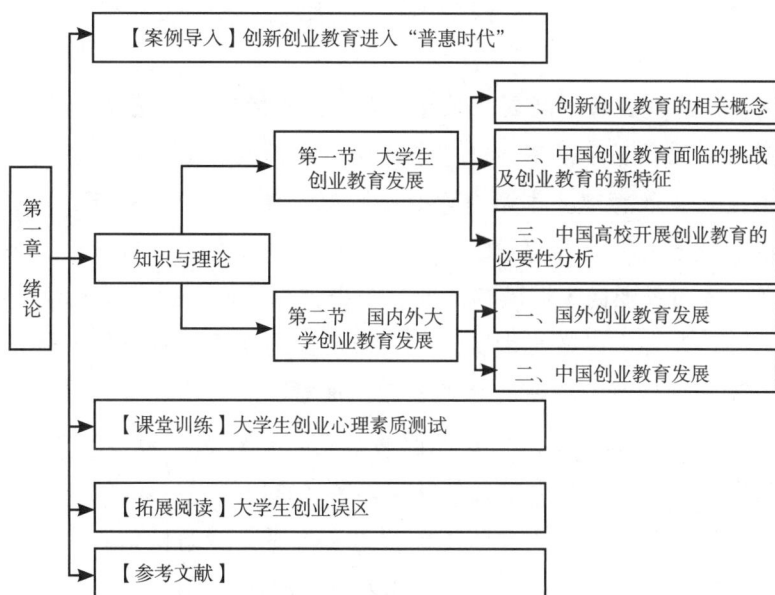

►►► 案例导入

创新创业教育进入"普惠时代"

创新创业教育从未像今天一样被放到如此之高的地位上来讨论。从中央到地方无不把"创新创业教育"看成未来发展的基石。

日前，在由上海财经大学主办，北京大学、复旦大学、浙江大学、南京大学等参与的第三届全国创新创业教育研讨会上，与会的专家、学者疾呼，"科技发展到现在这个地步，再不抓紧培养能适应未来发展的学生，就来不及了"。

"探索了10多年，创新创业再这么发展下去行不行？"浙江大学社会科学研究院院长徐小洲发现，10多年来，随着科技进步，再用老办法来搞创新创业教育已经不行了，"第一代创业者，有的可能是文盲；第二代创业者大多专科毕业，享受了改革开放的红利；第三代创业者，就是现在的年轻人，在人工智能、大数据时代，他们需要什么能力？大学能给他们什么能力？"

大学的担子太重了！高校除了要应付基本的教学、科研外，还肩负着培育"创新创业"人才的重任。有的高校，以办创业大赛为主要抓手，让学生参加各种创业比赛、写创业计划书；有的高校，鼓励学生"实际创业"，哪怕开一家淘宝小店都算创新创业；有的高校，设立大学生创业园、高校科技园，把有创业意愿的学生聚集在一起，辅导学生创业。

但这些，在徐小洲看来，都不能等同于"创新创业教育"。"真正的教育，是普惠性的，要让每一个学生都能具备这种能力。大学生不一定要创业，能有这种意识就可以。"

徐小洲说，目前我国的创新创业教育还面临许多问题。最明显的是"缺乏特点"，每一所学校创新创业教育都差不多。"老师少，真正能够走向讲台、走进创业团队的师资力量普遍匮乏；教育部要求两个学分必修课，但我估算了一下，中国近 3 000 所高校里只有极少数学校可以开得出这门必修课；学科壁垒没法打破，一个创业项目可能要好几个学院不同专业的老师共同指导，但老师们要问，这能算教学任务量吗？"

更大的压力，来自中国学生本身，"从幼儿园到高中一路走来，都是应试教育，他们到大学要换一种思维、换一种方式创业，很难"。徐小洲说，目前创新创业教育叫得最大声的是高校，但实际上高校能做的只是"一点点"而已，收效甚微，"基础教育过程中没有创新创业，到大学突然转了，怎么办？"

他认为，创新创业教育最重要的不是"创业比赛""高校创客空间"，而是课程和教学，"未来将是老师和学生一起在创业大海里游泳"。

资料来源：王烨捷，中国青年报，2018 年 5 月 29 日 10 版。

知识与理论

第一节　大学生创业教育发展

一、创新创业教育的相关概念

（一）创新

美籍奥地利经济学家约瑟夫·熊彼特在《经济发展理论》（1912 年）中首次使用了"创新"这个词语。熊彼特认为创新包括引进新产品、引进新技术、开辟新市场、控制原料的新供应来源、实现企业的新组织 5 种方式。创新就是要建立一种新的生产函数，即企业家把一种从来没有过的关于生产要素和生产条件的"新组合"引入生产体系。创新活动就是开发新的要素组合，也就是在现有的生产体系内部建立一种新的生产函数，引入并开发一种之前从来没有过的生产要素和生产条件，并对它们重新进行组合排列，形成"新组合"。这种"新组合"主要包括以下 5 种情况：①引进新产品或改进原有产品的质量，新产品就是目前消费者还不熟悉的产品，或者说是这种产品又有了新的特征；②引进新技术，即采用新的生产方法，也就是在现在的有关生产部门还没有通过检验鉴定的方法，大多数制造商还不清楚具体操作的生产技术；③开拓一个新的市场，也就是相关国家或地区的某一生产部门以前从没有进入过的市场，这个市场是全新的，需要另外开辟拓展；④摒弃目前产品原材料的供应源，控制或者开发新的供应来源；⑤重新构建任何一个行业的一种新的组织。这 5 种情况分别对应产品的创新、技术的（工业的）创新、市场的（商业模式的）创新、原材料的（资源配置的）创新、组织的创新。

自 20 世纪初约瑟夫·熊彼特对创新理论进行系统总结以来，创新的概念内涵得到不断的丰富和发展。创新不断驱动人类社会向前发展，当前中国政府已经提出并且在不断推进创新驱动发展战略。创新是人类社会才有的认识能力和实践能力，是人类的主观能动性的高级表现形式。从创新的过程来看，创新主要聚焦于"创"，整个过程具有创造性。创新是一种创造性的活动，是一个选择、试错和决定的过程，是一个变革旧事物、创造新事物的过程。从结果来看，创新主要聚焦于"新"，所创造的成果必须是新颖的，即创新就是要创造出新颖的、从未有过的或与过去有所不同的事物，表现为物质产品、精神产品、新关系、新需求等。创新是一种思维方式，既可以是科技上的创新，也可以是组织层面的方法创新。

创新是知识经济时代里非常需要的一种理念。知识经济作为一种经济形态，从经济学的范畴里来探寻创新的来源，探寻创新的经济学理论的解读。从词源来看，创新与创造不同，创新是一个外来词，是从英文 Innovate（动词）或 Innovation（名词）翻译过来的。最初英汉字典一般把创新翻译成"革新"，如"技术革新"，但技术革新通常容易被人理解成技术上的小突破，用"技术创新"的表达更为贴切。创新可以定义为运用相关知识和理论，在工作、生活和学习中具有不断提供经济价值、社会价值、生态价值的新思想、新理论、新方法和新发明的能力，这些创新能力具体表现为预见能力、专业能力和实践能力等。创新从本质上来说可以分为科技创新和商业创新两大类。其中科技创新主要聚焦于自然规律的新发现，这种创新也被称为"始创新"。科技创新的突出表现是，新的科学发现随之带来的是新产业革命。正在兴起的新科技催生生物技术产业、新材料产业、新能源产业、环保产业等新兴产业，也就是通常说的高科技产业化。以科技创新为先导的产业转型升级，反映了现代世界科技和产业发展的趋势。而商业创新主要表现为在生产、销售、财务等领域的价值新创造，商业创新主要聚焦于"创造新价值"，商业创新可以进一步细分为"流创新（过程创新）"和"源创新（源头创新）"。

小·知识

雷军谈创新

其实我觉得应该把创新说得简单一点，创新不就是做别人没有做过的事情吗？但是为什么创新这么稀缺？这才是大家应该讨论的问题，大家不应该讨论什么是创新，如何去创新，而是应该讨论为什么创新这么稀缺。

创新的本质是什么？从一个简单的逻辑来看这个问题，创新就是做别人没有做过的事情，它的潜台词是什么？别人为什么不做？是因为这样做很容易输和失败，大家才不去做。如果这样做有很多好处，大家一定会去这么做，一定是有很多的坏处，有很高的风险，大家才不去做。

创新背后的第一个词是什么呢？是有很高的风险。对于一个大公司来说，每个人在工作的过程中都在求稳，都希望成功，有很多的 KPI（Key Performance Indicator，关键绩效指标），有很多考核的要求，在这种希望成功的压力下，大家都会选择最保守的事情，肯定不会去干高风险的事情，创新在大公司变得越来越稀缺。

无论在硅谷还是在全球其他地方，创新主要是小公司干，小公司什么都没有，而大公司有品牌、有技术、有人才。小公司想生存下去，想有所突破就必须得创新。对于整个社会来说，要鼓励创新，最重要的就是容忍创新所带来的后果，绝大部分的创新都是失败的，社会上如果没有容忍失败的环境，创业是很难持续的。我认为大家不应该问什么是创新，而是应该问为什么中国创新这么少？创新的本质问题是要容忍失败。

资料来源：知乎.创业时，我们在知乎聊什么？［M］.北京：中信出版集团，2019：100-101.

（二）创新教育

创新教育的提法源于 20 世纪 60 年代的美国，在国内明确的提法是在 20 世纪 80 年代末，其实质是对传统教育模式的革新，一种与时俱进，以顺应知识经济发展的需求。创新教育外延非常宽泛，覆盖了高校教育教学工作的方方面面，具有"时时、处处、人人"的特征，包括了教学条件、师资、课程、考评、学生管理服务、社团活动等，核心是培养方案和课程体系，目标是培养创新思维方法。创新教育是以培养人的创新素质（观察、思维、协作、操作等），提升人的创新能力为目的的教育活动，其落脚点在创新精神、创新思维、创新意识、创新能力。

创新精神是大学生创业教育的首要目标，创新教育通过围绕创新的 3 个层次核心内容展开，学校通过展开各种具体的教育形式，培养学生对新知识的探索精神，培养重新组合知识的综合能力和准备"首创前所未有"事物的创造意识和创造能力。首先，在培养大学生的探索精神方面，要树立坚持对知识再次发现探索式的学习观念，要求学生不要盲目接受和被动式记忆课本或教师传授的知识，培养学生主动进行自我探索，把学习变成一种再次发现人类以往累计知识的参与式活动。其次，在综合能力培养方面，重视学生将现有知识重新组合为新知识能力的培养，这种新组合的独特性和新颖性就是创新。知识的重新组合就是要把原来几种知识联系起来形成一种综合知识，或者把一种知识拆分成几个部分，以新的形式将这些部分重新联系起来成为一种综合知识，成为具有新特征、新功能、新内容的知识。最后，在创造意识和创新能力培养方面，要重视和加强大学生这方面能力的培养。创造意识是驱动个体进行创造行为的心理动机，只有具备了创造意识的人才有可能进行创造和发明。创新素质不仅表现为新思想、新技术和新产品的发明创造，更表现为善于发现问题、求新求变、积极探究的心理取向。创新意识围绕创新的动力问题，主要解决"为什么要创新和为谁创新"的问题，大学生的创新意识只有通过长期坚持不懈的人生观和价值观的培养才能形成。创新思维和创新能力主要是解决"如何创新"的问题。

创新教育越来越受重视，关键在于它适应了现代社会发展的需要。现代社会最大的特点就是发展加速、知识爆炸、技术革新加快推进，经济社会各个领域快速发展越来越依赖于知识创新。创新教育具有独特性，大学生的创新除了具有一般创新群体的共性特点外还有自身的特点，具体表现为在学习的过程中逐渐形成独特的个人见解、有创新性的想法和做法，创新教育能够培养创新精神、创新能力和健全人格。创新教育具有全面性，能够引导大学生掌握较为全面、系统的基础知识，为开发学生的各方面潜能打好基础，使大学生群体在德、智、体、美、劳等方面获得较好的发展，而这些都是大学生赖以创新的基础和源泉。创新教育具有探究性，鼓励大学生独立思考，积极探索，提出独到的见解、设想和独特的做法，完成富有个人特色的创造性作品，并注重让学生在探究的过程中，扩充个人的知识视野，形成探究的兴趣、创新性思考和学习的能力以及人格和习惯。创新教育还具有开放性，创新教育不是狭隘的、自我封闭的活动，创新教育不能局限于课堂，不能被教材的规范所束缚，也不能限制在教师的指导和创新思维的圈子内。创业教育还具有超越性，要坚持引导和鼓励学生不断超越，要超越遭遇的困难、障碍去获取新的知识，超越令人不满的现状去改造世界，建设新的工作生活环境，要超越现实的自我状态，不断提升自我修养和能力。

（三）创业教育

"创业教育"是由英语"Enterprise Education"翻译而来。"创业教育"最早由联合国教科文组织1989年在北京召开的"面向21世纪教育国际研讨会"上提出，最初表达的意思为"事业心和开拓教育"。尽管这里的创业教育内容尚不充实，多局限在诸如事业心、进取心、冒险精神本意上，但它作为一种面向未来的教育思想，却昭示了高等教育改革与发展的方向，即面向未来，把培养学生的事业心、冒险与创新精神作为学校教育的新的价值取向。此后不久，完整的创业教育概念就在联合国教科文组织于1995年发表的《关于高等教育的变革与发展的政策性文件》中得到全面阐述。文件指出："在'学位＋工作'这个公式不再成立的时代，人们希望高等教育的毕业生不仅是求职者，而且也是成功的企业家和工作岗位的创造者。"在这里，创业教育包括两个方面内容，即"求职"和"创造新的就业岗位"。1998年首届世界高等教育会议发表的《高等教育改革和发展的优先行动框架》强调："高等教育必须将创业技能和创业精神作为基本目标，以使高校毕业生不仅仅是求职者，而首先是工作岗位的创造者。" 1998年起，日本文部省和通产省合作在小学开始实施"就业与创业教育"。法国的一些地区开展了诸如"在中学里办企业""教中学生办企业"等活动。创业教育也逐渐引起了我国教育专家和教育行政部门的重视，在我国明确这一提法大致在20世纪90年代末，其实质是高等教育走出象牙塔、服务经济社会发展需求。中国高等教育对创业教育理念的正式回应，始见于1999年1月公布的《面向21世纪教育振兴行动计划》，其中提出要"加强对教师和学生的创业教育，鼓励他们自主创办高新技术企业"。

创业是一种思考、推理和行动的方法，在于把握机会，创造性地整合资源，从而创办新的企业或开辟新的事业。将创新的思想或成果用于产业或事业当中，开创新的领域或新的局面，就是创业。创业是创新、竞争力和经济增长的主要驱动力。世界经济合作和发展组织的专家柯林·博尔将创业教育总结为：创业教育是指通过开发和提高学生创业基本素质和创业能力的教育，使学生具备从事创业实践活动所必需的知识、能力及心理品质，是未来的人应掌握的"第三本教育护照"。创业教育在国外一些发达国家早已开始，其主要方式之一是每年在大学里举行"校园创业计划"大赛活动。我们提倡的'创业教育'，不仅是为了培养创业人才，更是希望学生学会如何主动地获取新知识、创造新知识，并通过有效地配置自身的各种资源，将知识转化成现实的个人和社会价值，最终实现知识的最大效用。

大学生创业教育是指以创造性和创新性为基本内涵，以课程教学和实践活动为主要载体，以开发和提高受教育者综合素质为目标，培养其未来从事创业实践活动所必备的意识、知识、能力等的素质教育。创业教育是针对创业精神、创业意识、创业能力和基本素质等开展教育的一种新教育模式，目的是提升大学生的创业相关能力。要与相关专业知识的学习相结合，在学好专业知识的基础上将创业教育融入进来，以充分激发大学生创业意识和兴趣。创业教育是培养人商业活动综合能力的教育活动，重点是使教育者具有创业的潜能，而不是培养学生立即去创业。创业教育的外延相对较窄，主要包括商业基础知识传授、商业活动实践体验等，其核心是高质量、创新性的专业教育，掌握相应的技术技能，再辅以必要的商业训练。

小·知识

专注于一件事情更容易成功

创业期企业要做到四个"最小"：（1）战略就是集中力量突破一点。（2）只设最低限度的指标，指标多重点必然分散，核心指标达成了其他指标自然合格。（3）只用最不得不用的人，不胜任要换人而不是加人，逼迫组织的每个人都优胜劣汰到适者生存。（4）只管不得不管的事，创业公司绝对不能把精力放到管理上，要把精力放到业务上，身先士卒去抓业务。

资料来源：孙陶然.创业 36 条军规［M］.北京：中信出版集团，2019：226.

（四）创新创业教育

美国的创新创业教育发展起步较早，从 1947 年迈尔斯·梅斯教授在哈佛大学商学院开设第一门创业教育课程算起，发达国家的创新创业教育已有几十年的发展历史。除了美国以外，日本、英国、德国等发达国家都采取各种措施，鼓励大学开展创新创业教育，并为大学生的创新创业活动提供优越的政策环境。目前，创新创业教育已经成为世界高等教育改革和发展的趋势。中国教育部在 2010 年专门印发了《关于大力推进高等学校创新创业教育和促进大学生自主创业工作的意见》，明确使用了"创新创业教育"概念，其核心是回应全社会对高校"人才培养、服务社会"这两大使命的不满，回归高等教育发展需求的逻辑。

创新创业教育包括创新教育和创业教育。创新教育是指以培养创新意识、创新精神、创新思维、创造力或创新人格等创新素质以及创新人才为目的的教育活动；创业教育是指培养具有开创性的人，通过相关的课程体系，提高学生的整体素质和创业能力，使其具有首创精神、冒险精神、创业能力、独立工作能力以及技术、社交和管理技能。"创新创业教育"在形式上表现为：在"创新"的后面加上了"创业"二字，和在"创业"的前面加上了"创新"二字。前者的实质是以创新为核心，指向创业的创新，重在推动创新成果的市场化、商业化。后者的实质是围绕创业，由创新全面统领方向，是创新型创业、机遇型创业、增长型创业，开拓了创业的发展前景。"创新创业教育"的内在既包括"创新教育""创业教育"的科学内涵，又不等同于两者的简单综合，是集成型、系统型的人才培养教育体系。创新创业教育的基本价值取向既包括创新创业精神、创新创业思维的培养，也包括创新创业行为方式、创新创业人生哲学的塑造，还包括创新创业型生活方式、创新创业型生涯选择。郑石明认为创新创业教育主要可分为4类，分别是"通识型"创新创业启蒙教育、与相关专业结合的"嵌入型"教育、"专业型"创新创业管理教育和"职业型"创新创业"继续教育"，它们之间存在递进关系，随着目标受众的逐渐明确和教育内容的逐渐精专，对学生的覆盖面也逐步缩小。

　　创新创业教育与互联网络的结合越来越成为一种全新的教育模式。在20世纪90年代末，清华大学举办了首届大学生创业计划。到了21世纪后，高等院校的创新创业教育如雨后春笋，遍地生根发芽。经过二十多年的发展，创新创业教育已经成为全国各高校高等教育的重要组成部分。创新创业教育不是创新教育与创业教育的简单叠加，而是一种新的教育模式，是创新教育与创业教育有机融合的结果。大学生创新创业教育的目的在于通过大学生系统的理论学习和课外实践活动的锻炼后具备一定的创新思维和创业能力，以便更好地为经济社会发展作贡献，有效提高高等院校新时代人才培养的质量，促进大学生能够在自己的专业领域开创新的事业和达到新的高度，提高新时代大学生的职业发展能力。创新创业教育对内是高校创新创业改革的总抓手，对外是回应国家创新驱动发展战略的具体落实。"双创"教育不是简单地搞一些活动和措施，而是要从根本上回答高等教育质量社会不满意的问题。大学生创新创业能力的培养，是高等教育面向社会、面向市场经济办学的重要举措。近年来，党和国家高度重视大学生创新创业教育，教育部先后启动了"大学生创新创业计划训练""大学生人才培养模式创新创业试验区"等建设项目，以促进创新创业和管理高层次人才的培养。

小·知识

你为什么要创业？

1. 创业是一种态度

不是说自己一定要单干，如注册一个公司，当一名说一不二的老板，才是创业。想明白工作是为了自己，而不是在为别人打工，这就是创业。创业是一种更积极、更明确的工作态度。随着时间的推移，创业观、世界观、互联网观逐渐成熟，明白创业最大的乐趣是，当你知道你正在做的事情改善了许多人的生活，这是一件多么有价值的事情啊！

2. 改变自己

好好的办公室坐着不舒服吗？非得花3小时的路程只为见客户5分钟，而且一路上地铁、公交、步行，又不熟悉见面地点，空气也不好，这是为什么？每个月有稳定的收入不舒服吗？非得冒着付出远大于回报，甚至是没有回报还倒贴的风险去做事情，这是为什么？轻松的工作不舒服吗？非得出去苦口婆心地介绍自己及自己的产品，既充当开发者，又当美工、编辑、市场销售，还要充当财务，这是为什么？朝九晚五的工作不舒服吗？非得比别人起得早、干得晚，周末毫无怨言地加班，没时间陪家人，没有假期，这是为什么？

创业者不想等自己老去的时候，回想起过去是一片空白，一点儿值得回忆的事情都没有。创业者不想后悔和叹息，自己尝试了，不管是对还是错，努力过后就无怨无悔。创业者不想虚度光阴，充实和富有挑战才是自己骨子里最本质的东西。不期望自己能改变别人的世界，但愿能改变自己的世界。

3. 实现人生目标

每个人的创业动机不一样，但都是为了实现自己的人生发展目标。有些人通过创业希望自己有更好的发展，能把每一分每一秒都用来提高自己，实现自己的人生价值；有些人通过创业希望能够好好享受生活，让自己和身边的人幸福快乐。

资料来源：知乎.创业时，我们在知乎聊什么？［M］.北京：中信出版集团，2019：6-10.

二、中国创业教育面临的挑战及创业教育的新特征

（一）中国创业教育面临的挑战

中国高等院校的创业教育虽然起步晚，但发展迅速，在创业教育理念探讨、创业模式构建、创业课程设置、创业实践载体和运行机制等方面都有了显著进展。面对新时代的发展形势尤其是对创新型人才培养的迫切需求，杨晓慧认为创业教育还存在一些不足，面临在专业化、一体化、科学化等方面发展的问题与挑战。

1.专业化的挑战

专业化是指高校创业教育要有专属的学科、专家型的队伍和专业的教育方法。从国内外创业教育的发展经验看，专业化是高校创业教育的必然趋势，是创业教育提升水平、获得认可的基本前提，是培养创新型人才的基本要求。实现专业化面临3个方面的挑战：一是缺少学科支撑。创业教育尚未获得独立的学科地位，个别高校设置的创业学或创业教育学，仅包含于技术经济学、企业管理学等二级学科之下。这种学科地位难以支撑高校创业教育的长远发展。二是缺少专门队伍。目前，创业教育的实施主体主要是高校负责就业工作的职能部门、创业学院或商学院教师，这是推进创业教育的骨干力量，但数量和质量总体上不能满足现实需求，没有形成顺畅的晋升发展机制和完备的培养培训体系，建立一支数量充足、结构合理、素质较高的专业化师资队伍任务艰巨。三是缺乏专业的教育方法。总体上，依然沿用传统意义上的以知识传授为主的方式方法，体现创业教育特色的实践育人、案例教学、体验教学等方式方法尚在探索之中，制约着创业教育针对性、实效性的显著提升。

2.一体化的挑战

一体化是指高校创业教育的教育教学一体化、就业创业教育一体化和校内校外教育一体化。越是专业化的追求就越需要一体化的保障，尤其对创业教育而言，更需要多方参与、齐抓共管、形成合力的一体化育人格局。而要实现一体化，必须着重解决3个问题：一是教育教学衔接性不强。目前，创业教育的课程体系不够完善，课堂教学与创业教育活动未能整体规划，理论学习与实践训练未能互相促进，专项教育与专业教育没有很好地融合。二是就业与创业教育协同性不强。就业与创业在学生职业生涯发展过程中是密不可分的，创业教育要与就业教育协同推进。目前存在两个极端：一个极端是用就业教育代替和消解创业教育，另一个极端是创业教育脱离就业教育，这是我们要努力克服的。三是校内校外教育联动性不强。创业教育在一定程度上还处于高校教育教学的封闭环境之中，尚未建立创业教育产学合作的有效机制，没有实现高校人才培养、教学科研与企业资金技术、生产实践的有机融合，限制了创业教育的发展空间。

3.科学化的挑战

科学化是指高校创业教育要有科学的理论作支撑，从而在把握教育发展规律和趋势的基础上科学地推进创业教育。专业化、一体化的创业教育是一个十分复杂的理论和实践命题，需要精深的科学研究作基础。目前，高校创业教育理论研究成果丰硕，为创业教育的发展提供了很好的指导，但是仍然不同程度地存在着"四多四少"问题：一是多单一学科研究、少学科整合研究。高校创业教育是一项涉及经济社会发展、主体素质结构及教育教学规律的综合性实践活动，这决定了高校创业教育研究必须是一项兼顾管理学、教育学、心理学、社会学等交叉学科的研究。但现有研究多局限于某一学科视野中的探讨，需要进一步打破学科边界壁垒，整合多学科资源与优势，开展多学科间协同创新的综合研究。二是多经验总结、少理论提升。现有研究多数是对局部地区或高校创业教育实践经验的归纳总结，对高校创业教育的理论基础、教育方法、评价体系等关键问题探讨较少。三是多认识判断、少实证分析。现有研究往往根据政策文件或既有理论框架，进行认识上的应然判断，缺乏科学调研、实践验证。四是多国外理论嫁接、少本土理论创新。目前，虽然对西方发达国家的创业教育理论与实践进行了很好的研究梳理，但是本土性理论创新不足，没有形成中国特色的创业教育理论体系。

（二）中国创业教育的新特征

近年来，我国提出创业教育要面向全体学生、结合专业和融入人才培养全过程。"面向全体学生"是指既要对全体学生提供全覆盖的创业教育，又要针对不同类型的学生提供个性化的分类培养。"结合专业"是指要结合不同专业开设特色创业教育课程，要深入挖掘各学科专业知识、理论、实践中的创新性特质，在认识和体会各学科理论与实践创新过程中，潜移默化地激发学生的创造热情、增强创新意识、培育创新创业价值观。"融入人才培养全过程"重在如何融入，既要确保有效的融入，又要使创业教育具有一定的独立性。中国创业教育呈现以下方面的新特征：

1. 创新教育与创业教育的融合

创新与创业是双生关系，两者天然地紧密联系在一起。正如蒂蒙斯所言，"如果把创业比作经济的发动机，那么创新就是发动机的汽缸，它带动了许多重要的新发明和新技术的诞生。"创新与创业密不可分，创新教育与创业教育也密不可分。创业教育要为社会创造经济利润，更要有创新，对以机会型创业为主的高校创业教育而言更是如此。

2. 创业教育与实业教育的结合

定位于创新型人才培养的创业教育，是一种实践导向很强的教育，高校培养的人是要直接参与和引领经济社会发展的人才。这样的教育必须时刻瞄准经济社会发展需求，不能仅就创业教育而谈创业教育，而是要与实业教育相结合，"学中干""干中学"，使学生在参与社会生产实践过程中提升创新创业素质。这就要求创业教育的目标确立、课程建设、师资配备、教育教学等不能只局限于教育系统内部来完成，必须放在国家和地方经济社会发展需要的大背景下来研究和设计。

3. 创业教育与生涯教育相结合

创业教育不只是解决个人的生存问题，还要与学生的职业兴趣和生涯规划相结合。创业是一种职业路径和方式，创业生涯必须与职业生涯相融合，才是可持续的发展路径。这就要求创业教育要从小抓起，注重基础教育与高等教育、高等教育与继续教育相衔接，根据创新型人才成长的阶段性特点和需求，系统设计各教育阶段创业教育目标、内容和方式，把创业教育切实贯穿于国民教育和学生职业生涯全过程。

小·知识

你必须了解的中国四次创业潮

自 1978 年改革开放至今，中国经历了四次创业潮。

第一次是 20 世纪 80 年代改革开放初期个体户、乡镇企业式的创业潮。这次创业潮活下来的是 "傻子瓜子" 年广久、全国著名厂长马胜利等人，然而，大部分企业在岁月的冲刷中已经荡然无存。

第二次是所谓的 "92 派"、政府官员、科研所知识分子 "下海" 热潮。这次大潮活下来的是万科、联想集团，然而，在时代的发展中，他们的经营模式和方向被迫转型。

第三次是 20 世纪 90 年代末互联网泡沫中各种网络经营方式的创业潮。这次大潮活下来的是腾讯、百度等互联网企业。现在，他们已经从曾经初始的单一业务，如即时通信、搜索，演变为兼并收购投资的互联网集团。

第四次是 2010 年以来新经济环境下政府与市场共同催生的大众创业潮。与前三次创业潮相比，这次创业潮覆盖人群更广，参与度更高，声势更浩大，但因草根化衍生出的盲从现象也比较严重。

资料来源：艾诚.创业的常识 [M].北京：中信出版集团.2016：5-6.

三、中国高校开展创业教育的必要性分析

（一）从外部环境看，高校毕业生的就业形势较为严峻，创业教育有利于提高大学生创业和就业的能力

中国高等教育招生从 1999 年第一次大规模扩招以后，每年高校毕业生的人数增长较快。表 1.1 显示了 2001—2020 年高校毕业生的人数情况，2001 年高校毕业生的人数为 115 万，预计 2020 年毕业生人数将达 874 万，2020 年毕业生人数比 2001 年多了 759 万。教育部高

校学生司司长王辉表示，2020年全国普通高校毕业生874万人，同比增加40万人，综合考虑经济下行压力和全球新冠肺炎疫情叠加的影响，预计2020年上半年高校毕业生就业面临的形势更加复杂严峻。为此，2020年上半年，中国在严格防控新冠肺炎疫情的同时，大力抓好复工复产工作，积极出台一系列政策，鼓励高校毕业生积极拓宽创业、就业渠道。可以看出，高校创业教育的开展有利于大学生的就业压力，为大学生的职业生涯发展开辟新的路径。

表 1.1 2001—2020 年中国高校毕业生人数 单位：万人

年份	2001	2002	2003	2004	2005	2006	2007	2008	2009	2010
人数	115	145	212	280	338	413	495	559	610	630
年份	2011	2012	2013	2014	2015	2016	2017	2018	2019	2020
人数	660	680	699	727	749	765	795	820	834	874

（二）创业教育已经是中国大众化的高等教育创新发展的必然要求

创新创业教育是高等教育的必然要求，是现代教育改革的趋势和高校发展的方向。目前，中国大学毕业生创业率及创业成功率还比较低，大学生创业比例只有 2%，创业成功率只有 0.15%，创业教育还有很大的发展空间。创业教育是教育形式和教育内容的改革，也是高等教育人才培养模式功能的重新定位，是带有全局性、结构性的教育创新和教育发展。创业教育是以培养创新创业型人才为价值取向的新的教育思想和教育理念，是对教育本质及规律的全新阐述与诠释，它为加强和改进高等教育人才培养模式提供了新的方向和途径。创业教育作为高等教育发展的阶段，是一个有机的整体，创业教育的内容包括培养学生的创新意识、创业精神，优化创业知识结构，提高创业能力等。

（三）创业教育有利于深化素质教育发展，提升大学生的综合能力水平

创业教育有利于培养创新思维，使学生认知创新意识、创新能力、创新思维的基本内涵，掌握创新思维的训练方法，开拓创新意识，提升创新的强烈愿望和能力。以创业教育为媒介，使学生了解创办和经营企业的基本知识，认知创业的基本内涵和创业活动的特殊性，辩证地认识和分析创业者、创业机会、创业资源、创业计划、创业营销和创业风险。创业教育有利于锻炼大学生的创业能力，使学生具备必要的创业能力，掌握创业资源整合与创业计划撰写的方法，熟悉市场营销方式、风险管理，提高创办和管理企业的综合素质和能力。创业教育有利于培育大学生的创业精神，使学生树立科学的创业观，主动适应国家经济社会发展和人的全面发展需求，正确理解创业与职业生涯发展的关系，自觉遵循创

业规律，积极投身创业实践。

（四）政府高度重视，形成了良好的创新创业氛围

2010 年 5 月，教育部《关于大力推进高等学校创新创业教育和大学生自主创业工作的意见》指出，"创新创业教育要面向全体学生，融入人才培养全过程"，明确了创新创业教育的价值定位。2012 年 8 月，教育部《普通本科学校创业教育教学基本要求（试行）》提出了"面向全体、注重引导、广谱施教、结合专业、强化实践"5 条教学原则，强调实施"广谱式"创新创业教育。2015 年 5 月，国务院办公厅印发《关于深化高等学校创新创业教育改革的实施意见》，再次明确强调"面向全体""融入人才培养体系""普及创新创业教育"的基本原则和总体目标，进一步确立创新创业教育的政策导向。同时，树立了总体目标："2015 年起全面深化高校创新创业教育改革，2017 年取得重要进展，到 2020 年建立健全课堂教学、自主学习、结合实践、指导帮扶、文化引领融为一体的高校创新创业教育体系。"2015 年 6 月在清华大学举行了"中国高校创新创业教育联盟"成立大会暨首届全国创新创业教育论坛，首批联盟成员单位包括北京大学、清华大学、复旦大学、浙江大学、上海交通大学等 137 所高校和英特尔、微软、腾讯、百度、阿里等创新型企业，以及部分事业单位和社会团体。"中国高校创新创业教育联盟"的成立，为推动我国高校创新创业教育迈向新台阶起到十分重要的作用。2015 年 3 月 13 日，中共中央、国务院发布《关于深化体制机制改革加快实施创新驱动发展战略的若干意见》。李克强总理在 2015 年《政府工作报告》中，38 次提到"创新"，13 次提到"创业"，两次专门提到"大众创业、万众创新"。党的十九大报告提出"倡导创新文化，强化知识产权创造、保护、运用，培养造就一大批具有国际水平的战略科技人才、科技领军人才、青年科技人才和高水平创新团队"。

第二节　国内外大学创业教育发展

一、国外创业教育发展

（一）国外创业教育发展主要历史脉络

国外的创新创业教育最早起源于美国。1947 年，美国哈佛大学商学院迈尔斯·梅斯

教授以 MBA 学员为对象，正式开设"新创企业管理"课程。1953 年，德鲁克在纽约大学开设"创业与革新"课程，以培养学生自我创业能力为目的的创业教育在美国兴起。1968年，百森商学院率先在本科生中开设创业方向的课程。1971 年，南加州大学开设了第一个 MBA 创业学专业，把高等学校的创业教育提高到一个新的阶段。

20 世纪 80 年代，创业教育开始突破商学院的边界而面向所有学科的学生，成为美国高等教育阶段发展最为迅速的学术领域之一。与此同时，日本、英国、德国等高等教育发达国家开始将创业教育作为优先支持和发展的领域，高等学校纷纷开设引进创业教育课程。创业教育成为世界高等教育改革和发展的趋势。1989 年 11 月，联合国教科文组织在面向21 世纪教育提出创业教育是继文化知识证书、职业技能证书之后的第三本教育护照。与此同时，联合国教科文组织亚太地区办事处开展了"提高青少年创业能力的教育联合革新项目"，中国、日本等 9 个国家参加了这一项目。1989 年年底，在泰国曼谷召开了项目规划会议；1991 年 1 月，在日本东京召开了项目中期研讨会；1991 年 11 月，又在泰国曼谷召开了项目的终结评估会。这三次创业教育国际研讨会标志着创业教育在世界范围内的诞生和崛起，也标志着一个崭新的教育理论与实践领域的出现。

1998 年 10 月，在联合国教科文总部巴黎召开自该组织成立 50 年以来首次世界高等教育会议，共有 115 位教育部长、2800 多名高等学校校长、教育专家参加，会议发表了《21 世纪的高等教育：展望与行动世界宣言》和《高等教育改革和发展的优先行动框架》。两个文件都强调，必须把培养学生的创业技能和创业精神作为高等教育的基本目标。《21世纪的高等教育：展望与行动世界宣言》明确提出："高等学校，必须将创业技能和创业精神作为高等教育的基本目标"，要使毕业生"不仅成为求职者，而且逐渐成为工作岗位的创造者"。《高等教育改革和发展的优先行动框架》则进一步阐述为了培养学生逐渐成为工作岗位的创造者，要求教师不应仅仅传授知识，而且必须把重点放在教学生如何学习、如何发挥主动精神上，使学生"能独立思考和协同工作"，"能将传统或当地的知识和技能与先进的科学技术结合以产生创造力"。

联合国教科文组织于 1999 年 4 月在汉城（今称首尔）举行的第二届国际职业技术教育大会上，强调要加强创业教育，着重培养学生的创业能力。本次会议指出，为了适应21 世纪新的挑战和变革的需求，教育和培训必须加强培养学生的创业能力。创业能力是一种核心能力，它对个人在各种工作领域激发创造力和革新性至关重要。创业者创立的小企业能够提供现代经济中大量的工作机会，促进经济发展。本次会议认为，创业能力应包括创业态度、创造性和革新能力，把握和创造机会的能力，对承担风险进行计算的能力；

懂得一些基本的企业经营概念，如生产力、成本和自我创业的技能。

（二）国外高校几种典型的创业教育发展模式

1. 美国百森商学院的"强化意识"发展模式

美国百森商学院是全球最著名的从事创新创业教育及研究的最高学府，它在创新创业相关领域一直处于领先地位。百森商学院以"强化意识"为主要指导思想，一直致力于帮助大学生群体在创业过程中提升思维方式、冒险精神、进取心、创造能力以及把握市场变化的洞察能力。百森商学院强调学生创业意识的培养，通过创新性课程教学、外延拓展计划教学支撑，倡导创新创业精神，具体表现为以下 4 个方面：

（1）师资力量的雄厚性

百森商学院拥有 40 多名教师专门讲授创新创业课程，同时配备了相当数量的助教、兼职教员等。该学院的教师必须有企业方面的经验，其中包括风险资本家（创业投资家）、创业家和实业家、新创立企业的高级管理层。这些教师不仅拥有参与创业或者企业高管的亲身经历，同时还需要同企业保持积极的联系，通过争取企业支持，为学生带来更多的模拟实践的机会。

（2）课程设计方面的系统性

百森商学院在教学理念上认为创新创业教育既是教学课程更是教育实践。创业教育不能以功利化为归宿点，而是为学生注入创业的"遗传代码"，强调创业的个人价值与社会价值的统一。百森商学院进行了非常著名的系统化课程的设计，为学生提供了切合实际的教学过程。在设计创新创业教学课程结构的时候，百森商学院将创业过程必要的创业意识、创新个性品质、创业核心能力等理念整合到创业的社会知识中，并有机结合科学教育和人文思想教育、智力教育以及社会教育。为适应社会需求，百森商学院为本科学生设计了一套著名的创业实践教学大纲。根据大一至大四本科生不同的需求以及不同的知识掌握能力，学院设计了一套符合学生认知的课程，从浅到深，循序渐进（表 1.2）。

表 1.2　百森商学院本科生创新创业课程

第一年	第二年	第三年	第四年
必修课程	必修课程	必修课程	必修课程
新生创新创业课程体验	加速创业课程	创建创业、企业融资、创业计划、家庭管理机制、风险资本和增值资本	公司创业、创业实战案例研究、创业者营销、战略与结构

（3）课程体系的完整性

百森商学院的创业课程体系是美国高等院校创新创业教育课程体系设计的典范。20世纪90年代初，百森商学院设计了一套比较受欢迎的创业教学课程体系，受到学生的广泛好评。百森商学院的商业课程，要求学生以团队的形式贷款启动一家公司，并且必须返回本金和利息。对于那些完成学业即将创业的学生来说，这是一项具有高度可选择性、高度完整性和非常适用性的项目。这种培养方式将知识及时应用于实践，把原先模块化的营销管理、人力资源管理、财务管理等知识整体教授给学生，这种方式替代了传统较为分散的授课方式。在课程体系设计过程中突出创业实践环节，如创业计划大赛、创业演讲等，让学生获得创业体验。

（4）课程教学方法的探索性

创业教育课程的质量取决于教学方法是否科学。百森商学院的教授们将创业课程知识的趣味性与知识性融为一体，将企业的生存环境作为切入点，在现场教学中呈现创业过程中的每一个细节，让学生模拟置身于创业实践中。在这种良好的动态学习过程中，学生不仅会关注创业所需的技能与知识，还会关注与创业相关的经济问题、社会问题和其他影响创业的因素。百森商学院这种"以问题为重心"的教学方式，深受学生的喜爱，学生也愿意积极投入创新创业的学习中。

表1.3 百森商学院课程覆盖情况

课程性质	课程内容	学生覆盖率/%
基础课程	根本整体性创业技能	92
专业课程	创业学科内的特定课程	67
支持课程	一个特定领域的深入了解	63

2.斯坦福大学"产学研一体化"创新创业教育模式

斯坦福大学被誉为美国硅谷的"心脏"，在硅谷的发展过程中发挥了重要的作用。硅谷发展的成功反过来又为斯坦福大学提供了巨大的财政支持，保证了斯坦福大学进一步基础研究工作的顺利进行。斯坦福大学非常重视科研成果实践应用与基础理论研究的相互转换，提出了"产学研一体化"的模式来发展创新创业教育，充分结合学生个人能力、专业专长以及社会环境等方面来整体规划创业系统流程。

（1）追求一流的教学与科研成果

作为世界一流大学，斯坦福大学教学与科研并重，重视科学研究，并重视在教学和科研领域的创新。斯坦福大学认为一流的基础研究是一流科学研究成果的基础，而一流的科研成果必须为高科技发展起到巨大的推动作用。斯坦福大学拥有全球一流的实验设备、教学设备，并聘请各个领域的专家和学者来到斯坦福大学，为斯坦福大学基础性教学与研究共同努力。斯坦福大学对基础性研究的重视吸引了美国政府以及企业资金的支持，基础研究成果丰硕，涌现出了大量的重要科学意义的教学和科研成果。

（2）开放互动共享的创新创业教育

斯坦福大学一直崇尚学术自由，在科学研究中也坚持开放性。在斯坦福大学，教师和学生可以自由选择自己感兴趣的研究课题。斯坦福大学认为，通过教学和科研的融合培养出来的学生，对基础知识和技能掌握较好，具有更强的创新创造性，更有利于知识和技术的转化。在开放互动共享的教学和科研环境中，斯坦福大学收获了许多高质量的发明专利。开放互动共享式的创新创业教育促进了多个学科之间的合作交流，将教学与科学研究有机融合，并带动创业企业的成立和发展，完成了产学研一体机制的多方互动，形成一个开放式、网状式的有效创新创业模式。

（3）建立大学与企业的紧密联系

在多样化的校企合作模式中，斯坦福大学首创了"科技工业园"模式，这是一种互动互利的关系。以校企合作为平台，企业能从斯坦福大学得到最新的科研成果促进其高速发展，另外，学校得到企业的支持能更好更快地完成科学研究项目，持续为企业服务。这样，斯坦福大学和硅谷就形成了一种互利互惠的良性循环模式。为了促进最新科研成果的商业化转化，斯坦福大学与企业签订长期的合作计划，学校为企业提供不同等级和层次的教育培训服务，帮助传播最新科研成果以及培养高等技术型人才。而企业通过斯坦福大学引入最新的科研成果以及尖端的技术人才，企业的效益得到进一步的扩大。

3. 加拿大滑铁卢大学"速度之城"发展模式

近年来，在加拿大著名的高新技术创新基地滑铁卢地区，涌现了相当数量的学生从事创业活动，开办了许多新创企业，这些创办人大多来自知名学府滑铁卢大学。这种创新创业环境的形成与滑铁卢大学的创新创业教育和文化息息相关。在滑铁卢大学，校方为学生建立了各种类型的创业机制，其中"速度之城"的学生创业孵化平台最具有特色。

"速度之城"计划在 2008 年启动，主要面向在高新技术领域有自主创业兴趣的滑铁卢大学学生和校友，对他们进行扶持和辅导，培养他们的企业家精神，帮助他们把创业梦想变为现实。"速度之城"计划由 4 个分项目组成，即让一群有创造力和企业家精神的学生集中住在一栋宿舍楼里进行创业"充电"、交流和实践的"速度之城"宿舍楼；为学生初创公司提供免费办公场所的"速度之城"车库；为学生初创公司提供资助的"速度之城"风险基金；面向全校学生进行创业辅导的"速度之城"校园。追求创业梦想的学生可以在不同阶段从不同的分项目中寻求支持和帮助。

"速度之城"宿舍楼是"速度之城"计划最早、也是最有创意的分项目，它让学生有机会一边在学校正常修课，一边致力于创新和创业，被称为世界上第一个"宿舍孵化器"。"速度之城"计划的管理团队为他们提供的服务包括进行创新创业的基本培训和咨询；帮助他们组建创业团队；邀请学者、企业家、风险投资人和成功创业的校友座谈，向学生介绍最新的科技动向、创业经验、投资趋势、营销策略等；帮助学生调整研发和创业的定位及方向。符合条件的创业公司可以申请进驻"速度之城"车库。所谓车库，其实是一个占地约650 m^2 的开放式办公空间。几张桌子拼起来，就是一个公司的办公场所。这解决了创业公司在草创阶段的办公条件，让它们得以减轻经济压力，积蓄力量，以便日后能够独立运转。

二、中国创业教育发展

（一）中国高校创业教育发展主要历史脉络

中国是联合国教科文组织"创业教育"项目的成员国之一。1991 年，中国由原国家教委基础教育司牵头组织了6省市基础教育阶段研究试点和实验创业教育。当时，创业教育在我国6省市、20个县乡和30多所学校的实验研究虽然取得了一定的成绩，但是这项实验没有较好地推广和坚持下去。后来，随着创业活动的兴起，创业教育在高等教育阶段逐渐被大学生群体接受并且逐步推广开来。为了迎合创新创业教育的世界性潮流，中国在1996 年颁布了《关于深化教育改革全面推进素质教育的决定》，其中明确提出："高等学校要重视培养大学生的创新能力、实践能力和创新精神"。

20 世纪 90 年代末，中国开始以创业竞赛的形式引入、推广创业教育。1998 年 5 月，清华大学和上海的一家杂志社联合几所高校，成功举办了第一届"清华创业计划"大赛，首次将创业计划大赛引入国内大学校园。1999 年，由共青团中央、中国科协、全国学联主办，清华大学承办的首届"挑战杯"中国大学生创业计划竞赛成功举行，竞赛汇集了全国 120余所高校的近 400 件作品，在全国高校掀起了一轮创新创业的热潮，产生了广泛的社会影响。教育部在 2002 年 4 月启动了创业教育试点工作，首批入选的高校包括清华大学、北京大学、北京航空航天大学、黑龙江大学、上海交通大学、南京财经大学、武汉大学、西安交通大学和西北工业大学。国家以创业教育试点的方式，鼓励各个高校通过不同的方式尝试创业教育，探索适合我国国情的创业教育。

2003 年 10 月 27 日，教育部在北京航空航天大学如心会议中心举办了为期 3 天的第一期创业教育骨干教师培训，有来自全国的 100 多所高校的 200 名教师参加了培训，这一期的培训标志着中国创业教育教学正式开始。在随后的 10 年里，北京航空航天大学创业管理培训学院成功举办了 10 期创业教育骨干教师研修班，培养了大批在高校从事创业教育教学的师资力量。培训的课程涵盖创新思维、创业课程的设置，如何帮助学生将"主意"变成"生意"等。KAB（Know About Business）创业教育（中国）项目是中国另一个推动创业师资培训的重要举措。自 2005 年 8 月起，共青团中央、中华全国青年联合会通过国际合作推进中国大学开展 KAB 创业教育（中国）项目。这是中国创业教育发展的积极探索，目的在于吸收借鉴国际经验探索出一条具有中国特色的创业教育之路。

中央相关部门非常重视创新创业教育的发展，在政策层面给予了各种支持。2008 年，教育部通过质量工程项目建设了 30 个创新创业教育人才培养模式试验区；2010 年，教育部颁发了《教育部关于大力推进高等学校创新创业教育和大学生自主创业工作的意见》；2012 年，教育部办公厅印发了《普通本科学校创业教育教学基本要求（试行）》，标志着中国创新创业教育开始进入新的发展阶段。为了适应创新驱动国家发展战略的需要，国家发布多项相关文件对大学生的创业精神和创业能力的培养提出了更高的要求，将我国的大学生创新创业教育提高到了一个新的高度。2014 年 5 月，国务院副总理刘延东在全国普通高等学校毕业生就业创业工作电视电话会议上指出，要激励高校毕业生自主创业，高校要将创业教育纳入人才培养全过程，全社会要为高校毕业生创业提供更多支持。2014 年 6 月，人力资源社会保障部和教育部等 9 部门出台了《大学生创业引领计划》（人社部发〔2014〕38 号），要求进一步普及创业教育、加强创业培训、提供工商登记和银行开户便利、提供多渠道资金支持、提供创业经营场所支持、加强创业公共服务。2015 年 5 月，国务院颁行的《关于深化高等学校创新创业教育改革的实施意见》明确强调了"面向全体、分类施教、结合专业、强化实践"的基本原则，确立了"普及创新创业教育"的总体目标。

（二）国内高校几种典型的创业教育发展模式

根据李伟铭、黎春燕、杜晓华等对中国高校创新创业教育 10 年来的发展研究，中国高校创业教育发展有以下 4 种典型的发展模式：

1. 清华大学深度聚焦教育模式

清华大学是中国顶尖大学之一，师资力量雄厚，科研实力强劲，学生素质能力水平整体很高、很强，在此背景下清华大学大力推广、普及、聚焦创业教育。清华大学在面向全校学生普及创业教育的基础上，在创业课程体系上深度集合技术创新、技术商业化和高新技术产业情境，聚焦培养能够提升企业自主创新能力和国际竞争力的技术创新人才。为此，清华大学中国创业研究中心、技术创新研究中心开设了十余门创业系列课程。同时，清华大学积极开展与国外顶尖大学的合作，如与美国伯克利加州大学合作建设"清华 - 伯克利全球技术创业项目"，针对全球快速变化的技术创业领域量身定制"技术创业""特定产业创新与创业""技术管理""知识产权管理"等课程以及实践必修项目，帮助学生融入中关村的领先技术企业，提高技术创业能力。

2. 中国人民大学课堂扩展教育模式

中国人民大学充分发挥独特的人文社会科学雄厚的学科背景优势，通过课堂扩展将创业教育与创业实践有机结合起来，形成"第一课堂"教育和"第二课堂"扩展教育模式，以便提高学生的整体创业能力和素质。"第一课堂"作为学科教学的核心课堂，开设了"企业家精神""风险投资""创业管理"等创业教育系列课程。同时，一方面，调整这一课堂的教学方案，加大选修课程的比例，为学生的自主选择拓宽空间；另一方面，改革这一课堂的教学方法和考试方法，倡导参与式教学，注重培养学生的创新思维。将"第二课堂"即课外实践课堂作为"第一课堂"的扩展，鼓励学生创造性地投身各种社会实践活动和社会公益活动，通过开展创业教育讲座、各种竞赛活动等方式，形成以专业为依托，以项目和社团为组织形式的创业实践群体。

3. 黑龙江大学实体体验教育模式

黑龙江大学以创建大学生实体创业实践基地为依托，在试点创业教育的过程中坚持理论与实践相结合，尤其重视学生创业实践能力的培养。黑龙江大学采取多种途径整合校内资源为学生创造实体创业体验的条件。例如，学校把科研实验室面向学生开放，使学生有机会直接接触高精尖设备，接触最新科研成果，激发学生应用前沿技术进行创业的热情。除此之外，为提高大学生创业实践体验，专门成立经营实体，如科技服务公司、学生超市、学生书亭、学生家教部等，积极鼓励参与创业实践的学生自主管理和运作，让学生在教师的指导下体验实体经营和创业的全过程，进而培养他们的创业精神和创业能力。

4. 温州大学岗位创业教育模式

温州大学以培养岗位创业意识和能力为导向开展创业教育，成为教育部试点高校之外的国家级创业人才培养实验区。温州大学成立了实体的创业人才培养学院，通过开设创业先锋班、经理成长班、企业接班人班、创业管理双专业班等构建了独具特色的创业人才培养体系。同时，在校内构筑具有转化、提升、孵化功能的专业创业工作室、学院创业中心、学校创业园三级联动创业教育实践载体，为学生免费提供创业实践场所。同时，在校外利用本地优势多渠道整合社会资源，联合全国各地温州商会，与红蜻蜓、奥康、正泰等知名集团公司建设校外大学生岗位创业实践基地，从岗位创业意识培养、岗位创业能力培养以及岗位创业管理实践 3 个层次，培养学生成为在所从事的岗位工作上能够发挥专业特长又兼具创业精神的岗位创业人才。

课堂训练

大学生创业心理素质测试

单项选择题，必选。共 24 小题，答对每一小题得 1 分。

1. 你在哪种条件下，会决定自己创业？

①等有了一定工作经验以后；②等有了一定经济实力以后；③等找到天使或 VC 投资以后；④现在就创业，尽管自己口袋里没几个钱；⑤一边工作一边琢磨，等想法成熟了就创业。

2. 你认为创业成功的关键是：

①资金实力；②好的创意；③优秀团队；④政府资源和社会关系；⑤专利技术。

3. 以下哪项是创业公司生存的必要因素：

①高度的灵活性；②严格的成本控制；③可复制性；④可扩展性；⑤健康的现金流。

4. 开始创业后你立刻做的第一件事情是：

①找钱、找 VC；②撰写商业计划书；③物色创业伙伴；④着手研发产品；⑤选择办公地点。

5. 创业公司应该：

①低调埋头苦干；②努力到处自我宣传；③看情况顺其自然；④借别人的势进行联合推广。

6. 招聘员工时，最重要的是：

①学历高低；②朋友推荐；③成本高低；④工作经验。

7. 产品进入市场的最佳策略是：

①价格低廉；②广告投入；③口碑营销；④品质过硬。

8. 和投资人交流最有效的方式是：

①出色的现场 PPT 演示；②详细的商业计划书和财务预测；③样品当场测试；④有朋友的介绍和引荐；⑤通过财务顾问的代理。

9. 选择投资人的关键因素是：

①对方是一个知名投资机构；②投资方和团队不含对赌条款；③谁估值高就拿谁的钱；④谁出钱快就拿谁的钱；⑤只要能融到钱，谁都一样。

10. 你认为以下哪一项是 VC 投资决策中重要的因素：

①商业模式；②定位；③团队；④现金流；⑤销售合约。

11. 从以下哪句话里可以知道 VC 其实对你的公司并没有实际兴趣：

①"我们有兴趣，但是最近太忙，做不了此项目"；②"你们如果找到领投的 VC，我们可以考虑跟投一些"；③"我们对这个行业不熟悉，不敢投"；④上面任何一句话。

12. 创业团队拥有 51% 的股份就绝对控制了公司。

①正确；②错误。

13. 创业公司的 CEO，首要的工作责任是：

①制订公司的远景规划；②销售，销售，还是销售；③人性化的管理；④领导研发团队；⑤搞进投资人的钱来。

14. 凝聚创业团队的最好办法是：

①期权；②公司文化；③ CEO 的魅力；④工作和福利；⑤团队的激情。

15. 创业公司的财务预测中最重要的是：

①销售增长；②毛利率；③成本分析；④资产负债表。

16. 创业公司的日常运营中，以下哪项工作是最重要的：

①会议记录及时存档；②合理安排和及时跟踪业绩指标；③团队的经常性培训；④奖惩制度；⑤管理流程的 ISO9000 认证。

17. 创业公司的日常运营中，最棘手的问题是：

①人的管理；②销售增长；③研发的速度；④资金到位情况；⑤扩张的力度。

18. 创业公司产品市场推广效果的衡量标准是：

①广告投入量；②营销推广的精准程度；③产品出色的品质保证；④广告投入和产出比例；⑤产品价格的打折力度；品牌的市场渗透率。

19. 防止竞争的最有效手段是：

①专利；②产品包装；③质量检查；④不断研发新产品；⑤比竞争对手更快地占领市场。

20. 创业公司的第一个大客户竟然是个土财主，你会：

①一视同仁地对他提供你公司的标准服务；②指导他如何来积极配合你的工作；③修理他，给他些颜色看看是为了他的提高；④提供全面服务和免费成长辅导。

21. 你认为以下哪一项是创业公司的最大风险：

①市场的变化；②融资的成败；③产品研发的速度；④ CEO 的个人能力和素质；⑤决策机制的合理性。

22. 当创业公司账上的现金低于 3 个月用度的时候，应该采取哪项措施：

①立刻启动股权融资；②通知现有公司股东追加投资；③立刻大幅削减运营成本，

包括裁员；④打电话给银行请求贷款；⑤把自己的存折和密码交给公司会计。

23. 创始人之间发生矛盾时，你会怎样做？

①坚持原则，据理力争；②决定离开，另起炉灶；③委曲求全，弃异求同；④引入新人，控制局势。

24. 投资创业公司的立项推出方式是：

①上市；②被收购；③团队回购；④高额分红。

正确答案：1.④ 2.③ 3.⑤ 4.④ 5.② 6.④ 7.④ 8.③ 9.⑤ 10.③
11.⑤ 12.② 13.② 14.② 15.① 16.② 17.① 18.④ 19.⑤
20.④ 21.④ 22.③ 23.③ 24.③

测评结果（答对得 1 分，答错不得分）

（1）如果你的得分是 1~8 分：还不具备创业的基础知识，不要贸然创业哦。

（2）如果你的得分是 9~16 分：游走在创业的梦想和现实之间，继续打磨吧。

（3）如果你的得分是 17~24 分：已经做好了创业的基本准备，大胆往前走喽。

资料来源：李肖鸣 . 创业基础慕课学习评价手册［M］. 北京：清华大学出版社，2015：1-3.

拓展阅读

大学生创业误区

1. 未准备好就创业

如果大学生没有做好创业准备，就过早提出"主导"创业，创业失败的概率会很大。著名 IT 人士、创新工场董事长李开复建议：先参与创业，再主导创业，这对大学生是更好的选择。

2. 认为创意就是创业

一些创业者有了一个好的创意，就误以为创业能成功。事实上，很多投资者认为，如果需要在创意点子和创业者之间作选择，更愿意选择后者，因为创意改变一切的情况在现实生活中很少见，而创业者身上包含了创业方向、性格品质、团队及执行力等诸多比创意想法更重要的因素。

3. 认为创业就是上市

创业时，不把赚钱作为目的是不行的，但如果把创业仅仅认为是赚钱和上市，那就是缺少了胸怀和理想，事业走得不会长远。

4. 对市场和管理不重视

一些技术型创业者将获得专利等同于科技企业，将科技企业等同于创业。这种忽视市场和管理的做法往往导致创业失败。

创业路上还有哪些弯路不要闯？停下来多思考1分钟，多归纳1条误区，你将至少少走1年弯路。

资料来源：董青春，曾晓敏.创业行动手册［M］.北京：清华大学出版社，2018：9.

参考文献

［1］叶平."创新教育"解析［J］.教育研究，1999（12）：3-8.

［2］郑石明.大数据驱动创新创业教育变革：理论与实践［J］.清华大学教育研究，2016，37（3）：65-73.

［3］王雪冬，董大海.商业模式创新概念研究述评与展望［J］.外国经济管理，2013，35（11）：29-36.

［4］洪银兴.关于创新驱动和协同创新的若干重要概念［J］.经济理论与经济管理，2013（5）：7-14.

［5］郭文安.试论创新教育及其特点［J］.中国教育学刊，2000（1）：9-12.

［6］徐华平.试论我国高校的创业教育［J］.中国高教研究，2004（2）：74-75.

［7］唐德海，常小勇.从就业教育走向创业教育的历程［J］.教育研究，2001（2）：30-33，72.

［8］刘伟，邓志超.我国大学创新创业教育的现状调查与政策建议——基于8所大学的抽样分析［J］.教育科学，2014，30（6）：79-84.

［9］刘艳，闫国栋，孟威，等.创新创业教育与专业教育的深度融合［J］.中国大学教学，2014（11）：35-37.

［10］杨晓慧.我国高校创业教育与创新型人才培养研究［J］.中国高教研究，2015（1）：39-44.

［11］王占仁."广谱式"创新创业教育的体系架构与理论价值［J］.教育研究，2015，36（5）：56-63.

［12］胡桃，沈莉.国外创新创业教育模式对我国高校的启示［J］.中国大学教学，2013（2）：91-94，90.

［13］李伟铭，黎春燕，杜晓华.我国高校创业教育十年：演进、问题与体系建设［J］.教育研究，2013，34（6）：42-51.

［14］王焰新.高校创新创业教育的反思与模式构建［J］.中国大学教学，2015（4）：4-7，24.

第二章
创业概述

知 识 框 架 图

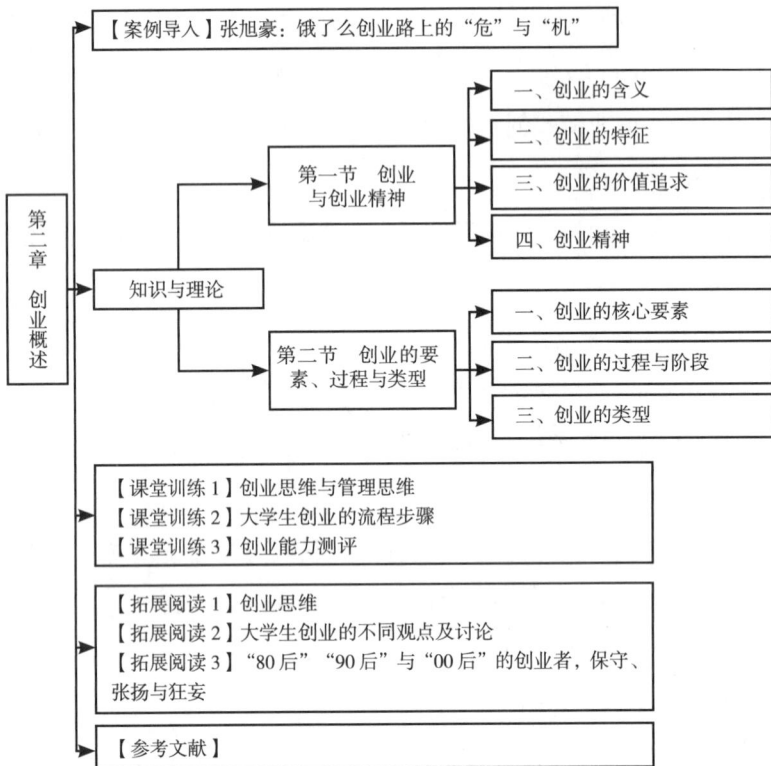

▶▶▶ 案例导入

张旭豪：饿了么创业路上的"危"与"机"

20世纪90年代末到2000年初，硅谷之风吹到了中国，史蒂夫·乔布斯、比尔·盖茨、马克·扎克伯格这些大学辍学的企业家成为创业"神话"，影响了几代人迫不及待地跨越大学这座桥梁，涌向商业社会，开始自己的"造梦空间"。

饿了么创始人张旭豪就是其中之一。

2008年，O2O概念初入大众视野，外卖订餐成为大学生创业的热门。与此同时，诞生与死亡也在这一热门领域不断循环，最终只有饿了么这一家走出了校门外。从以上海校园为阵地到业务覆盖全国 250 个城市，饿了么历经烧钱竞争、巨头碾压和资本追逐，最终成长为大只独角兽，张旭豪用 8 年时间达到了足以与巨头平等对话的地位。

餐饮界的"淘宝"

张旭豪曾坦言，"如果不是行业处在风口，如果不是移动互联网的普及，人再强也强不过形势"。不得不承认，饿了么是在 O2O 的风口上成长起来的超级独角兽。张旭豪从来没把饿了么当作"纯互联网公司"，同时也不认同"外卖公司"这个概念。在一次采访中，他雄心勃勃地表示，饿了么要做餐饮界的淘宝和天猫。

从市场份额来看，王者之争将在美团和饿了么之间展开。面对接下来的市场厮杀，张旭豪分析对手，"美团是跟进策略，通过运营来后发制人，这是它的 DNA，饿了么还需要不断创新"。不难看出，外卖 O2O 已告别"跑马圈地"的时代，在竞技的下半场，比拼的将是用户体验，食品安全、商家品质和配送服务才是消费群体关注的焦点。饿了么前期在"准时达"和优惠折扣上下足了功夫，但却忽略了用户对餐饮服务的一些基本诉求。

盲目扩张而误入"雷池"

"互联网 +"模糊了行业界线，在给传统行业带来新鲜感的同时，行业壁垒也被轻易渗透。这使得创业企业在"数据偏好"的竞争中，极易忽略传统行业的基本诉求。据央视"3·15"曝光，饿了么外卖平台上有多家外卖商家无证无照经营，且厨房环境肮脏不堪。一时间，饿了么被负面舆论包围，订单量迅速下滑。可想而知，这是盲目抢占市场份额，忽略餐饮行业基本规范所产生的弊端。

事后，张旭豪发内部信承认，在食品安全监管上，饿了么确实存在失职之处，管理层为此承担责任。同时，组建专项排查小组，下线无照经营商户。虽然食品安全问题是行业普遍现象，但这次舆论的"当头棒喝"确实给饿了么造成了重创。尽管部分用户出于习惯和补贴仍使用饿了么，但两者难以构成平台的核心竞争力。张旭豪意识到了这一点，他试图转"危"为"机"，明确以用户为导向的服务策略，并借助直播等新技术手段，展现商户的后厨情况，从而起到监督作用，进一步保障食品安全。

一路看似顺风顺水的饿了么，由于盲目扩张而误入"雷池"，这让张旭豪首次在媒体面前提到了"教训"两个字，他表示："最大的教训是没想清楚，整个社会不变的是什么事情，导致现在一直被对手追着。"这次品牌危机暴露了饿了么年轻化团队的劣势，行业普遍存在的弊端，实质上就是创业需要解决的问题。张旭豪开始更多地考虑服务体验，而不是数据表现。

打造"全球领先生活平台"

"3·15"之后，张旭豪进行了反思，消费群体对"互联网 +"的期待已不再像电子商务一样，将线下的消费行为简单转移至线上；零售新时代到来，不创造更高质量的服务，势必会被淘汰，餐饮外卖平台也不例外。

张旭豪认为，"未来3~5年，将没有电子商务，而是一种新的零售方式——分布式电商"。在判断这一趋势的同时，他对饿了么的电商模式作了相应的布局。关于未来的定位，张旭豪明确表示，"要通过创新科技去打造全球领先的生活平台"。除了进一步丰富品类以外，饿了么还将引进人工智能、大数据等创新技术，从用户需求判断、精准化服务、资源配置优化等方面进行完善，打造全新的消费模式与体验。

互联网创业时代，只有紧紧抓住变革的时机并敢于突破和尝试，才能长久地生存和发展。从电话订餐、PC订餐、移动手机端订餐，再到未来的大数据时代，变的是商业模式，不变的是消费群体对食品安全和健康等方面的诉求。未来，饿了么将借助新技术以及线上、线下渠道融合，进一步改变人们的消费物理特性与边界。对这个市场目标，相信竞争对手也都有着较高的一致性，但谁能成为市场第一？新的时代还会有新的格局。

刚过而立之年的张旭豪，用8年的创业经历见证了互联网的快速更迭，作为少数成功的大学生创业者，能在"大众创业，万众创新"的生力军中脱颖而出，除了极强的商业敏感性还需要什么呢？

资料来源：中国大学生创业网。

知识与理论

第一节　创业与创业精神

一、创业的含义

（一）创业的定义

"创业"由"创"和"业"两个字组成，在《辞海》中，"创"有创办、创立、创造等意思，对"创业"的解释是：创立基业，开创事业。创业，古为开创基业之意。张衡《西京赋》中"高祖创业，继体承基"，所创之业为帝王之业、霸主之业。孟轲《孟子·梁惠王下》中"君子创业垂统，为可继也"指的则是君子之业、立本之业。《现代汉语词典》对"创业"的解释是：创办事业，其核心词"事业"是一个内容丰富的概念，是指人们所从事的，具有一定目标、规模和系统而对社会发展有影响的经常活动。"基业"是指事业的基础，是根基，强调开端和起步。可见，创办事业是创业的本质。对于大学生而言，"创立基业"似乎更合适一些，创业的精神首先是能否勇敢跨出第一步，奠定人生和事业基础，否则何谈创业。

创业是一种普遍的活动，国内外学者对"创业"一词一直没有形成统一的共识，表 2.1 为部分创业的定义。

表 2.1 创业的定义

学者（时间）	定义或解释
Knight（1921）	承受不确定性和风险而获取利润
Schumperter（1934）	实现企业组织的新组合——新产品、新服务、新原材料来源、新生产方法、新市场和新的组织形式
Cole（1959）	发起和创建以盈利为目的，企业的有目的的活动
Shame（1974）Siropolis（1989）	创业者依据自己的想法及努力工作来开创一个新事业，包括新公司的创立、组织新单位的成立，以及提供新产品和新服务，以实现创业者的理想
Casson（1982）	对稀缺资源的协调整合
Gartner（1985）	新组织的创建
Stevenson，Roberts & Grousbeck（1989）	个人（不管是独立的还是在一个组织内部）追踪和捕捉机会的过程，这一过程与当时所控制的资源无关，强调创业的过程性、察觉机会与追逐机会的意愿以及获得成功的信心和可能性
Hart，Stevenson & Dial（1995）	不顾现有可控制的资源而寻求和利用机遇，但是受到创建者之前选择和行业相关经验的限制
Timmons（1999）	一种思考、推理和行为方式，这种行为方式是机会驱动的，注重方法和与领导相平衡，创业导致价值的产生、增加、实现和更新，不只是为所有者，也为所有的参与者和利益相关者
李志能、郁义鸿（2000）	一个发现和捕捉机会并由此创造出新颖的产品或服务和实现其潜在价值的过程
宋克勤（2002）	创业者通过发现和识别商业机会，组织各种资源提供产品和服务，以创造价值的过程
许玫（2003）	一种以创新为基础的以创造价值及提高生产力为目的的综合性社会活动
Harris & Peters（2004）	通过奉献必要的时间和努力，承担相应的经济、心理和社会风险，并得到最终的货币报酬、个人满足和自主性的，创造出有价值的新东西的过程
Dollinger（2006）	在风险和不确定性条件下，为了获取利益或成长而创建创新型经济组织（或者组织网络）的过程
雷家骕、王兆华（2008）	发现、创造和利用适当的创业机会，组合生产要素，创立新的事业，以获得新的商业成功的过程或活动
Kaplan & Warren（2009）	投入必要的时间与精力，承担相应的资本以及心理、社会风险，创造一些与众不同的东西并以获得金钱和满足感作为回报的过程
张玉利、薛志红（2017）	创业是在（高度）不确定的环境中，不拘泥于当前资源条件的限制而对机会的追寻，组合不同的资源以利用和开发机会并创造价值的过程

资料来源：王国红，邢蕊等.创业与企业成长［M］.2 版.北京：清华大学出版社，2019.

　　总结国内外学者的研究，创业的定义有狭义和广义之分。创业狭义的定义就是创建新企业，英文中经常用"start-up"一词。按照这样的定义，很容易区分一个人的工作是否在创业。创业广义的定义把创业理解为开创新事业，英文中倾向于使用"entrepreneurship"一词。任何一个在极度不确定情况下开发新产品或新业务的人都是创业企业家，无论他本人是否意识到，也不管是身处政府部门、获得风险投资的公司、非营利机构，还是财务投资人主导的营利性企业。狭义的创业定义是广义创业的载体，在创业活动日趋活跃以及对社会经济发展的贡献越来越突出的今天，为了探索创业的本质，弘扬创业精神，更多的人倾向于使用广义的创业定义。

　　通过比较国内外学者对创业的定义，结合一直以来对创业的教学和研究，笔者更认可哈佛大学史蒂文森教授对创业的定义，即创业是不拘泥于当前资源条件的限制下对机会的追寻，将不同的资源组合以利用和开发机会并创造价值的过程。

（二）创业的本质内涵

　　根据创业的定义，创业的本质在于是否创造新的价值，而不仅仅在于是否设立新的公司。创业的本质体现在机会导向、创造性地整合资源以及创造价值3个方面。

1. 机会导向

　　创业是基于机会的市场驱动行为，创业活动需要寻求有效机会。创业往往是从发现、把握、利用某个或某些商业机会开始的。创业活动的机会导向表现为创造价值，即创业意味着要向顾客提供有价值的产品和服务，透过产品和服务使消费者的需求得到实质性的满足。创业活动的机会导向决定了创业活动必须突出速度，需尽快识别机会，并开发和利用机会，实现机会价值。

2. 创造性地整合资源

　　资源整合是指以最少的投入获得最大的产出。创业活动强调通过各种途径实现对各种资源，如人、财、物、政策等资源的利用。它还包括将过去的资源延伸利用，挖掘他人忽视的资源用途，利用他人或其他企业的资源实现自身利益，将一种资源补充至其他资源中以创造更高的组合价值，以某种资源换取另一种资源等。创业需要面对资源难题，设法突破资源束缚，积极探求创造性整合资源的新方法、新模式和新机制。

3. 创造价值

　　机会导向、创造性地整合资源的目的都是为了创造价值，创业活动的开展最终是为了引导创业者对所带来的价值进行创造的关注。创业属于人类的劳动形式之一，劳动需要产生劳动成果，创业也需要创造劳动价值。所谓创造价值就是为了向消费者和市场提供有价值的产品和服务，从而使消费者和市场的需求得到满足。创造价值本质上强调的是为社会经济发展所做贡献的大小和提升人们物质精神生活的丰富程度，只有体现价值的创造，创业活动才会有持久的生命力，才能持续地生存发展。

二、创业的特征

从创业的定义可知，创业活动本身属于商业活动范畴，是一种普遍存在的社会活动。但它不同于一般的社会活动和商业活动，创业这种商业活动具有较强的特殊性，有较为典型的特征，可以概括为创新性、风险性、机会性、价值性和回报性等方面。

（一）创新性

创业的本质是创新。创新性也是创造性。一方面，创业过程就是实现创新的过程，创业活动中很多事务都是第一次碰到，有可能创造出新的产品、新的业务、新的企业、新的组织、新的流程、新的工艺、新的市场、新的顾客、新的渠道，多数时候都是一个从无到有的过程，没有规范，没有流程，没有制度，甚至没有值得借鉴和参考的对象，在摸索中前进，其技术、设计、生产、组织管理、营销活动都面临规划或者全新的设计。另一方面，正是因为创业活动的创新性，能带来全新的价值，能为顾客带来全新的利益和体验，为市场带来新的产品和服务，为创业企业带来新的竞争优势，为市场带来新的机会，甚至创造新的产业，所以创业活动是充满活力和创造性的。

（二）风险性

创业必须承担必然存在的风险，创业活动比常规的经营管理面临更大的风险，创业的风险以各种不同的形式，伴随着创业过程的始终，也伴随着各种收益。创业是新事物，通常是他人和自己从未经历过的，需要一个过程，在技术实现、产品制造、市场开发、市场竞争、经营管理、资金筹措、财务管理、政策和法律、社会变革等方面都有诸多的不确定、不可预测、不可掌控的因素，必然存在很多风险，无论在哪个环节出现失误或者不良影响均有可能导致创业的失败。创业失败带来的不仅仅是资金的损失，还有机会损失、个人的时间和精力损失等。

（三）机会性

商业机会是没有被满足的市场需求和市场空缺，与常规的企业活动相比较，机会性是创业活动的一个典型特征，创业机会是适合创业的商业机会，创业活动往往会通过环境分析与调研活动，了解市场，发现、分析、识别和挖掘商机，在具备商业机会的基础上，整合和配置资源，生产产品或服务、开发新的业务和市场，最终转化为价值，这对创业是否成功起着重要的作用。在对创业者素质的要求中，敏锐的市场意识、机会意识、发现和识别商业机会的能力成为重要的素质，而常规企业活动对这方面的要求要低得多。

（四）价值性

价值性是创业活动的根本属性，价值创造也是创业活动的目的。有学者认为，创业过程就是价值创造的过程，就是发现价值、设计价值、生产价值、推广价值、实现价值的过程。正是其价值性，其产品和服务才能被市场认可，创业才能成功。创业过程创造多元价值，对于创业者而言，带来丰厚的物质和精神回报，实现自我价值；对于顾客而言，新的产品和服务带来新的利益，满足新的需求，带来顾客价值；对于创业企业而言，获得新的市场、新的发展机会、销售收入和利润，创造企业价值；对于股东和投资者而言，获得投资机会，通过创业企业的经营创造投资价值；对于社会而言，政府获得税收、社区获得就业机会、行业获得合作机会，这都是在创造价值。

（五）回报性

创业成功能获得丰厚的回报，回报是创业活动的根本动机，创业活动投入了巨大的资源，支付了相应的成本，创造了新的价值，承担了不确定性的风险，依据风险收益平衡规律，创业活动会产生效用和收益，这些都是创业回报。这些回报可以是物质回报，也可以是精神回报；可以是经济回报，也可以是政治收益；可以是近期回报，也可以是远期收益。

课堂训练 1

创业思维与管理思维

将学生 5~6 人分为一组，分成若干小组，头脑风暴讨论创业思维与管理思维的区别与联系。每组举出一个实例，并作相应的阐述。

三、创业的价值追求

（一）创业对创业者的价值

创业是一个伟大的历程，是一个精彩的大舞台。对于创业者而言，创业对个人的促进是全方位的，通过创业，能有效实现人生理想和价值，获得自身全面发展，从而更好地把握人生航向。

1.创业有利于主导自己

许多人工作的时候，积极性不高，厌倦自身工作，在工作的过程中，自身的很多创意、想法得不到肯定或者无法实施，个人才能得不到充分发挥，愿望无法实现，会受到很多的约束，使工作缺乏成就感。而创业则可以摆脱原有的很多约束，充分发挥个人的潜能，施展自己的才华，从而让自己的人生价值得到充分体现。

2.创业可以实现收入的最大化

作为工薪阶层的一员，尽管收入有高有低，但是都会有空间上的局限性。如果自身进行创业，那么它可能提供给你的利益空间是没有限制的，可任由你来想象。根据统计资料，在美国福布斯富人榜前400名富人中，有75%是第一代的创业者；在中国富豪榜中，以创业起家的也不在少数。

3.创业可帮助创业者获得成就感

创业企业进入社会中所能体现出来的价值就是能够为社会作出相应的贡献，这些贡献包括为社会和个人提供产品或服务、为国家和自身创造财富。创业对社会所作的贡献能够体现它所获得的价值，而这种价值的存在会使创业者个人从中获得巨大的成就感。

4.创业有利于增加创业者的快乐感

创业项目的选择，创业者自身的兴趣爱好通常是一个参考的依据，创业者一般都会从个人的兴趣领域入手，并结合自身的知识技能和特长来实施创业。从事自己喜欢的事业本身就是一种快乐。另外，在创业过程中，创业者还能够感受到很多变化、挑战和机遇。适应变化、战胜挑战、抓住机遇的过程本身可以让创业者增加快乐感，如抓住了某次机遇带来的极度满足感；准确地预见变化所带来的兴奋等。

（二）创业对社会的价值

创业活动在很大程度上对经济发展和社会进步有着深刻的影响，创业活动的活跃程度成为经济发展的晴雨表，成为对社会进步促进作用明显与否的重要标志。

1.创业提高了社会就业机会

发达国家的很多就业机会都是由创业企业创造的，这些创业企业在经济萧条时期、大企业大量裁员的时候，起到了稳定就业的重要作用。我国近些年在对创业型中小企业方面的支持力度逐渐增加，这些企业稳定就业的表现非常突出，我国中小企业新增就业岗位贡献率为85%。引导劳动者转变就业观念，鼓励以创业带动就业，这些方针无不体现了创业已经成为我国社会就业的扩容器。

2. 创业加速了科技的创新

创业是新发明、新产品、新服务不断涌现的主要来源，创业是新理论、新技术、新制度转变成现实生产力的转化器，通过科技的创新与转化，创造出新的市场需求，进一步推动、加速和深化科技创新，提高企业甚至整个国家的创新能力，从而推动社会经济的增长。美国国家科学基金会和美国商业部等机构在20世纪八九十年代发布的报告表明，第二次世界大战之后，美国创业型企业的创新占美国全部创新的50%以上和重大创新的95%。我国中小企业技术创新贡献率在70%以上。

3. 创业是经济发展的动力

美国的创业革命，让高新技术和创业精神进行了紧密结合，使其成为世界经济的"火车头"。我国在改革开放以来所实行的社会主义市场经济，让个人投资创办的企业成为新的经济增长点，保证了经济的持续高速发展，促进了现代化建设和城市化进程。

4. 创业推动了社会的进步

创业对社会进步的推动作用可以体现在很多方面：创业可以促进经济体制的改革和深化，提高人们的生活质量，丰富人们的生活，促进社会的和谐发展，能够实现共同富裕；创业可以激发人们的创新意识和创业精神，促使社会文化观念的转变；创业可以使创业者成为社会经济发展的主流，能够积极推动形成创新、民主、公正、诚信的文化。

小·知识

影响创业成功的关键因素

美国学者鲁西耶将过去许多不同学者的研究成果加以归纳，总结出以下15项影响创业成功的关键因素：

1. 资金能力：拥有适当资金能力的创业活动，相对比较容易成功。
2. 财务控制：缺乏适当财务控制的创业公司，相对比较容易失败。
3. 产业经验：无产业经验的人从事创业活动，失败的机会相对较高。
4. 管理经验：由无管理经验的人从事创业活动，失败的机会相对较高。
5. 企业规划：事先未做详细的创业规划，失败的机会相对较高。
6. 专业咨询：能善用专业咨询与产业网络资源的创业活动成功的机会相对较高。

7. 教育水准：受过高等教育的创业者比未受高等教育的创业者，创业成功的概率较高。

8. 员工能力：能吸引并留住良好素质员工的创业公司，成功的机会相对较高。

9. 产品策略：选择太新或太旧产品的创业公司相对于选择正在成长阶段产品的创业公司，前者失败的概率比较高。

10. 市场时机：在整体不景气时创业会比在整体景气的时候创业更容易失败。

11. 创业年龄：年纪越轻且创业经验越不足的创业者，其创业失败的概率相对较高。

12. 合伙团队：单人创业比团队创业更容易失败。

13. 家庭背景：来自经商家庭背景的创业者，相对比较容易创业成功。

14. 股权比重：创业者拥有较多股权比例的时候，相对比较容易创业成功。

15. 营销能力：具有比较丰富的市场经验与营销能力的创业者，相对比较容易创业成功。

四、创业精神

（一）创业精神及其特征

创业精神是创业者在创业过程中具有开创性的思想、观念、个性、意志、作风和品质等重要行为特征的高度凝练，主要表现为勇于创新、敢当风险、团结合作、坚持不懈等。

创业精神具有以下 4 个方面的特征：

1. 高度的综合性

创业精神是由多种精神特质综合作用而成的，如创新精神、拼搏精神、进取精神、合作精神等都是形成创业精神的精神特质。

2. 三维整体性

无论是创业精神的产生、形成和内化，还是创业精神的外显、展现和外化，都是由哲学层次的创业思想和创业观念、心理学层次的创业个性和创业意志、行为学层次的创业作风和创业品质 3 个层面所构成的整体，缺少其中任何一个层面，都无法构成创业精神。

3. 超越历史的先进性

创业精神的最终体现就是开创前无古人的事业，创业精神本身具有超越历史的先进性，想前人之不敢想、做前人之不敢做的事情。

4. 鲜明的时代特征

不同时代的人面对着不同的物质生活和精神生活条件，创业精神的物质基础和精神营养也各不相同，创业精神的具体内涵自然也不同。创业精神对创业实践有重要意义，它是创业理想产生的原动力，是创业成功的重要保证。

（二）创业精神的作用

创业精神作为一种积极的人生态度和精神状态，对个人的进步和社会的发展具有积极的推动作用。

1. 创业精神具有促进人全面自由发展的作用

所谓人的全面自由发展，一是指人的性格和智慧得到全面的、合理的发展；二是指人的个性和才能得到自由的、自主的发展。这与弘扬创业精神在本质上是一致的。首先，弘扬创业精神要求人们追求独立自主、自主选择、自由创造、自我实现，自由自在地创业，自由自主地发展；其次，弘扬创业精神要求人们造就全面的素质，培养强烈的事业心和责任感，培养多元意识和创新能力，培养坚定的信念和坚强的毅力，成为智商、情商、意志相统一的完善的人。显然，从一定的意义上说，弘扬创业精神就是弘扬自由创造的精神，这是促进人的全面自由发展的重要内容。

2. 创业精神具有弘扬和培育民族精神的作用

民族精神，不仅是一个民族告别落后、走向文明进步的强大动力，还是一个民族赖以生存和发展的强大精神动力。在我国几千年的历史长河中，中华民族形成了以爱国主义为核心的团结统一、爱好和平、勤劳勇敢、自强不息的伟大民族精神。今天，中华民族要立于世界民族之林，实现伟大复兴，更需要培育和弘扬民族精神。在每个历史时代，都会根据时代的特征，总结出有特色的时代精神，再从中提炼出某些具有普遍意义的思想精华，融入民族精神之中。随着全球经济一体化和信息时代的到来，中国人将越来越多地面对开放的、全球化的市场竞争。在这场竞争中，知识的创新、传播和应用将成为经济发展的最基本的资源和生产的最核心要素。在现代化进程中增强竞争力的关键是提高民族的创新创业能力。独立自主和自强不息的精神，是创新创业精神的重要内容。新的时代是创业的时代，创业精神代表了时代精神。

3. 创业精神具有推动改革开放和现代化建设的作用

创业精神的本质着重于一种创新活动的行为过程。创新和创业有着深刻的内涵联系，通过联动推进创新和创业教育，可以引导学生将设计理念由传统的面向性能设计提升为面向价值设计，鼓励不同专业的学生发挥学科特长，组成优势互补的团队，利用技术创新和商业模式创新提高创业活动的含金量，避免低水平、同质化竞争，努力开创一片高附加值的"蓝海"，最终形成创新引领创业，创业带动就业的良性互动局面。改革开放是一种创新活动，需要创新精神来支撑和推动；现代化建设是一种创造活动，需要创业精神来支撑和推动。

（三）创业精神的培育

1. 培育创业人格

个性特征对于个体的创业来说是非常重要的，尤其是"独立性""坚持性""敢为性"等。人格教育对创业精神和创业能力的培养是相辅相成的。高校要依据大学生的心理特点，有针对性地讲授心理健康知识，帮助大学生树立心理健康意识，优化心理素质，增强心理调适能力和社会生活的适应能力，自觉培养坚韧不拔的意志品质和艰苦奋斗的精神，提高承受和应对挫折的能力。此外，还可以采用创业案例剖析创业者的人格特征、进行心理训练等，让学生掌握形成心理素质和优良人格特征的途径。

2. 培养创新能力

创新是创业精神的核心，高校必须突出对学生创新能力的培养。要尊重学生的个性发展，爱护和培养学生的好奇心、求知欲，为学生的禀赋和潜能的充分开发创造一种宽松的环境。鼓励学生勇于突破，有意识地突破前人、突破书本、突破老师。通过开设创新创造类课程、举办主题技能竞赛让学生感受、理解知识产生和发展的过程，培养学生的科学精神和创新思维。

3. 宣扬创业文化

校园文化是学生成长的外部环境，它对学生具有陶冶功能、激励功能和导向功能。高校应想方设法将创业精神有机地融入学科活动、科技活动等活动中去，以培养学生的创业精神。具体可经常邀请成功的企业家或成功的校友来学校作报告，增强大学生的创业信心，利用他们的创业激情感染学生，成为激励学生创业的榜样。

4. 强化创业实践

鼓励学生利用课余时间参加一定的创业模拟和社会实践活动，增强学生对企业的了解和对社会的适应能力，如在校内外开展创业竞赛活动、与社会企业联合开展学生的实习见习等，让学生在实践中磨炼自己，形成正确的创业认知，孕育创业精神和提升解决问题的能力。

第二节 创业的要素、过程与类型

一、创业的核心要素

（一）蒂蒙斯创业模型

创业是一项艰苦的事业，是一个复杂和复合的系统。创业需要很多的前提、条件、资源和要素。创业需要在充分发挥创业者的个人素质和能力、团队人力资本的智慧、足够的资金支撑和人脉支撑的基础上，通过创业目标的指引，才能完成这样一个过程。

创业教育的先驱、有"创业教育之父"美誉的杰弗里·蒂蒙斯将机会、资源、创业团队一起视为三大关键要素，其中任一要素的弱化都会破坏三者之间的平衡。他认为，成功的创业活动，创业者必须将机会、资源、创业团队三者作最适当的搭配，并且要能随着事业发展而作出动态的调整。1999 年在其著名的 *New Venture Creation* 一书中系统地提出了一个创业过程模型，被称为蒂蒙斯模型。2005 年该书第 6 版中他又进一步完善了这个模型，如图 2.1 所示。

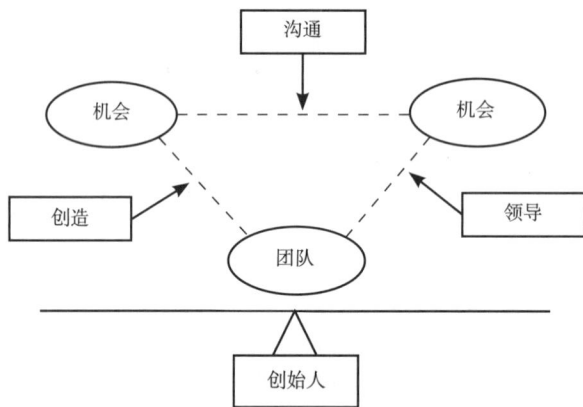

图 2.1 蒂蒙斯创业要素模型

资料来源：杰弗里·蒂蒙斯，小斯蒂芬·斯皮内利.创业学［M］.周伟民，吕长春，译.北京：人民邮电出版社，2005.

蒂蒙斯模型认为创业是一个高度动态的过程，其中机会、资源、创业团队是创业过程重要的驱动因素：商业机会是创业过程的核心要素，创业的核心是发现和开发机会，并利用机会实施创业，识别和评估市场机会是创业过程的起点，也是创业过程中一个具有关键意义的阶段；资源是创业过程的必要支持，为了合理利用和控制资源，创业者往往要竭力设计精巧的创意、采取谨慎的战略；创业团队是创业活动的主体，创业团队的优劣，基本上决定了创业是否成功。蒂蒙斯认为，创业领导人和创业团队必备的基本素质有：较强的学习能力，能够自如地对付逆境，有正直、可靠、诚实的品质，富有决心、恒心和创造力、领导能力、沟通能力，最重要的是团队要具有柔性，能够适应市场环境的变化。

（二）核心要素间的匹配关系

蒂蒙斯模型始终坚持三要素间的动态性、连续性和互动性。基于动态性的特征，认为创业过程实际上是 3 个要素之间相互作用、由不平衡向平衡方向发展的过程。随着创业过程的展开，其重点也相应发生变化，创业要能将机会、资源、创业团队三者作出动态的调整。该模型还要求三要素之间的匹配和平衡。创业现象被认为是创业者、机会和资源三者之间的有效链接。其中创业者是创业的核心，是使机会识别利用与资源获取组合得以实现的驱动者。

创业者必须不断寻求更大的商业机会，并合理使用和整合资源，以保证企业平衡发展。机会、资源、创业团队三者必须不断地进行动态调整，以最终实现动态平衡，这就是新创企业的发展过程。在创业过程中，由于机会模糊、市场不确定，因此，创业者必须依靠自己的领导、创造和沟通能力来发现和解决问题，掌握关键要素，及时把握机会。

二、创业的过程与阶段

（一）创业的过程

创业过程包含的活动和行为较多，是由包括创业者从产生创业想法到创建新企业或开创新事业并获取回报，涉及识别机会、组建团队、寻求融资等一系列活动组成的流程。它通常分为产生创业动机、识别创业机会、整合有效资源、创建创业企业、提供市场价值、收获创业回报 6 个主要环节。

1. 产生创业动机

创业动机是创业机会识别的前提，是创业的原动力，它推动创业者去发现和识别市场机会。创业活动的主体是创业者，创业活动首先取决于个人是否希望成为创业者。当然，不少人是看到了创业机会和潜在收益的诱惑才产生了创业动机，进而成为一名创业者或创业团队人员。一个人能否成为创业者，会受 3 个方面因素的影响：

（1）个人特质

每个人都可能具有创业精神，但其创业精神的强度不同，强度的大小有遗传的成分，更受环境的影响。比如，温州人的创业意愿相对强烈，其中环境起到了很大的作用。

（2）创业机会

创业机会的增多会形成巨大的利益驱动，促使更多的人尝试创业。社会经济转型、技术进步等多方面的因素在使创业机会增多的同时，也会降低创业门槛，进而促成更大的创业热潮。

（3）创业的机会成本

人们能从其他工作获得高收入和满足需求，创业意愿就低。比如，科学家独立创业的少，是因为科学家已经谋得了一份收入相对丰厚而且稳定的工作，他们就较少愿意去冒创业的风险。

2. 识别创业机会

识别创业机会是创业过程的核心环节。识别创业机会包括发现机会来源和评价机会价值。一般应澄清以下 4 个基本问题：

①机会何来？就是说创业者应该找到创业机会的来源在哪里。

②受何影响？就是说创业者应该找到影响创业机会的相关因素。

③有何价值？就是说创业者应该找到创业机会所具有的并能被评价的价值。

④如何实现？就是说创业者应该明了能通过什么形式或途径使机会变成实际价值。

围绕这些问题，创业者在识别创业机会阶段需要采取行动多交流、多观察、多获取、多思考、多分析、最终抓住创业机会。

3. 整合有效资源

整合资源是创业者开发机会的重要手段。一般情况下，创业者可以直接控制的可用资源往往很少，创业几乎都会经历白手起家，从无到有的过程。对于创业者来说，整合资源往往意味着需要借船出海，要善于尝试依靠盘活别人掌握的资源来帮助和实现自己的创业起步。人、财、物都是开展创业活动所必需的基本生产要素。

在创业过程中，创业者需要整合一系列的资源：①要能组建团队，凝聚志同道合的人；②要能进行有效的创业融资；③要有创业的基础设施，包括创业活动的场地和平台。

创业是在创业者面对资源约束情况下开展的具有创造性的工作，一定会面临很大的不确定性，创业者在创业初期乃至新企业成长的很长一段时间里，都要把主要精力放在资源的获取上，以解决公司和企业的生存问题。此外，创业者还需要围绕创业机会设计出清晰的、有吸引力的商业模式，有时还需要制订详细的创业计划，以此向潜在的资源提供者陈述或者展示，以获取更多的资源支持。

4.创建创业企业

新企业的创建是创业者的创业行为最为直接的标志。创建新企业包括公司制度设计、企业注册、经营地址的选择、确定进入市场的途径、是选择完全新建企业还是采取加入或收购现有企业等。值得注意的是，许多创业者在创业初期迫于生存的压力，以及对未来缺乏准确预期，往往容易忽视这部分工作，结果给以后的发展留下了隐患。

5.提供市场价值

创业者识别机会、整合资源、创建新企业等的目的是实现自己的创业目标。但真正能促成创业目标最终实现的是创业者能否提供市场价值。这是创业过程中的重要环节，关系新企业的生存与成长。创业者必须面对挑战，采取有效措施，使创业的市场价值得到充分的实现，不断地让客户获得收益，从而获得企业的长期利润，逐步把企业做活、做好、做大、做强。

6.收获创业回报

收获创业回报是创业活动的主要目的，对回报的获取有助于促进创业者的事业发展。回报可能是多种多样的，对回报的满意程度在很大程度上取决于创业者的创业动机。创业者的创业动机不同，对收获创业回报的态度和想法也有所不同。调查发现，多数创业者的创业动机首先是自己当老板，然后才是追求利润和财富。对于多数创业者来说，当老板的感受就是回报；对于以追求利润和财富为主要动机的创业者来说，把自己创建的企业在短期内培养成为一家快速成长的企业，并成功上市，可能是理想的获取回报的途径。

课堂训练 2

大学生创业的流程步骤

根据创业的核心要素和创业的过程，针对大学生创业进行分组讨论，绘制出大学生创业的流程步骤。

（二）创业的阶段

根据对创业的过程分析和对大量创业实践案例的研究，一个全过程的创业可大致划分为4个主要阶段，即机会识别阶段、资源整合阶段、创办新企业阶段和新企业生存和成长阶段。创业过程所包含的环节中，产生创业动机、识别创业机会主要属于机会识别阶段；

整合有效资源、创建创业企业环节属于资源整合阶段和创办新企业阶段；提供市场价值、收获创业回报属于新企业的生存和成长阶段。

创业阶段还可以从公司发展的性质进行更大的阶段划分，其4个基本阶段如下：

第一阶段，即生存阶段，以产品、技术和服务来占领市场，重点是要有想法，会销售。

第二阶段，即公司化阶段，以规范管理来增加企业效益，这需要创业者提高思维层次，从基本想法提升到企业战略思考的高度。

第三阶段，即集团化阶段，以产业化的核心竞争力为硬实力，依靠一个个团队的合作，构建子公司和整个集团的系统平台，通过系统平台来完成管理，把销售变成营销，把区域性渠道转变成地区性网络。

第四阶段，即总部阶段，以一种无国界的经营方式构建集团总部，依靠一种可跨越行业边界的无边界核心竞争力，让企业发展达到最高层级。

三、创业的类型

创业活动涉及各行各业，创业者的创业动机千差万别，创业项目和领域多种多样，创业的类型也呈现多样化，可以从不同角度、根据不同的标准作不同的分类。

（一）基于创业动机不同的分类

基于创业动机不同，可将创业分为生存型创业和机会型创业。这是由全球创业观察项目（Global Entrepreneurship Monitor，GEM）于2001年最先提出的概念，并逐年对机会型创业和生存型创业的概念进行了丰富。

1. 生存型创业

生存型创业是指创业者为了生计而相对被动进行的创业，即创业者把创业作为其不得不作的选择，是其必须依靠创业为自己的生存和发展谋求出路的创业，是为了生存的创业。生存型创业的主要特征为：创业者受生活所迫，物质资源贫乏，在现有市场中捕捉机会，从事低成本、低门槛、低风险、低利润的创业，如我国改革开放初期的创业者以及下岗职工的创业行为大都属于这种类型。

2. 机会型创业

机会型创业是指在发现或创造新的市场机会下进行的创业活动，即创业者把创业作为其职业生涯中的一种选择的创业，是为了更好的机会的创业。例如，李彦宏创办百度公司就是典型的机会型创业。他舍弃在美国的高薪岗位，毅然回国创业，其主要原因是他发现和把握了互联网搜索引擎存在的巨大商机，同时，自己期望实现人生的更大发展。

3. 机会型创业与生存型创业的主要区别

创业离不开对市场机会的识别和把握，机会型创业与生存型创业都看重市场机会，但前者看重的是创业进入的是新创造出来的市场，而且是大市场和中市场，会带动新的产业发展，而不是加剧市场竞争；后者则很少考虑创业是否进入了新市场，即使开创了新市场，也是小的市场，往往小富即安，极难做大做强。具体来讲，两者的主要区别表现如下：

（1）创业者的个人特征

创业者的个人特征是影响创业动机的主要因素，对机会型创业与生存型创业的区分有显著影响。相对而言，年轻和学历高的创业者更有可能进行机会型创业。

（2）创业投资回报预期

创业投资回报与创业风险相关，生存型创业者期望低一些的投资回报，承担小一些的创业风险；机会型创业者往往期望较高的投资回报，承担更大的创业风险。

（3）创业壁垒

生存型创业者更多地受到创业资金、技术和人才等的限制，更多地会回避技术壁垒较高的行业；机会型创业者拥有一定资金、技术和人才优势，会更关注新的市场机会，选择有一定壁垒的行业。

（4）创业资金来源

生存型创业者的资金主要来源于个人和家庭自筹；机会型创业者能比生存型创业者获得更多的贷款机会和政府政策及创业资金支持。

（5）拉动就业

相比生存型创业，机会型创业不仅能解决自己的就业问题，还能解决更多人的就业问题。

（6）关注倡导

机会型创业更多着眼于新的市场机会，拥有更高的技术含量，有可能创造更大的经济效益，从而改善经济结构。无论是从缓解就业压力还是改善经济结构的目的出发，政府和社会都应该更加关注机会型创业，大力倡导机会型创业。

（二）基于创业起点不同的分类

基于创业起点不同，可将创业分为创建新企业和企业内创业。

1. 创建新企业

创建新企业是指创业者或团体从无到有地创建全新的企业组织。这个过程充满机遇，但风险和难度也很大。

2. 企业内创业

企业内创业是指在已有公司或企业内进行创新创建的过程，如企业流程再造。正是通过二次、三次乃至连续不断的创新创业，企业的生命周期才能不断地在循环中延伸。

（三）基于创业者数量不同的分类

基于创业者数量不同，可将创业分为独立创业和合伙创业。

1. 独立创业

独立创业是指创业者独立创办自己的企业。其特点在于产权归创业者个人所有，企业由创业者自己掌控，决策迅速，但创业者要独自承担风险，创业资源整合比较困难，并且受个人才能限制。

2. 合伙创业

合伙创业是指与他人共同创办企业。其优势和劣势正好与独立创业相反，优势在于资源准备相对容易，风险均摊，决策制衡，可以发挥集体智慧。缺点在于权力多头，决策层级多，响应速度慢。

（四）基于创业项目性质不同的分类

基于创业项目性质不同，可将创业分为传统技能型创业、高新技术型创业和知识服务型创业。

1. 传统技能型创业

传统技能型创业是指使用传统技术、工艺的创业项目。例如，在酿酒、饮料、中药、工艺美术品、服装与食品加工、修理等与人们日常生活紧密相关的行业中，独特的传统技能项目在市场上表现出经久不衰的竞争力。

2. 高新技术型创业

高新技术型创业是指知识密集度高，带有前沿性、研究开发性质的新技术、新产品创业项目。

3. 知识服务型创业

知识服务型创业是指为人们提供知识、信息的创业项目。当今社会，各类知识性咨询服务机构不断细化和增加，如律师事务所、会计师事务所、管理咨询公司、广告公司、培训机构等，这类项目投资少、见效快、市场前景广阔。

（五）基于创业方向或风险不同的分类

基于创业方向或风险不同，可将创业分为依附型创业、尾随型创业、独创型创业和对抗型创业。

1. 依附型创业

依附型创业可以是依附于大企业或产业链而生存，在产业链中确定自己的角色，为大企业提供配套服务，如专门为某个或某类企业生产零配件，或生产、印刷包装材料；也可以是特许经营权的使用，如利用麦当劳、肯德基等的品牌效应和成熟的经营管理模式进行创业，减少经营风险。

2. 尾随型创业

尾随型创业是指模仿他人所开办的企业和经营项目，一般是行业内已经有许多同类企业，创业者尾随他人，学着别人做。其特点一是短期内只求能维持下去，随着学习的成熟，再逐步进入强者行列；二是在市场上拾遗补阙，不求独家承揽全部业务，只求在市场上分得一杯羹。

3. 独创型创业

独创型创业是指提供的产品和服务能够填补市场空白，大到商品完全独创，小到商品的某个技术独创。独创产品是指具有非同一般的生产工艺、配方、原料、核心技术，又有长期市场需求的产品。鉴于独占性原则，掌握它的企业将获得相当高的利润，如祖传秘方。但其也有一定的风险性，因为消费者对新事物有一个接受的过程。独创型创业还可以是以旧内容新形式，如产品销售送货上门，经营的商品并无变化，但在服务方式上扩大了，从而更具竞争力。

4. 对抗型创业

对抗型创业是指进入其他企业已形成垄断地位的某个市场，与之对抗较量。这类创业风险最高，必须在知己知彼、科学决策的前提下，抓住市场机遇，乘势而上，把自己的优势发挥到淋漓尽致，如针对百度搜索，出现了搜搜、360搜索等。

（六）基于创新内容不同的分类

基于创新内容不同，可将创业分为产品创新的创业、营销模式创新的创业和组织管理体系创新的创业。

1. 产品创新的创业

产品创新的创业是指基于技术创新或工艺创新的成果，产生了新的消费者群体，从而导致创业行为的发生。

2. 营销模式创新的创业

营销模式创新的创业是指采取了一种有别于其他厂商的市场营销模式，可能给消费者带来更好的满足感，如 360 杀毒软件。

3. 组织管理体系创新的创业

组织管理体系创新的创业是指采取一种有别于其他厂商的企业组织管理体系，能更有效地实现产品的商业化和产业化。

（七）基于创业周期不同的分类

基于创业周期不同，可将创业分为初次创业、二次创业、连续创业和衍生创业。

1. 初次创业

初次创业是一个从无到有的过程，需要创业者理性地思考，确定创业的盈利模式，要有明确的利润来源，整合一切可以利用的资源，如原辅材料、人才、产品、资金、渠道等要素，有效借助外力或外部资源降低创业成本，加快企业成长速度，提高企业创业成功率。由于初创阶段企业的死亡率较高，因此对于创业者来说，需要具有一定的素质和能力，能够正确审视和面对不同方面的风险，如政策风险、决策风险、市场风险等，要具备足够的应变能力，随时应对市场的不确定性变化。

2. 二次创业

二次创业是一次创业的延续，是在企业取得高速增长之后，为了谋求进一步的发展而进行的内部变革过程。二次创业绝不是一次创业简单的延续，而是在一次创业的基础上搭建企业发展更高的平台和框架，它不仅包含扩大生产规模、提高经济效益、加快技术进步等物质层面，还包括调整结构、创新管理模式、确立新的理念等深层次方面的任务。进行二次创业的企业要想获得成功，就要变革，进行脱胎换骨的改造。

3. 连续创业

连续创业是一种极为重要的经济和社会现象，从价值发现到价值创造和增量是连续创业是否成功的一个重要标志。美国有许多的新企业是由连续创业者（Serial Entrpreneur）创办的。在硅谷"生态系统"中，"连续创业者"是不可缺少的一环。对连续创业者与其他创业者的区别，美国克莱姆森大学教授斯图尔特认为连续创业者更愿意冒险，更具成就导向，更倾向于创新。在连续创业者中，苹果 CEO 乔布斯是其中的佼佼者。在我国，过去由于历史、文化的原因，企业家多"从一而终者"，少"连续创业者"。如今，以季琦为代表的"连续创业者"接连出现。

4. 衍生创业

衍生企业是指从已有组织（企业、大学或科研机构）中产生出来的企业，也指在现有组织中工作的个体或团队，脱离所服务的组织，凭借在过去工作中积累的经验和资源，独立开展创业活动的创业行为。

小·知识

衍生创业

长期以来，衍生创业行为时有发生。1955 年，晶体管之父肖克利博士离开贝尔实验室在硅谷创建了"肖克利半导体实验室"，一时吸引众多有才华的年轻科学家加入。1957 年，肖克利实验室中的 8 位杰出的精英因不满肖克利的唯我独尊而集体出走，创办了仙童半导体公司。之后仙童半导体公司利用半导体技术优势，在短时间内便成为硅谷成长最快的公司。同时，仙童还成为半导体技术人才的孵化器，一批批人才从仙童跳槽，在硅谷附近创办了众多衍生企业，其中有英特尔、国民半导体公司、AMD 等知名的大公司。一时间，个人创业成为硅谷的潮流。在国内，牛根生离开伊利公司创建蒙牛，李一男离开华为公司创建港湾网络，都成为很著名的案例。

资料来源：姚凤云. 创新与创业管理［M］. 北京：清华大学出版社，2017.

此外，随着信息技术的普及以及创业活动的活跃，当今社会发生了很大变化，创业活动的类型也呈现出多样化的趋势。例如，根据创业主体不同可将创业分为大学生创业、失业者（失地农牧民）创业、军人创业和兼职创业等；根据创业的融资形式不同，可将创业分为独资创业、合资创业和引进各类（风险）投资基金创业等；根据创业的行业领域不同，可将创业分为餐饮、娱乐、批发零售、广告艺术设计、装饰装潢、信息咨询、法律服务、电子信息技术、金融衍生服务等各行业领域的创业。

课堂训练 3

创业能力测评

测评说明：无论刚从学校毕业进入就业市场的年轻人，还是在社会经历了多年的上班族，许多人都希望拥有一份属于自己的事业。当老板不是一件容易的事，你是否适合创业？有无创业潜力？做下列测试可帮助决定你能不能做老板。

本测试由一系列疑问句组成，请根据实际情况，从"是"和"否"中选择最符合自己特征的答案。

选择时，一定要根据第一印象回答，请不要作过多的思考。

测评题：

1. 你是否曾经为了某个理想而设下两年以上的长期计划，并且按计划执行直到完成？

2. 在学校和家庭生活中，你是否能在没有父母及师长的督促下，可以自动地完成分派的工作？

3. 你是否喜欢独自完成自己的工作，并且做得很好？

4. 当你与朋友在一起时，你的朋友是否能常寻求你的指导和建议？你是否曾被推举为领导者？

5. 求学时期，你有没有赚钱的经验？你喜欢储蓄吗？

6. 你是否能够专注地投入个人兴趣连续 10 个小时以上？

7. 你是否有习惯保存重要资料，并且井井有条地整理，以备需要时可以随时提取查阅？

8. 在平时生活中，你是否热衷于社会服务工作？你关心别人的需求吗？

9. 你是否喜欢音乐、艺术、体育以及各种活动课程？

10. 在求学期间，你是否曾经带动同学，完成一项由你领导的大型活动如运动会、歌唱比赛等？

11. 你喜欢在竞争中生存吗？

12. 当你为别人工作时，发现其管理方式不当，你是否会想出适当的管理方式并建议改进？

13. 当你需要别人帮助时，是否能充满自信地要求，并且能说服别人来帮助你？

14. 你在募捐或义卖时，是不是充满自信而不害羞？

15. 当你要完成一项重要工作时，你是否总是给自己足够的时间仔细完成，而绝不会让时间虚度，在匆忙中草率完成？

16. 参加重要聚会时，你是否准时赴约？

17. 你是否有能力安排一个恰当的环境，使你在工作时能不受干扰，有效地专心工作？

18. 你交往的朋友中，是否有许多有成就、有智慧、有眼光、有远见、老成稳重型的人物？

19. 你在工作或学习团体中，被认为是受欢迎的人物吗？

20. 你自认是一个理财高手吗？

21. 你是否可以为了赚钱而牺牲个人娱乐？

22. 你是否总是独自挑起责任的担子，彻底了解工作目标并认真完成工作？

23. 工作时，你是否有足够的耐心和耐力？

24. 你是否能在很短时间内，结交许多朋友？

测评标准：

选择"是"得1分，选择"否"不得分。统计分数，参照以下答案。

0~5分：目前不适合自己创业，应当训练自己为别人工作，并学习技术和专业。

6~10分：需要在旁人指导下创业才有创业成功的机会。

11~15分：非常适合自己创业，但是在"否"的答案中，必须分析出自己的问题加以纠正。

16~20分：个性中的特质足以使你从小事业慢慢开始，并从妥善处理中获得经验，成为成功的创业者。

21~24分：有无限的潜能，只要懂得掌握时机和运气，将是未来商业巨子。

资料来源：中国大学生创业网。

拓展阅读1

创业思维

研究和学习创业，不一定要去创办企业，但一定要具有创业思维，保持旺盛的创业精神，把创业精神和技能运用到自己的工作实践中。在激烈竞争的时代，面对社会对创新型人才大量需求的情况下，创业思维尤为重要。

（1）创业思维的定义

大公司的背景相对比较成熟，环境比较确定，能够进行预测；反之，创业企业则充满了不确定性因素，难以预测，也无法给出一套固定的解决之道。创业教育所能给出的，是应对不确定性的创业型的思维和行为方式，这是能够教给创业者的。

思维方式按作用范围不同可分为3个层次，即一般的思维方式、不同学科共同的思维方式和不同学科特有的思维方式。创业思维属于创业特有的思维方式。17世纪法国经济学家Richard Cantillion最早将创业思维定义为不确定环境下人们的应急商业判断。创业思维作为应对不确定性的一种态度、一种解决问题的观念和方法，它强调识别机会并尝试利用机会，引导创业者寻找独一无二的成功之路。Eickhoff认为创业思维是一种工作态度、一种解决问题的观念和方法，是主动性、创造性和从一而终等组成的一种能力。

（2）创业思维的内容

应对不确定性的创业型的思维方式是怎样的呢？塞萨里·萨拉维斯（Saras Sarasvathy）从美国1960—1985年最成功的创业者及年度国家创业奖的获得者中邀请了27个研究对象，分别对他们进行2小时的实验和访谈。受试者被要求针对一项假想的创业企业回答创业过程中面临的10个决策问题，对实验和访谈过程全程录音并进行科学的整理，结果发现创业专家的一些特别的行为和逻辑有悖于教科书中的标准模式。例如，他们创建企业不一定从市场调查开始，也不一定对新企业有很清晰的愿景。此外，虽然由创业专家创立的企业绩效不一定比新手创业更好，甚至那些成功创办过企业的连续创业者，创立下一家企业也未必成功，但他们总能迅速抓住机会，从手边最容易得到的资源开始，并且在没有详细计划的情形下展开行动。他们更强调"我是谁""我认识谁""我了解什么""我能做什么"，在创业过程中更加强调与认识的人和遇到的人互动，争取伙伴的承诺，合作比竞争更重要。

创业思维的主要内容有以下6个方面：

创业思维1　利用手头资源快速行动

创业并非起始于对机会的识别和发现，或者预先设定目标，而是首先分析你是谁（你的身份）、你知道什么（你的知识）以及你认识谁（你的社会网络），即了解你自己目前手中拥有的手段有哪些。创业行动应该是手段驱动，而不是目标驱动。创业者应该运用各种已有手段或手头资源来创造新企业，而不是在既定目标下寻找新手段。创业不同于厨师做菜，不能等到所有配料都准备齐了才开干，更像是手里只有三根残弦乐器的弹奏者，你能利用三根残弦弹奏出什么样的音乐呢？

创业思维2　根据可承受损失而不是预期收益采取行动

创业者必须首先确定自己可以承担的损失以及愿意承担的损失有多大，然后才投入相应的资源，而不是根据创业项目的预期回报来投入资源。毕竟，任何的预期收益都是不确定的，但创业者失败后可能造成的最大损失是确定的。在采取每一步行动之前，创业者都应该只付出自己能够承担并且愿意负担的投入，否则就跟赌徒差不多了。在考虑投入时，应该综合权衡各种成本，包括金钱、时间、职业和个人声誉、心理成本和机会成本等。

创业思维3　小步快走，多次尝试

果敢的大步行动可能会让创业者获得很大的好处。不过，除非第一步就迈对了，否则创业者就不会得到这个好处。第一次就迈对步子的概率微乎其微，因为一个想法或计划的成功率与投入的资源数量无关，所以小步行动通常是有道理的。如果能够小步行动，就可以有机会多次采取行动，而较大的步伐将提高碰上无法预测失误的概率。

通常如果创业者尝试某种新方法后成功了，创业者很快就会被称为这个方法的专家。今天人们说马云是个天才，真正的原因其实是他尝试的次数少，在第一次行动失败后又尝试了一次，而在第二次尝试时成功了。成功的关键驱动因素是不断尝试。

创业思维4　在行动中不断吸引更多的人加入进来

寻找愿意为创业项目实际投入资源的利益相关者，通过谈判、磋商来缔结创业联盟，建立一个自我选定的利益相关者网络，而不是把精力花在机会成本分析上，更不要做大量的竞争分析。联盟的构成决定创业目标，随着联盟网络的扩大，创业目标也会不断地发生变化。

创业思维5　把行动中的意外事件看成好事

西方有一句谚语："如果生活给了你柠檬，就把它榨成柠檬汁。"这实际上是要求创业者以积极的心态主动接纳和巧妙利用各种意外事件和偶发事件，它们在创业途中无法避免，不应消极规避或应付。在创业过程中，创业者采取的行动很可能不会带来创业者期望的结果，这时需要友好对待，否则将会错失某些重要的东西。很多时候，意外同时也意味着新的机会。当然，意外也可能意味着问题。如果可能，解决这个问题，创业者的解决方案会变成资产。假如这个问题会永久存在并且无法排除，那么它将成为创业者采取下一步行动的已知事实基础。

创业思维6　把激情当成行动的动力

如果创业者不断尝试，却总是遭遇挫折，长期下来，可能就会彷徨，不知道自己究竟要尝试多少次、犯错多少次才会成功。这时就需要一个强大的动机来度过这些磨难，即激情。研究早已证实，"激情是驱动创造力的关键要素"。如果驱动创业者的动力是诸如激情等内在动机，而非外部因素，那么产生创造性成功的概率就会比较高。激情也是驱散不确定性的另一个关键。激情和人们追求成功时的心态有关，也就是实际执行各种想法时的心态。一个人对创业想法的激情可能是衡量这个想法潜力的最佳标准，它让人们了解一个人有多愿意为了成功而坚持到底。

（3）如何培养创业思维

创业者应该树立什么样的思维方式，或者说什么样的思维方式有助于创业成功？当然不存在唯一的答案。从创业活动的特点和本质分析，创业的本质是创新，敢于挑战、逆向思考等创新性的思维就会变得重要和必需；创业要应对不确定性，执着与灵活性并重就很有必要；创业要借助资源整合应对资源高度约束，合作共赢、欲取先予、取舍有度自然成为决策的依据。

处于起步阶段的创业者都希望找到一个学习的标杆，如已经功成名就的马云、季琦等人，寄希望于模仿他们的创业方法和行动策略，并沿着他们所走过的轨迹，去实现自己的梦想。不幸的是，最终创业者会发现，除非创业者自己就是马云或季琦，否则根本无法创建出阿里巴巴和汉庭连锁快捷酒店这样的成功企业。而从另一个角度来看，即便是成功创业者，他们针对同一问题所采取的行动方案也大相径庭，导致潜在创业者非常困惑，搞不清楚到底什么样的行动更可取。尽管每一个创业活动都有它与众不同之处，创业本身不是可以直接习得的知识，但创业活动中如何获得信息、加工信息，从而形成新信息的途径和方法，即创业思维方式是可以总结和传授的。

Krueger 对创业学习的研究发现，潜在创业者或新生创业者与经验丰富的创业者的最大区别不在于他们拥有的创业知识或技能的多少，而在于他们的认知结构和思维方式的转变。创业管理的"西点军校"——百森商学院的教授们经过长期研究发现：尽管成功创业者的行动存在差异，但在思维方式上却具有显著的一致性。这是一种截然不同于一般管理思维的思维方式。

从大学创业教育角度来看，大学生创业思维培养的核心内容包括以下 5 个方面：

①培养与现实世界的同理心，提升大学生发现创业机会的能力。无论是客户对产品和服务的真实需要，还是更有效的生产方式、组织方式和市场渠道的发现都需要创业者运用同理心思维去识别。创业和创新始于同理心，已经成为很多商业领袖的共识。

②培养商业价值思维，提升大学生的价值判断和价值创造力。创业思维不仅强调发现新的商业机会，而且还要知道"用什么方式""在什么时机"利用这些商业机会才能获利。创业机会的发现、创业计划的设计、创业资源的寻找、创业市场时机的选择都建立在商业价值判断和比较的基础上，这就要求创业者尊重市场的力量，以市场价格为依据进行价值判断和价值创造，养成商业价值思维习惯。

③培养协作思维，提升大学生的资源整合利用能力和利益分享意识。创业不是一个人单打独斗就可以完成的事业，而是一个系统工程。它需要整合和利用各种人力、物力、财力、技术、社会关系等资源为创业机会服务，这样才有可能成就创业目标的实现。利益分享是协作的基础，这要求创业者必须具备利益分享意识，在利益共享的基础上整合利用资源，养成协作思维的习惯。

④培养弹性思维，提升大学生应对不确定性的能力和主动承担风险的意愿。弹性思维也称柔性思维，是相对刚性思维而言的思维方式。刚性思维对处理静态性、模仿性、简单性的问题是有效的，但在不确定环境下，当遇到动态、复杂、创造性问题时思维往往陷入空白状态而束手无策。弹性思维则对不确定性持开放态度，并事先将不确定性纳入考虑范围，当遇到问题时，不固执蛮干，而是从多个角度，运用多种思维模式、在试错中寻求解决问题的方法，一种方法不行就换另一种，直到问题得以解决。创业是在动态变动的环境中寻找好结果的过程，不确定性是创业的本质属性之一。这就要求创业者首先要对不确定性和风险有客观认识，事先意识到创业过程中犯错误甚至失败是难免的，重要的是要对各种可能的错误和失败制订周密的行动计划，以超越偶然

和运气促成目标的实现。从这个角度来看，培养弹性思维对创业思维的形成至关重要。

⑤培养发现驱动过程思维，提升大学生适时调整创业规划的能力。创业的不确定性使创业路径和目标的设定须具有弹性，创业是一个发现驱动的过程。创业活动总是以目前的发现和创新为导向，形成下一步行动计划和目标，在实施下一步计划的过程中又产生新的发现，驱动再下一步的创业行动。当前的发现驱动未来更大的发现，当前的创新驱动未来更大的创新，维系着创业活动不断持续下去，向成功迈进。创业之初，创业规划总是建立在对未来很少的认识和很多的假设基础上，发现驱动过程就是不断地将假设转化为知识，逐步将创业规划从设想变为现实的过程。发现驱动过程思维也是创业者必须具备的创业思维方式。

资料来源：［1］张玉利，陈寒松，薛红志，等. 创业管理［M］. 4版. 北京：机械工业出版社，2017.

［2］王国红，邢蕊，唐丽艳，等. 创业与企业成长［M］. 2版. 北京：清华大学出版社，2019.

拓展阅读2

大学生创业的不同观点及讨论

近年来，关于大学生创业问题的讨论已经越来越成为一个热点话题，正引起社会各界的广泛关注。这种关注，一方面表明大学生创业的社会影响力正在扩大；另一方面也表明大学生创业所带来的某种不确定性，有时甚至是负面影响，或许还不能为人们所普遍感知。而且，这种影响可能不仅表现在当下，更会作用于未来。以下是在网络上搜集到的部分知名企业家及评论家对大学生创业问题的观点，并对这些观点进行了梳理。

1. 两类不同的观点

关于是否该鼓励大学生创业，舆论明显存在两种导向：一类持积极支持态度；另一类则相反，反对盲目鼓励大学生创业。总的来看，积极鼓励大学生创业的往往是政府、有政府背景的机构及媒体，而创业企业家群体则持相反观点的居多。下面简单列举了不同人士对大学生创业问题的一些观点。

（1）一类观点

查立（上海新中欧创投合伙人EFG创业基金会特别顾问）：为什么讲起大学生创业，很多人都摇头？摇头的无外乎是两类人：第一类人，即所谓的"过来人"，认为大学生"没有见过世面，没有经验，不成熟"。如果这个逻辑成立的话，那么最够资格创业的就只剩下那些见过世面、体验过、都想通了的"老骨头"了吗？另一类就是大学生自己，这些人多数是没有勇气的，而且大学里从来不开设创业课，他们怎么知道如何去创业？可事实偏偏是，世界上最牛的创业公司都是大学生开创的，甚至是连大学都没读完的学生，乔布斯与苹果、比尔·盖茨与微软、杨致远与雅虎、谢尔盖和莱利与谷歌、马克与Facebook。创业本身就是一所更大的学校，酸甜苦辣咸五味俱全，创过业的人通常比常人更懂事，更了解社会，更理解价值，更善于作决定，更有人缘，更有钱，更热爱自由，当然也会更加感叹世间的善恶和人生沧桑……从这个角度来说，大学生创业不仅仅是年轻人成熟的加速器，更会促进社会的进化和更新。

方兴东（IT独立评论家）：大学生创业是大势所趋，如果能选择互联网创业还是比较好的，因为高科技创业的门槛比较低，又有天使投资、风险投资等好的机会，再加上年轻人有想法、有冲劲，是适合年轻人的选择。当然，大学生在学校可以参与创业，但还是要以学业为主，如果是研究生或者博士生则另当别论。创业是完全可以的，不过一定要有基本的风险承担能力。创业不能是头脑发热的行为，要懂得权衡风险，这很重要。此外，创业需要量力而行，不过一旦选择了创业，那么就请勇敢一点，哪怕失败也好，人生的经历需要失败。

（2）另一类观点

俞敏洪（新东方教育科技集团总裁）：面对大学生就业难的局面，大家就拼命鼓励大学生去创业。但这实际上是有问题的，因为现在多数大学生都是独生子女，他们与人相处的能力、对行业的了解、对创业环境的认识、容忍程度等都是不够的。中国的大学一方面强调就业，另一方面很多的课程设置却又严重脱离社会现实，知识更新速度也不够快。这种情况下，鼓励学生创业会带来一些问题，比较典型的就是大学四年到底应该学习什么，如果大学生要学创业的话，大学里的老师却没有几个是自己干过创业的，也没有几个老师能够教学生真正地创业，以及帮助他们解决创业中遇到的困难。还给学生带来了心态上的问题，这使得学生在学校的时候，心态变得浮躁，创业的学生大部分都是失败的。失败以后他们通常不会反思自己，重新静下心来认真琢磨怎样积累经验再次创业，而是怨社会，觉得中国社会太黑暗、太不公平，认为这个社会资源集中在少数人手里，当然也有部分事实是这样的。最后的结果是，他不会总结自己作为领导人或者作为团队领袖凝聚团队的能力不够，往往把问题归结在跟他一起创业的团队成员的懒惰、贪婪、不合作，从此以后对人失去信心。一个年轻的孩子一旦对社会失去信心、对人失去信心，他未来振作的机会就会很少。从此以后就变成了很难描述的这样一种人群，对未来既没有信心，又不愿去工作，不愿意有工作的心态。我通常支持大学生毕业先工作，这样可以尽可能给孩子们一个沉静的学习心态，并且让他们了解社会，让他们怀着一颗勇敢的心在未来走上社会去创业。总之，我不盲目地鼓励创业，但是我认为应该支持创业，我认为人生一辈子不创一次业一定是一个遗憾。

丁磊（网易创始人）：我很反对大学生一毕业就开始创业，尤其是退学创业的学生，世界上只有一个比尔·盖茨。目前的环境很艰难，大学生创业的成功率非常低，你凭什么能成功，很多大学生说，因为我有一个很好的想法。但光有好想法是不行的，你更应该学会如何建立自己事业的保护壁垒，否则，你的竞争对手很容易超越你、击败你，因为他们比你更有资本。而且，我认为，当下大学生的知识结构还不具备一毕业就创业的条件，这是我们的教育体制所造成的，大学生需要先积累经验，成功的机会才会多。

李开复（创新工场董事长兼首席执行官）：我不赞成大学生刚毕业就创业。刚毕业的大学生千万不要认为毕业后就可以创业开公司、去改变世界了。也许在 1 000 个想创业的学生里面只有 1 个适合创业，999 个都不适合，因为你还没有足够的经验。在任何一家大公司工作的人，90% 的知识是在工作中学到的，只有 10% 是在学校里学的，大学生的学习在毕业之后才刚刚开始。不懂管理、不懂执行力、不熟悉商业运作模式，这样的创业失败率太高了。创业中重要的是"团队"和"经验"，还有"执行力"，"点子""热情"是次要的。大学生应该选择先就业，学习企业运营方式，积累人脉和经验，再去创业也不迟。

除了上述两类观点以外，还有一种观点也值得关注。零点咨询公司总裁袁岳认为，站在企业家的角度，往往有大半的可能性不鼓励大学生创业。在他看到的创业场景中，大学生创业很不靠谱。而真正卖力地去鼓励大学生创业的往往是政府、有政府背景的机构及媒体，在政府鼓励下跟进的大学当局，鼓吹的人大半是没有创业背景的人。创业热的来源是因为它是就业困难下的一种解套之策。其实我们今天只要稍有技能的大学生与中技生找工作并没有问题，现在最大的反差是技能职位找不到合适的人才，而没有技能与社会职业适应性的大学生找不到工作，其实不是真的没有职业机会，而是没有合适对应的人才群体。如果没技能、没社会见识、没人脉的大学生连就业都困难，那么他们创业的可能性就更小了。在就业与创业的比较中，创业所面临的风险不确定性与管理不确定性所需要的资源更多，资源不足的情形在创业的情况下会显得更加局促，在常规的情形下有限的一点点资源如果骤然投入创业中，差不多就是自找死路。

2. 四种辨析

（1）鼓励创业与创业教育——两类问题的纠结

鼓励大学生创业与开展广泛深入的创业教育其实是两类问题，但现实中人们却经常将两者混淆。鼓励创业的目的是激发学生的创业热情，让更多的大学生积极投身于创业实践。但创业教育关注的主体是创业中的人，是大学生创业型人格的养成，创业实践只是创业教育中的一个环节，或者说是实现创业教育过程的一个载体。创业教育实际上关注 3 个重点：一是要帮助大学生留心别人创业的心得，参考个体户、创业起步者、创业小有起色者的经验以及他们具有的某些特质，从中反思自己应该去积极准备的东西；二是帮助大学生发现自己喜欢或者乐于去尝试的事，在众多的参照中找到自己比较擅长的东西；三是通过真实的行动或模拟的场景去锻炼看人、断事的经验，尝试决策、领导团队、发动群众、完成真实的目标任务，在这个过程中逐步累积起某些创业所必需的资源。这也正是传统的教育形式所欠缺的。传统的教育形式很难帮助大学生真正认识自己，不容易看清事情的真相；偏好是一种幻想还是真实的可依赖的兴趣趋向，需要在真实的经验行动中去验证；经验本身既可能通过反复发展成为技能，也可以使得行动者能够基于实际与实在的目标来思考问题与管理相应的事务。如果创业教育能在这 3 个方面让学生有系统认识与实际作为，将不仅对学生未来的职业生涯发展大有裨益，更将为他们成功人格的塑造奠定基础。

（2）不鼓励与不反对——两类观点、一种导向

总结多数企业家和从事创业教育人士的观点，我们发现对创业问题，不反对和不鼓励的立场都有一定数量的支持者。创业应该成为每位大学生的梦想，但创业毕竟不是只有决心就可以做成的。这两者之间的矛盾本质上还是如何在理想与现实之间去平衡的问题，如果我们站在对大学生创业型人格养成的角度来讨论，而非基于某种特定的身份和立场来讨论这个话题，或许会有不一样的结论。毕竟创业是个体的选择，作出这种选择的原动力只能是自己的内心。对于大学生来说，他们最需要的，应该是多听校园外的优秀实践家、企业家的指导即如何从别人成功的轨迹里吸取有用的养分，并变成自己创业路上的助力器。另外，对于社会来说，真的需要一大批既有奉献精神，又有丰富企业管理经验的创业企业家来对大学生言传身教，引导他们学习观察老板是怎样干活的；如何跟同事打交道；怎样面对各种困难；对社会、对人保持信心；学会在人群中间，尤其是在利益和权力的人群社会中间成长；学习怎样让自己在一帮人中变成领袖人物，变成大家很服气的人物。大力推进创新创业教育，加强创业基地建设，进一步落实和完善大学生自主创业扶持政策，强化创业指导和服务，对于大学生来说，还是非常及时和有必要的。总之，大学生面临的首先是如何成为一个有创业型人格的社会人的问题，而非一个创业实践者。以创业为载体让大学生告别盲从，去聆听自己内心的想法，找到真正属于自己的方向，或许才是探讨大学生创业问题的正确导向。

（3）坚持理想，脚踏实地——大学生现实的选择

创业是许多大学生的梦想，创业需要时间、需要经验、需要资本，做这些积淀是需要极大的现实主义精神的。面对狂热的创业梦想与琐碎的生活现实，大学生该如何去驾驭、去平衡，这是对他们心智的一个极大考验。对此俞敏洪曾有过一段精彩的论述："平凡的事情只要你有把它做长久的心态，它就能变成一件有意义的事情。伟大与平凡的不同之处是，一个平凡的人每天过着琐碎的生活，但是他把琐碎堆砌出来，还是

一堆琐碎的生命；所谓伟大的人，是把一堆琐碎的事情，通过一个伟大的目标，每天积累起来，最后变成一个伟大的事业。"甚至有些创业者认为，在优秀员工背后其实就涵盖了所有创业成功的要素。你是优秀员工你就有得到公司培训的机会，增长见识；你是优秀员工，你就会得到更多的资源，能接触一般人接触不到的问题；你是优秀员工，你就会得到提拔重用，有更多的收入，帮你完成创业资本的积累；你是优秀员工，你会得到客户的认可，客户会真诚地帮助你；你是优秀员工，你会发现，基本上所有资源都在向你倾斜——即使创业失败，你还有机会回头，因为你很优秀，人家不会放弃你。从这个角度来看，摆在大学生面前的难题并不是理想与现实、创业与就业的两难选择，而是大学生该如何从点滴做起，提高自己的能力，完善自己心智的问题。心智一旦打开，大学生才会平和、坦然面对这些选择，而不是把自己变成社会问题。

（4）过程还是结果——关于大学生创业价值的再思考

一些企业家聊到创业时，每每要发出感叹，不管他们是何种原因走上创业这条道路，但是有一点是共同的，那就是他们都是不安分的人——不安于现状，不安于命运，不安于人生，不安于平庸，于是义无反顾地选择了创业。站在这样一个视角来看大学生创业，或许我们可以说，大学生创业或者学习创业的价值并不体现在创业成败本身，更大的意义可能还在于以积极的心态去体验这样一种经历，它帮助大学生在这个过程中去品味人生的酸甜苦辣，去找寻自己的人生价值。通常，创过业或学习过创业的人会比常人更了解这个社会，更理解价值，更善于作决定，更懂得如何与人相处，更充满自信，更热爱自由，当然也会更加感叹世间的善恶和人生沧桑……从这个角度说，大学生学习创业不仅仅是年轻人成熟的加速器，更会促进社会的进化和更新（查立）。或许，这才是对大学生创业问题探讨的真正价值所在。

拓展阅读3

"80后""90后"与"00后"的创业者，保守、张扬与狂妄

顶着"中国首位"00后"CEO"的头衔，李晰泽在褒贬不一中迅速走红，不过一日内旋即陷入抄袭风波，又将这位匪夷所思的创始人及其创业公司再次推上风口浪尖。是刻意炒作下的哗众取宠还是群体发声的"模范"代表，是无知无畏还是勇气可嘉，则是仁者见仁、智者见智了。

但有一点应该明确，在当下创业环境对创业门槛呈现出宽容一面的同时，还有一个底线和原则应该是不纵容它。就像周鸿祎所说，媒体的过分追捧或者聚焦负面，有可能对"00后"这一新的创业群体造成某种误导，甚至是重蹈"90后"第一波创业风潮的覆辙。

当然，就目前来看，李晰泽只是"00后"的个例，甚至更像一场媒体鼓动的闹剧，其实还不足以推动对应群体创业的潮流。但这件事难免令人联想到"80后""90后"当年集体创业的过往，无论是经验还是教训，他们的发展脉络都值得我们重新梳理和解析，尤其是李晰泽这个例子，更具有深远意义。

年轻一代的创业者们，正在变得越来越不靠谱

相似年龄、不同时代，"80后""90后"和"00后"的创业过程和结果，呈现出各自迥异的特征。

聚焦"80后"，把时间倒回这部分群体的初创时期，可以大致归于新世纪前10年，他们当时的年龄大多为20~30岁。在稚嫩与成熟转变的时间里，经历了互联网颠覆各个行业的变革时期，受大潮流的驱动得以借势而上，很快便脱颖而出、小有成就。

根据2012年《福布斯》中文版推出的"中国30位30岁以下创业者"名单，电商、网文和游戏领域是"80后"创业者取得财富的集结地。对比美国同龄创业人独立创业的情形，明显不少成功的年轻创业者，都借助或者依赖了其他的平台，如曹青、戴跃锋、刘鹏飞、吕长城等，甚至黄恺也是通过开淘宝店、售卖三国杀卡牌才获得了第一桶金。

陈天桥等互联网第一批引领潮流的人，在各自行业搅弄风云之时，为大部分"80后"创业者提供了共赢的机遇，换句话说，运气和眼光在"80后"创业群体的成长路径中占了很大一部分要素。

不过这种追随者的位置，某种程度上决定了"80后"创业者并没有延续"70后"的创业趋势，至今也没能改变上一代人对互联网经济的主导地位，尤其是在某些互联网科技创新领域，尚未出现批量的新一代创始人冲击现有行业大佬的地位，张一鸣、陈欧算是少数比较成功的"80后"创业明星，但其中，陈欧光环之下的争议正日益被放大，未来前景难料，这并不是个例。

2006年曾公开亮相的第一波"80后"创业者，如泡泡网和汽车之家CEO李想、主攻社交平台与服务的康盛创想CEO戴志康、视音频娱乐网站Mysee CEO高燃、时代美兆CEO茅侃侃等人，除了李想还相对活跃，其他创业人基本上已经消失在公众视野，泯然于众人。

这意味着，过早的历练和夭折不一定能培养出新时代的商业青年领袖。

这一特征在前几年的"90后"创业风潮中更为明显。通过营销炒作提升知名度，自诩"90后"代表释放狂妄张扬的个性，在一段时间内赚足眼球后便几近全军覆没，这场"盛宴"无论是过程还是结果，都像是投机者的狂欢。

时至今日，再来看那些短暂存活或是目前仍旧半生不死的创业公司，很明显，"90后"的标签在一众投资人的操控下，给创业群体带来了泡沫般的鲜花和掌声，致使其相信仅凭自我就可以急速颠覆市场格局。

这种自我膨胀的心理是过度营销后的认知扭曲，虽然一度使他们成为新晋的创业男神女神，但随着神奇百货、泡否、一起唱等相继倒下，超级课程表、礼物说举步维艰，都直接宣告了"90后"第一波创业潮从生机勃勃走向了死亡之地。

当然，这一批"90后"创业群体的个性营销给外界留下了极度不佳的负面印象，但不可否认，他们并没有彻底倒下。"90后"创业潮在未来必然还会再次上演，我们只需等待他们变得成熟起来，积累好足够的力量后，发起新一轮的商业领袖排位战。

如果说第一波"90后"群体创业靠营销，那么李晰泽在没有创新性产品或商业模式的前提下，构建起一个300人的公司，可能更多的是靠我们难以解读的忽悠，甚至是这种极为自负的性格特征，或许是吸引同龄人的优势所在。这位"00后"创业者做了一个不太好的开头。

但是李晰泽毕竟是"00后"的个例，他们这群人还没有大范围掀起创业潮流，单凭一人表现并不足以苛责整个群体，毕竟在他们这个年纪，最该做的应该是读书而不是创业，过分关注创业会误导他们，因为不是每个少年都一定是天才。

不过从这三代新青年的创业特征和截至目前的表现，足以让我们观察到一个不太好的特征：一代又一代的创业者们，正变得越来越不靠谱。这真是一个超级悲剧的发现。

三代创业者的特点："80后"保守、"90后"张扬而"00后"狂妄

代际冲突在思维意识和文化取向上尤为突出，而这种区别恰恰是不同时代变迁烙印在创业群体的印记，以致在外部作用下，他们各自的群体特征在创业过程中发挥了极大的作用。其中"80后"务实、"90后"彰显个性和"00后"无知无畏，都在一定程度上解释了一代代创业人完全不同的创业经历和结果。

对"80后"的界定离不开国家经济形势剧变的大背景，通常他们被称为最累的一代也是由此。因为这群人生于改革开放的20世纪80年代，成长于经济体制改革的20世纪90年代，成家立业于房价飙升、经济动荡的21世纪初，这种时代变革所带来的生活重担，毫无疑问都强加在所有的"80后"身上。

当"80后"集中成长到30岁左右的创业黄金期时，还赶上了难得一遇的金融危机，长期恶劣的经济环境到现在也未能改善。

总而言之，这种从成长到成年所积累的压力，使他们普遍形成务实、寻求稳定的性格作风，从而导致创业动力远没有上一代强烈，自然也就无法企及马云、陈天桥创业时的高度。

"90后"却与之相反，他们成长于互联网普及和颠覆行业的时期，在切近生活的方方面面，感受着社交、文化和娱乐方式从旧到新的改变，这无疑会极大冲击叛逆期少年的心理防线，无论是垮掉的一代还是张扬的一代，皆是时代印记的多重体现。

在创业面前，"90后"表现得急功近利且盲目自信，而网红明星的崛起令他们看到了捷径，就此蜂拥而进、炒作营销，妄图通过套路化运作，以个人的热度带动初创公司融资和再扩大。

在这波创业潮中可以明显看出，"90后"创业的性格缺陷不仅在于自负，还在于舆论引导下理性认知的丧失，他们忘记用户所看重李晰泽的不是热度，而是需求。

如今，"00后"李晰泽创业所表达出的理念，也是这种性格的更极端展现，尤其是彰显的无知或刻意的狂妄，只会令人困惑于创业一代不如一代的现状。

关于这个问题，其实应该从多维角度来看，毕竟这只是初露端倪的潜在问题。一方面，舆论走向通常从现在时的角度思考问题，不少"80后"几经创业风潮已经熟知商业运作，2014年在各个行业崭露头角的成功，已经抵消了最初创业时的鲁莽印象。

但"90后"只是经过了第一波创业失败，加上急于彰显的群体个性本身就带有一定的争议，当创业潮死亡时，这部分人自然就成了过度担责的一方，委实挫伤外界对"90后"创业的印象，这中间未免掺杂着某种偏见。

商业竞争、资本运作或是媒体渲染的环境，对每代人创业带来的影响不容忽视，这决定了外界力量也要为普遍的创业困境承担责任，不能只归咎于创业者的自身缺陷。

巨头是阻碍，媒体是假象，"00后"将重走"90后"老路？

每个时代的创业者其实都因互联网商业的千丝万缕而具备代代相传的特性。正如美国硅谷"80后"企业家的崛起，得益于上一代互联网创业者转为天使投资人的资本与眼界，而我国近期"80后"创业者或者企业中枢力量渐趋成功，也得益于上一代大公司和巨头的滋养。

不过这种相互作用显然是相对的，尤其是曾经巨头压制下的创业环境，使得大批创业公司提早夭折，也激得很多创业者怨声载道。虽然现在BAT对内部创业的态度相对宽容，但不置可否，当年单纯的创业观念早已产生演变，创业者们普遍认同卖身巨头是创业的最佳归宿，这种观念如同一座座大山，阻挡翻越之人的再创新动力。

在《福布斯》杂志连续3年发布的30位30岁以下创业者名单中可以发现，"80后"创业公司达到一定规模及影响力之后，往往被"70后"巨头企业收购，虽然其中少不了竞争环境的作用，但客观上，还是让一批本来有可能登陆资本市场的"80后"优秀创业企业过早地消失了。

庆幸的是，近几年风口涌动中，确实已经塑造了一部分"80后"成功创业者，在被上一代巨头霸占的互联网中开始站稳脚跟，更重要的是开始尝试与巨头以竞争者的角色对话。

当然，互联网巨头把持创业者命运，一定程度上是商业规律使然。但相比较"80后"

的真正成长，"90后"第一波创业潮背后的媒体对他们的过分渲染和配合营销，却让这一群体在享受完聚光灯之后吃尽苦头。

一则，"90后"触目所及的互联网媒体，每天充斥着大量的"成功"文化资讯，反复、过度地聚焦于创业潮中的极少幸运儿，令不明就里的"90后"及"00后"产生互联网行业欣欣向荣、遍地是金的误解。而倒下的90%初创企业，他们的教训才更应该是新晋创业者所关注的，事实上这种对失败讳莫如深的行为倾向，反而说明互联网经济形势不甚明朗。

二则，互联网营销历经多次浪潮洗礼，日渐成熟的同时，也渐趋越过了过犹不及的限度，尤其是在媒体和资本的共同操控下，激发了"90后"创业者寻求个性释放的心理需求。一旦享受了光环加身和备受追捧的利益，自然很难将重心放在产品或服务本身，不得不说，在这一过程中，投资人和幕后推手在一定程度上给"90后"创业人群埋下了隐患，虽不至于是主导因素，但煽风点火还是有的。

当这部分初创企业倒在商业的真实面目中，投资方即使稍有损失也能赚得个声誉，媒体则毫不留情地落井下石，只剩下第一波"90后"创业者声名狼藉。

而如今，当"90后"为此尝尽苦果之后，这一趋势终于也盯上了"00后"，李晰泽是第一个，但绝对不会是最后一个。

我们都要知道，互联网创业皆是九死一生，努力是创业者的基本前提，无论"80后""90后"还是李晰泽这个"00后"创业代表，都不能否定他们追逐时代潮流的勇气和为此所作的所有努力。在越发被媒体引导、资本鼓吹的创业环境下，作为一名创业者，应该保持相应的理智，不让自己成为互联网创业史上的匆匆过客。

资料来源：青年创业网。

创业相关网站

［1］创业网。

［2］青年创业网。

［3］中国大学生创业网。

［4］中国创业网。

［5］中国青年创业社区。

参考文献

［1］左仁淑. 创业学教程［M］. 北京：电子工业出版社，2014.

［2］Roberts M J，Stevenson H H，Sahlman W A，et al. New Business Ventures and the Entrepreneur［M］. 北京：机械工业出版社，1998.

［3］杰弗里·蒂蒙斯，小斯蒂芬·斯皮内利.创业学［M］.周伟民，吕长春，译.北京：人民邮电出版社，2005.

［4］王国红，邢蕊，唐丽艳，等.创业与企业成长［M］.2版.北京：清华大学出版社，2019.

［5］张玉利，薛红志，陈寒松，等.创业管理［M］.4版.北京：机械工业出版社，2017.

［6］李家华，张玉利，雷家骕.创业基础［M］.2版.北京：清华大学出版社，2015.

［7］张玉华，王周伟.创业基础［M］.北京：清华大学出版社，2014.

［8］雷家骕，王兆华.高技术创业管理：创业与企业成长［M］.北京：清华大学出版社，2008.

［9］吕爽.大学生创新创业实务指导［M］.北京：中国铁道出版社，2017.

［10］徐明.创新与创业管理学理论与实践［M］.大连：东北财经大学出版社，2016.

［11］赵明家，林文艺，叶树斌.大学生创新创业教育［M］.长春：吉林大学出版社，2016.

［12］李时椿，常建坤.创新与创业管理：理论·实战·技能［M］.4版.南京：南京大学出版社，2014.

［13］梁巧转，赵文红.创业管理［M］.2版.北京：电子工业出版社，2013.

［14］朱恒源，余佳.创业八讲［M］.北京：机械工业出版社，2016.

［15］雷家骕，葛建新，王华书，等.创新创业管理学导论［M］.北京：清华大学出版社，2014.

［16］姚凤云，赵雅坦，郑郁.创新与创业管理［M］.北京：清华大学出版社，2017.

［17］徐俊祥，徐焕然.创未来：大学生创业基础知能训练教程［M］.2版.北京：现代教育出版社，2017.

［18］GEM 2016/2017 Global Report［R］.the Global Entrepreneurship Research Association（GERA）.2017.

［19］梅强.创业基础［M］.2版.北京：清华大学出版社，2019.

［20］郎宏文，郝婷，高晶.创业管理［M］.北京：科学出版社，2011.

［21］王艳茹.创业基础如何教：原理、方法与技巧［M］.北京：清华大学出版社，2017.

［22］黄俊，冯诗淇.创业理论与实务——倾向、技能、要素与流程［M］.北京：清华大学出版社，2015.

［23］张帏，姜彦福.创业管理学［M］.2版.北京：清华大学出版社，2018.

［24］石建勋.创业管理［M］.北京：清华大学出版社，2012.

［25］朱燕空.创业学什么：人生方向设计、思维与方法论［M］.北京：国家行政学院出版社，2016.

知识框架图

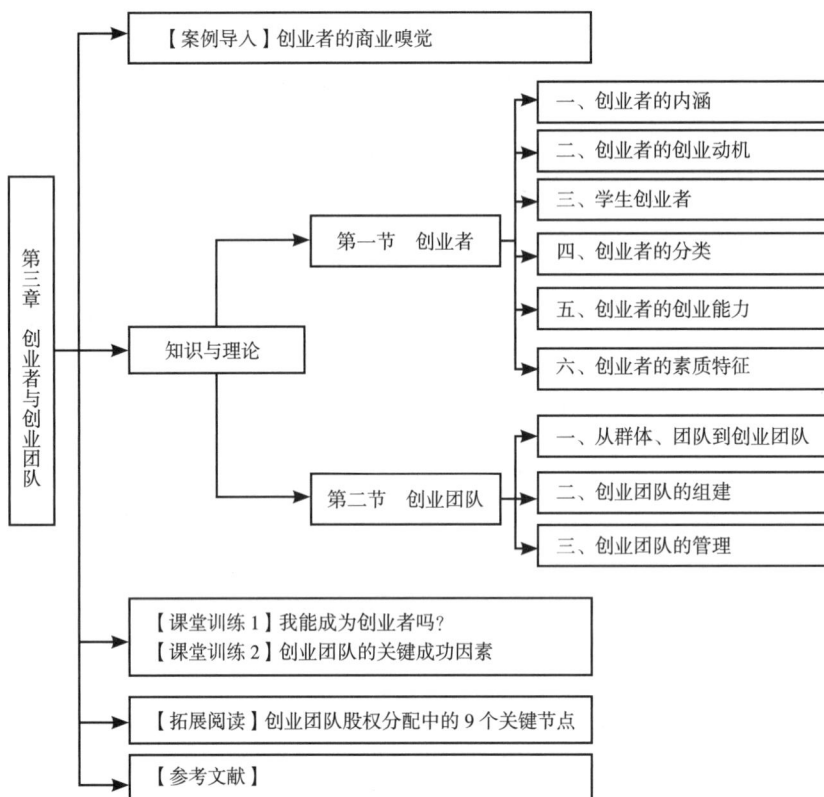

知识与理论

第一节　创业者

一、创业者的内涵

Gartner 在《谁是创业者——这是个错误的问题》一文中对单纯地研究创业者具有什

么心理特征进行了抨击，他认为以前对创业者心理特质的研究并未取得令人满意的结果，主要原因是在以往的个体心理特质研究中，假定个体的特质不随时间发生变化，然而个体在不同的时间和不同的情形下，其行为很少具有一致性，个性特征并不能很好地预测未来的行为。他提出了一个四维研究模型，即要从个体—环境—机会—组织四个维度研究新企业的创建过程。关于创业者，众说纷纭，不同的学者提出了不同的见解。法国经济学家萨伊（J.D.Say）在《政治经济学概论》一书中指出，创业者是将劳动、资本、土地这三项生产要素结合起来进行生产的第四要素，是把经济资源从生产效率较低、产量较少的领域转移到生产效率较高、产量更大的领域的人。著名经济学家熊彼特（Schumpeter）认为创业者的职能就是创新，创新能够克服自由市场经济的内在矛盾而使之延续。管理大师彼得·德鲁克认为"创业者就是赋予资源以生产财富的有能力的人"。创业者是以创造财富和获取商业利润为目标的，其行为与普通员工有很大的不同。

创业者是从法文"Entrepreneur"翻译而来，"Entrepreneur"是"Entre"和"Preneur"两个单词组合而成；"Entre"英文注释为"to take between（在之间）"，"Preneur"英文注释为"taker（接受者）"。创业者 Entrepreneur（Entre+Preneur）组合起来后，法文的"Entrepreneur"字面理解应该是来往于两地或双方的人。但法文原意为"领导军队远征的人，也包括从事冒险活动的殖民者"，倾向于中文的"冒险者"的含义。在英语中，"Entrepreneur"一词有多种含义，包括企业家、创业家、创业等。但要想从定义上对"创业者"和"企业家"进行严格区分，是一件非常困难的事情。创业者（Entrepreneur）是一种主导劳动方式的领导人，是一种需要具有使命、荣誉、责任能力的人，是一种组织、运用服务、技术、器物作业的人，是一种具有思考、推理、判断的人，是一种能使人追随并在追随的过程中获得利益的人，是一种具有完全权利能力和行为能力的人。

当前国内外学者将创业者定义为：组织、管理一个生意或企业并承担其风险的人。它有广义和狭义之分。广义的创业者是指参与创业活动的全部人员；狭义的创业者是指参与创业活动的核心人员。创业者是企业的创建者，是那些自己去开办新的小企业的人，同时创业者也是创新的策划者、实施者。并不是所有新开的小型企业都是创业型企业或具有创业精神。创业者的任务就是"创造性的破坏"（熊彼特）。创业者是个人命运的主宰者，他们一般具有强烈的成就欲、控制欲并且乐于承担风险，做自己想做的事。创业者也是社会财富的创造者，他们提供新产品、新财富，满足社会新的需要。

二、创业者的创业动机

动机是激发和维持个体进行活动，并导致该活动朝向某一目标的心理倾向或动力，它是构成人类大部分行为的动力基础。创业动机则是激发、维持、调节人们从事创业活动，并引导创业活动朝向某一目标的内部心理过程或内在动力。创业动机可以理解为驱动个体创业的心理倾向或动力，它是个体在环境的影响下，将自己的创业意向付诸具体行动的一种特殊心理状态。创业行为背后的驱动力就是创业动机。不同的个体，由于其环境与个体因素的差异，驱动力肯定有所不同。创业动机是指引起和维持个体从事创业活动，并使活动朝向某些目标迈进的内部动力。它是鼓励和引导个体为实现创业成功而行动的内在力量。创业动机是有关创业的原因和目的，即为什么要创业，为何创业的问题。行为心理学认为："需要产生动机，进而导致行为。"创业的直接动机就是需要。创业动机是推动个体或群体从事创业实践活动的内部动因，是使主体处于积极心理状态的一种内驱力，具有较强的选择性、倾向性和主观能动性。

（一）创业者创业动机模型

1. Kuratko，Hornsby 和 Naffziger 的创业动机四因素结构模型

Kuratko，Hornsby 和 Naffziger 在总结前人研究的基础上，对来自美国中西部的 234 名创业者进行了结构化访谈，经过对数据进行收集和分析，提出了创业动机的四因素结构模型，包括外部报酬（Extrinsic Rewards）、独立 / 自主（Independence/ Autonomy）、内部报酬（Intrinsic Rewards）和家庭保障（Family Security）。各因素的指标见表 3.1。

表 3.1　Kuratko，Hornsby 和 Naffziger 创业动机四因素指标

外部报酬	独立 / 自主	内部报酬	家庭保障
（1）增加个人收入 （2）增加个人财富 （3）增加收入机会	（1）人身自由 （2）个人保障 （3）自我雇佣 （4）是自己的老板 （5）控制自己的职业命运	（1）得到公众的认可 （2）迎接挑战 （3）享受兴奋 （4）个人成长 （5）证明自己的能力	（1）家庭成员将来的保障 （2）建立一个可以传承下去的企业

资料来源：Kuratko D F，Hornsby J S，Naffziger D W. An examination of owner's goals in sustaining entrepreneurship［J］. Journal of small business management，1997，35（1）：24.

外部报酬是指个体遵循等价交换原则，通过自身的努力和付出之后从他人、组织和社会中获得的有价值的物质性倾向的回报。根据 Kuratko，Hornsby 和 Naffziger 的创业动机四因素结构模型，外部报酬包括增加个人收入、增加个人财富、增加收入机会 3 个方面。创业者具有"经济人"的人性假设属性，这种与生俱来的属性驱动着创业者希望在创业的过程中个人收入得到显著增加、财富得到更好的累积，希望通过创业寻求更好的增加个人收入的机会。

独立/自主是创业者从事创业活动追求的另外的追求点和归宿点。大部分的创业者并不满足于循规蹈矩、按部就班的工作和生活，他们在就业与创业上选择了创业。选择就业的优势在于工作职责较为明确、固定，工作时间固定、工作收入稳定，承担的风险相对较小。而创业的优势在于创业者是领导者而不是追随者，通过创业能够有效地实现自己的想法，发挥自己的创造力，增强独立性和把控主动性。根据 Kuratko，Hornsby 和 Naffziger 的创业动机四因素结构模型，独立/自主包括人身自由、个人保障、自我雇佣、是自己的老板、控制自己的职业命运等方面。

内部报酬侧重于强调创业者精神层面的深层次需要的满足，它是指创业者在经历创业过程以及创业结果之后的良好的心理感受。这种心理感受表现为通过创业能有效证明创业者的能力，在创业过程中使创业者较好地成长，能够得到外部公众的认可，较好地享受创业的整个过程并且通过创业增强个人的自信心，能更好地接受来自内外的挑战。创业是创业者的一种深层次需要，在自我激励作用下，在创业过程中更加关注个人价值的实现和创业的内在回报。

家庭保障是创业者进行创业活动的重要驱动力之一。创业者之所以要从事创业活动，承担着比就业大得多的风险，一个重要的方面就是希望通过创业给创业者个人和家庭带来更好的保障。更多的创业者希望通过创业来实现建立自己事业的理想，通过创办企业等组织，使之不断发展壮大，希望自己创办的企业能够基业长青并且较好地传承下去。家庭是社会组成的最小单位，创业者从事创业工作的初衷有很大部分就是为了让家人能过上更加富裕、体面的生活。创业过程伴随着许多风险，创业者一定要规划处理好创业与家庭经营的关系。

2. 曾照英和王重鸣的二因素模型

曾照英和王重鸣在 Drnovsek 和 Glas 研究的基础上提出了中国情境下创业者动机的二维模型，如图 3.1 所示。曾照英和王重鸣认为创业者的创业动机可以分为事业成就型和生存需求型。其中，事业成就型包括获得成就认可、实现创业想法、扩大圈子影响、成为成功人士、控制自己的人生 5 个维度；生存需求型包括不满薪酬收入、提供经济保障、希望不再失业 3 个维度。

创业动机具有复杂性、交叉性和差异性。基于生存需要而进行的创业既有来自创业者对现实工作、生活不满意而作出的一种选择，也是在为了满足生存需要的基础上进行更好的机会发现和职业发展而作出的与就业不同的另一种决策。生存需求型的创业动机是创业者面临在外部环境劣势的情形下作出的一种选择，创业者从事创业活动主要是为了生存，

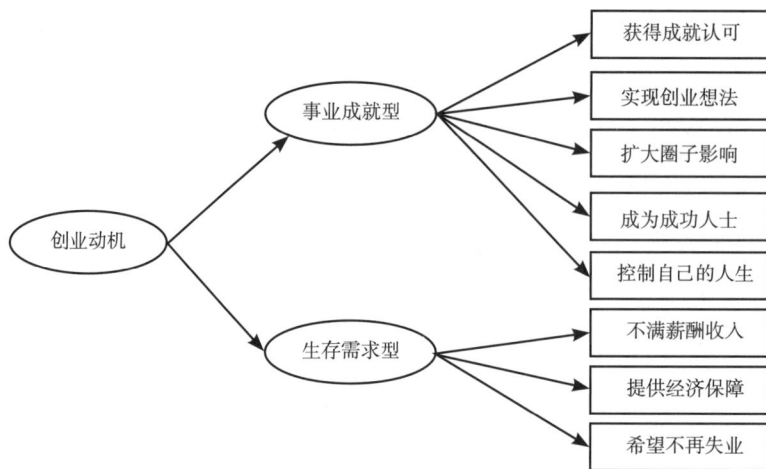

图 3.1　创业动机的二因素模型

资料来源：［1］曾照英，王重鸣. 关于我国创业者创业动机的调查分析［J］.科技管理研究，2009（9）：285-287.

［2］Drnovsek M，Glas M. The entrepreneurial self-efficacy of nascent entrepreneurs：The case of two economies in transition［J］. Journal of Enterprising Culture，2002，10（02）：107-131.

没有或者较少有其他选项，从这个层面看基于这种创业动机的创业具有一定的被动性。基于生存需求的动机而从事创业的创业者往往受生活所迫，相关资源较为贫乏，主要在现有的市场中寻找机会，绝大部分会选择从事技术门槛低、不需要高技能的行业。根据曾照英和王重鸣的二因素模型，生存需求型创业动机表现为创业者不满薪酬收入、提供经济保障和希望不再失业 3 个方面可以看出基于这种需要的创业更多的是为了满足中低层次的需要。在 20 世纪 80 年代改革开放初期绝大部分的创业者以及 20 世纪 90 年代中后期国有企业改革后许多下岗工人的创业都可以归为是基于生存需求型的创业。

基于事业成就型的创业动机的创业是创业者为了追求自身事业发展，及时有效地捕捉外部商业机会而从事的创业活动。与基于生存需要型的创业动机相比，事业成就型的创业动机更能激发创业者的创业积极性和主动性。基于事业成就型的创业动机的创业者具有以下特点：创业者的知识学历水平相对偏高，创业的风险与投资期望比较高，更加注重选择新的市场机会、新的技术领域进行创业，创业者的创业能力也比较高。与生存需求型创业相比，事业成就型动机的创业活动不仅能解决创业者的就业问题，还创造了大量的就业机会。20 世纪 90 年代以来，随着经济一体化进程加速、国际贸易的蓬勃发展以及互联网经济的迅速崛起，以互联网和科技相关的创业快速发展起来，如张朝阳的搜狐、王志东的新浪、丁磊的网易、马化腾的腾讯、马云的阿里巴巴等，这些都是基于事业成就型需要而进行创业活动的杰出代表。

（二）影响创业者创业动机的因素

影响创业者创业动机的因素包括人格特质、自我效能感、创业目标，以及拉动创业行为的其他因素（如环境因素等）。

1. 人格特质

外向性特质（Extraversion）和开放性特质（Openness）影响创新能力与创业倾向。大多数的个性特质都对创业倾向有着显著的影响，开放性和外向性都与个体创业倾向存在显著相关，开放性、外向性都是个体创业应该具备的个性特征。

2. 自我效能感

自我效能感是指相信一个人能够聚集和运用必要的资源、技能和能力，在给定的任务上获得一定水平的成就。创业自我效能感（Entrepreneurial Self-Efficacy，ESE）是指个体相信自己能够成功扮演各种创业角色，并完成各项创业任务的信念强度。创业自我效能感强调创业者的一种信念和自信，具体是指创业者对其能力能够影响所处环境并通过相应行为获得成功的自信。高自我效能感的个体具有高创业倾向，高自我效能感的个体为了实现特定目标会投入更多的努力，面对挫折仍能坚持，并设置更高的目标。

3. 创业目标

目标是将来可能是什么的心理表征，使个体不放弃，为了目标而坚持不懈。目标具有指导性、激励性且影响毅力，它能使个体付诸创业行动。目标促使个体实现目标的策略得以唤醒、发现和产生。创业目标通过以下 4 个机制来影响创业任务绩效：创业目标的指导功能，它指引着个体的注意力和努力朝向目标相关的活动，远离不相关的事项；创业目标的激励功能，高目标比低目标能产生更大的努力；创业目标影响毅力；创业目标可以间接地影响行动。

4. 环境因素

社会支持网络是创业者获得宝贵资源的首要渠道，也是保证创业者旺盛创业精神的重要变量。家庭社会关系网络无论对机会型还是生存型创业者来说，都具有积极的影响。国家经济政策的影响，制度对潜在创业者的影响很大，当国家的经济自由程度增加时，个体更愿意自己创业。创业不单是个体行动的结果，经济情形、政府法规等也起到了重要的作用。

（三）大学生创业动机的 4 种主要类型

一是生存的需要，有些大学生之所以走上创业的道路是因为经济原因难以负担学费，为完成学业课余打工发现商机，走上创业道路。还有一些是为了培养独生子女的独立性，承担自己学习、生活的费用，成为创业先行者。二是个人经验累积的需要，为增加自己的实践经验，丰富社会阅历，或为了自己以后的发展或实现自己的某个目标做好经济上的准备，利用课余时间走上创业的道路。三是自我实现的需要，二十多岁的大学生创造力活跃，对创新充满了渴望和憧憬，对成长的需要也更为强烈，大学生所处的环境，往往更容易接触新的发明和学术上的新成果，或者他们中的一部分人本身拥有具有自主知识产权的科研成果。为了能早日实现自己成功的目标，他们中的一部分人改变了自己的成功观念也开始了自己的创业生涯。四是就业的需要，我国的大学生就业形势严峻，一方面表现为需求不足；另一方面表现为大学毕业生的工资待遇降低。在这种情况之下，为了找到一份自己满意的工作，有一部分大学生也开始了创业。

三、学生创业者

清华大学是中国最早推动大学生创业教育和创业竞赛类活动的高校之一。1998 年 5 月清华大学举办了首届创业计划大赛。从 1989 年清华大学在校内首次设立"挑战杯"竞赛到 1999 年在重庆大学举办的第六届"挑战杯"全国大学生课外学术科技作品竞赛，终审决赛将级别首次上升到省级层面，并且竞赛项目转让金额超过前五届的总和。2014 年由共青团中央、教育部等相关中央部门作为主办单位牵头的"创青春"全国大学生创业大赛及 2015 年由教育部等单位牵头的首届中国"互联网 +"大学生创新创业大赛蓬勃开展起来。多样化的权威性国内顶级大学生创新创业大赛的开展，越来越多的大学生参与各类大学生"双创"大赛中来，并且越来越多的大学生投入创业的潮流中去。

为了创新驱动中国发展，营造更好的创新创业氛围和平台环境，国务院办公厅在 2015 年印发的《关于深化高等学校创新创业教育改革的实施意见》，提出到"2020 年建立健全课堂教学、自主学习、结合实践、指导帮扶、文化引领融为一体的高校创新创业教育体系，人才培养质量显著提升，学生的创新精神、创业意识和创新创业能力明显增强，投身创业实践的学生显著增加"。为了进一步驱动中国大学生创新创业的发展，2017 年教育部修订了《普通高等学校学生管理规定》，明确了"建立休学创业的弹性学制"，在制度层面为大学生创新创业活动提供了强而有力的支持。

大学生群体越来越成为创业者群体的重要组成部分，要重视对大学生创新创业活动的关注。首先，大学生群体在推动知识从大学系统教育向市场化转化应用过程中发挥着越来越重要的作用。很多知名公司均是学生创业者基于大学校园的创业项目不断发展壮大起来的，如马克·扎克伯格的脸书（Facebook）公司、张旭豪的"饿了么"生活服务平台和陈欧的聚美优品。其次，中国高校从过去重点关注大学生就业到积极鼓励大学生就业，将创业与就业并举进行有力支持。从 2002 年教育部确定 8 所高等院校为创业教育改革试点单位以来，越来越多的学校开设了创业类课程。2015 年以后中国所有的大中专院校都开设了创新创业教育课程，面向全中国大学生提供创新创业系统知识、技能和资源。最后，学生创业者与其他社会创业者有较大的区别，学生创业者面临创业资金、经验、资源等方面的问题更加突出。麦可思研究院发布的《2017 年中国大学生就业报告》显示，即使就业和创业环境相对较好的浙江省，大学生创业的成功率也在 5% 左右，其他地区大学生创业的参与度和成功率就更低了。

（一）学生创业者的范围界定

学生创业者不以年龄来界定身份，学生创业者的界定要更加关注其学生的身份和创业的行为，高职高专、本科生和研究生阶段的在校大学生都可以算入青年创业者的范围。最初相关学者对学生创业者的内涵范围界定不明确，认为具有创业态度并且接受创业教育的学生就是学生创业者。但这个界定是不准确的，这些学生有创业的想法而学习创业类的相关课程，但是没有进行创业的实际行动时，这类学生不能算为学生创业者。后来 Marchand 和 Sood 以及 Marchand 和 Hermens 研究认为，这些目前正在大学接受系统高等教育并且在校内外充实商业活动的在校大学生可以认为是学生创业者。从现有研究可以看出学生创业者必须具备"学生"身份和"创业者"身份。

结合现有相关研究，为了明确学生创业的内涵，进一步挖掘学生创业者的独特性，综合考虑学生和创业者的两种身份，结合学生的在校学习时间和创业实践行动，通过如图 3.2 所示来界定学生创业者的方位。从狭义上看，学生在校学习的同时，个体有从事创业的行为，无论是在校期间还是延续到毕业后，都可以算为学生创业者。随着国家大力鼓励支持大学生创业，大学生创业的范围界定越来越宽泛，继而有休学创业者和毕业生创业者两个概念。休学创业成为在校大学生的一种选择，根据教育部《关于做好 2015 年全国普通高等学校毕业生就业创业工作的通知》和《普通高等学校学生管理规定》（2017 年修订）的精神，允许在校大学生休学创业。此外根据国务院九部委联合发布的《关于实施大学生创业引领计划的通知》（人社部发〔2014〕38 号）精神，中央相关部门和地方各级政府陆续出台

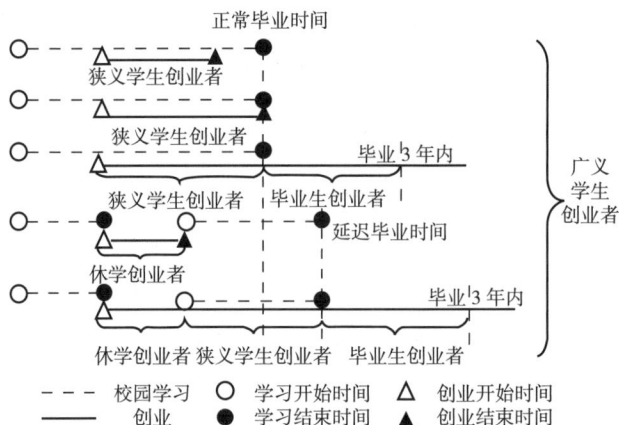

图 3.2   学生创业者的广义和狭义范畴

资料来源：陈建安，邢毅闻，陈武．身份视角下学生创业者研究：述评与展望［J］．外国经济与管理，2019（9）：122-138.

了一系列的落实精神、扶持大学生创业的政策，对大学生创业扶持的范围从全日制大学生扩大到毕业 3~5 年内的大学生。从广义上看，大学毕业 3~5 年的毕业生创业者和休学创业者都要纳入学生创业者的范围。

（二）学生创业者的类型

①根据创业者的不同创业动机来划分，学生创业者可以划分为达尔文主义者、社群主义者、使命主义者、混合身份者 4 种类型。达尔文主义类型的学生创业者以绩效主义为导向，追求利益最大化，创业受到自身利益驱使，强调并重视市场竞争。社群主义者类型的学生创业者基于互利的思想，对特定的社会群体有加强的忠诚度和归属感，希望得到这部分市场群体的支持。使命主义者类型的学生创业者有高度的社会责任感，更加突出创业过程中自我价值在社会系统中的认可度，致力于让社会变得更美好。混合身份者类型的学生创业者表现为前面两个甚至多个身份。

②根据创业者的创业资源类型和创业资源等的外部表现来看，学生创业者可以划分为社团活动创业者和商业活动创业者两种类型。大学生群体以大学生社团为载体，整合创业团队、创业资金等内容进行创业活动，这类大学生创业者就是社团活动创业者，从事的创业活动以公益类创业偏多。也有一些大学生在学期间兼职或专职在校内外从事具体的基于经济价值为导向的创业活动，这个创业过程与社会创业者无显著差异，这类创业者可以认为是商业活动创业者。

③根据创业者的个体内在特征和外在价值创造潜力，学生创业者可以划分为高成熟度

学生创业者、中成熟度学生创业者和低成熟度学生创业者。个体内在特性表现为学生从开始创业到成为创业者之前在心理和能力方面存在的成熟程度，即表现在职业探索、自我反思、自我理解、创业角色认同方面的强或弱；外在价值创造潜力表现为特定创业领域的创意复杂度，即学生创业者对创意、创业活动或特定市场（或产业特征）的定位存在简单（或低创新性）和复杂（或高创新性）的差异。创意复杂度与学生的人力资本数量、对创业回报的心理补偿和期望等因素显著相关。个体的创业成熟度与所从事的创意复杂度之间越匹配，从学生向创业者转变越容易达成。依据创业成熟度和创意复杂性两个维度，Nabi 等将学生创业者区分为成熟的低创新者、成熟的高创新者、不成熟的低创新者和不成熟的高创新者。

（三）学生创业者与其他创业者的联系和区别

学生创业者是创业者的重要组成部分，学生创业者具有创业者的一般共性的内涵概念的同时又由于学生创业者身份的特殊性，表现出学生创业者的独特性。如图 3.3 所示，学生创业者是学生身份与学术型创业者、兼职型创业者等身份的交集部分。学生身份的存在，使学生创业者与其他类别的创业者表现出一定的差异。

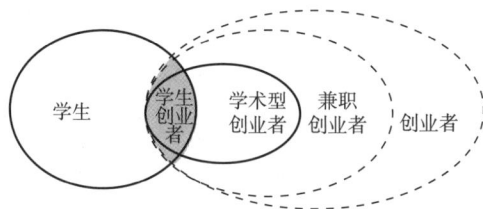

图 3.3　学生创业者与其他类型创业者的关系

资料来源：陈建安，邢毅闻，陈武 . 身份视角下学生创业者研究：述评与展望［J］. 外国经济与管理，2019（9）：122-138.

对于学生创业者特别是在校学习的学生创业者而言，创业存在一定的偶然性和不确定性，它是一种可以选择的生活方式和未来职业发展准备的提前尝试行动。有学者认为学生创业者是兼职创业者的一部分，与全职创业者存在显著的差异。全职创业者将创业作为一种更具有吸引力的工作替换方式，以可以预见的效果逻辑来制订职业发展决策，并且通过人力资本、社会资本和心理资本的整合，创建并运营企业组织。显然，学生创业者在这些方面不具备优势，也并不一定会将创业作为长期的职业选择，只是在现有学生身份的前提下通过机会识别进行兼职创业的有效尝试，学生创业者在决策和行为方式上有其独特的内在逻辑。有学者指出，兼职创业者与学生创业者存在包含和被包含关系，但是学生创业者具有不同于其他兼职创业者的独特性。兼职创业者是指那些为工资工作的同时开展创业活动的创业者，即创业者拥有基本工作，并且第二职业是自主创业。尽管学生创业者可以理解为在学习的同时进行创业活动，但是相比其他兼职创业者，学生创业者的"学生"身份和"工作者"身份有一定的差异，会影响他们的创业决策和行为。也有学者认为，学生创业者与学术创业者都是大学创业的重要组成部分，甚至学生创业者是学术创业者中的一支细分群体。其实，学生创业者和学术创业者从表面上看两者的行为表现相同，均强调知识从学校向市场转移。不同于将研究成果产业化的学术创业者，学生成为创业者是社会经济、文化、个人和心理因素相互影响以创造青年人为自己或他人工作倾向的过程。学术创业者仅能涵盖学生创业者的一部分，两者有交叉但是不同的构念。并且，两者的关注重点和理论基石不同。学术创业关注创业者的技术创新和商业化角色管理，理论基石是角色认同理论；学生创业关注创业者的学生和创业者身份管理，理论基石是社会认同理论。

四、创业者的分类

（一）根据创业的方向划分，创业者可以分为传统创业者和技术创业者

传统创业者是指主要聚焦于餐饮、房地产、服装等传统行业，筹集资金投资，建立工厂，生产产品，为顾客提供产品或服务的创业者。技术创业者是指以突出技术为主，创办企业一般较小，产品技术含量高，附加值较高，利润空间较大的创业者。技术创业者又具体分为研究型创业者、生产型创业者、应用型创业者和机会主义型创业者。研究性创业者具有很强的科研知识背景，一般在教育机构或实验室从事基础科研开发，掌握某种技术，有强烈的欲望把科研成果转换成生产力。生产型创业者具有企业的生产技术或产品开发背景，常常直接从事商业化技术或者产品开发，掌握了某种先进的技术。应用型创业者具有企业外围技术背景，掌握了一定的应用技术，一般从事技术销售或支持工作，有一定销售渠道资源。机会主义型创业者是指缺乏技术专业背景、经验，只有非技术组织职业经验，但善于识别技术机会、有创业点子，又有一定的资金支持的创业个体。

（二）根据创业主体划分，创业者可以划分为机会型创业者、生存型创业者和冒险型创业者

机会型创业者是指为了追求商业机会而从事创业的人。机会型创业者整体素质和能力水平比较高，创业的起点比较高，创业的期望也比较高，但创业面临的风险比较大。机会型创业者能获得更多的贷款资金和政府政策支持，一般会选择行业壁垒较高的如新兴行业、

新科技等领域进行创业。生存型创业者是指创业者为了生存，没有其他选择而从事创业的人，这种创业者在创业初期具有一定的被动性，创业者的文化和能力素质水平相对偏低，创业者年龄一般比机会型创业者大。生存型创业者会选择在现实的市场中捕捉机会进行创业，创业从事的一般是行业壁垒较低，不需要很高技能的行业。政府在宏观层有必要对生存型创业者进行必要的职业、技术、市场信息服务等方面的培训。冒险型创业是指一种难度很高，有较高的失败率，但成功所得的报酬也很惊人的创业类型。这种类型的创业如果想要获得成功，必须在创业者能力、创业时机、创业精神发挥、创业策略研究拟订、经营模式设计、创业过程管理等各方面都有很好的搭配。冒险型创业者的主体一般是有构想、有能力、有技术、有人才但没有钱的创业者和有资金的风险投资家，创业者出人、出智慧，风险投资家出钱，共同创建一个有市场前景的新企业。从内涵来看，冒险型创业者属于机会型创业者中的一种，在这种创业活动中创业者在实现商业机会的同时，追求高利润回报，承担较多的风险。经济利润的刺激同实现商业机会的欲望对于创业者来说同样具有吸引力。

小·知识

最倒霉的连续创业者

在创立美团之前，王兴被称为最倒霉的连续创业者。他的很多创业项目接连失败：校内网（人人网前身）之前的产品，失败原因在于方向不对；创办校内网，方向没问题，但死于资金链断裂；创办饭否（类似微博），资金没问题，却因为缺乏人脉而倒下；海内网产品又频出短板……

2015年10月，美团和大众点评合并，成为团购市场具有绝对竞争优势的领头羊，就此，王兴终于迎来了创业生涯的春天，具体如何走向，还需拭目以待。

资料来源：艾诚.创业的常识［M］.北京：中信出版集团.2016：317-318.

五、创业者的创业能力

（一）机会识别能力

机会总是给予善于捕捉机遇的"机会头脑"。在稍纵即逝的"机会"面前，能敏捷捕捉、明知决断，是创业者创业的思维基本功。创业是发现市场需求，寻找市场机会，通过投资经营企业满足这种需求的活动。创业需要机会，机会要靠发现，在茫茫的市场经济大潮中要想寻找到合适的创业机会，需要创业者具备一定的素质。有的创业者认为自己有很好的想法和点子，对创业充满信心。有想法和点子固然重要，但是并不是每个大胆的想法和新异的点子都能转化为创业机会。许多创业者因为仅仅凭想法去创业而失败了。《21世纪创业》的作者杰夫里·A.第莫斯教授提出，好的商业机会有以下4个特征：第一，它很能吸引顾客；第二，它能在你的商业环境中行得通；第三，它必须在机会之窗存在的期间被实施（机会之窗是指商业想法推广到市场上去所花的时间，若竞争者已经有了同样的思想，并把产品已推向市场，那么机会之窗也就关闭了）。第四，你必须有资源（人、财、物、信息、时间）和技能才能创立业务。

（二）风险决策能力

风险决策能力主要指创业者的战略决策能力，即创业者在对新创企业外部经营环境和内部经营能力进行周密细致的调查和准确而有预见性分析的基础上，确定企业发展目标、选择经营方针和制订经营战略的能力。虽然创业者有时候也进行一些战术性决策，但更多的精力是用于战略决策。创业风险是来自与创业活动有关因素的不确定性。在创业过程中，创业者要投入大量的人力、物力和财力，要引入和采用各种新的生产要素和市场资源，要建立或者对现有的组织结构、管理体制、业务流程、工作方法进行变革。在这一过程中必然会遇到各种意想不到的情况和各种困难，从而有可能使结果偏离创业的预期目标。创业环境的不确定性，创业机会与创业企业的复杂性，创业者、创业团队与创业投资者的能力和实力的有限性，是创业风险的根本来源，需要创业者在创业过程中具有很强的创业风险决策能力。

（三）战略管理能力

创业始终是一种可以管理，也需要管理的系统工作。创业者必须始终保持常态的管理意识，主要是针对机会的捕捉和利用加以管理。战略管理能力包括战略分析能力、战略规划能力、战略思维能力、战略实施与控制能力等。创业是一项风险极高的、复杂的系统工程，要使创业成功，则要求创业者能够把握创业的战略要素，掌控创业过程，使企业沿着创业者所规划和希望的方向前进，这需要创业者具备卓越的创业素质和战略规划与管理能力，尤其是战略洞察力与战略预见力。从创业管理所需要的战略管理能力来看，在创业过程中创业者可以思考和回答5个基本问题提升战略管理能力：①我们为何要创业经营企业？②我们在创业过程中如何获得利润？③我们是否有实现创业发展目标的能力？④在创业过程中，我们如何有效行动？⑤在创业过程中，我们如何获得利益相关者的支持？

（四）开拓创新能力

开拓创新能力是指人们根据确定的目标与需要灵活地、创造性地运用已知的一切知识与信息提出某种具有独到见解的、新颖的、具有开拓性的而富有积极社会价值的精神产品或物质产品的能力。创业者必须具备创新能力，发挥创业者的创新能力是提高竞争力的关键。只有不断地用新的思想、新的产品、新的技术、新的制度和新的工作方法来替代原来的做法，才能使企业在竞争中立于不败之地。

（五）创业网络构建能力

对于创业者而言，创业社会关系网络的构建对创业的成败产生重要影响，创业人际社会关系网络质量的高低对创业机会、创业资源的获取和整合产生直接影响，创业者必须善于建立本行业的广泛社会网络。密集的行业网络沟通有助于创业者从广泛的社会网络中获取高回报的创业信息。"网络"素质较高的创业者，更能够掌握丰富的发明、生产、销售等诸多信息，真正做到知己知彼。

（六）组织管理能力

组织管理就是通过建立组织结构，规定职务或职位，明确责权关系，以使组织中的成员互相协作配合、共同劳动，有效实现组织目标的过程。组织管理是管理活动的一部分，也称组织职能。组织管理能力是指为了有效地实现目标，灵活地运用各种方法，把各种力量合理地组织和有效地协调起来的能力，包括协调关系的能力和善于用人的能力等。组织管理能力是一个人的知识、素质等基础条件的外在综合表现。现代社会是一个庞大的、错综复杂的系统，绝大多数工作往往需要多个人的协作才能完成。从某种角度讲，每一个人都是组织管理者，承担着一定的组织管理任务。创业者具有把各项生产要素有机组合起来，形成系统整体合力的才能。创业者就是研究、开发、生产、销售等各个环节的协调者、组织者和领导者。尤其应具备以下两个方面的能力：一方面，他必须对自己经营的事业了如指掌，有预测生产和消费趋势的能力；另一方面，他必须善于选择合作伙伴，有组织或领导他人、驾驭局势变化的能力。

小·知识

李开复谈创业者需要具备的十项能力

在创新工场董事长兼首席执行官李开复看来，一个好的创业者需要具备的十项能力：1. 强烈的欲望；2. 超乎想象的忍耐力；3. 开阔的眼界；4. 善于把握趋势又通人情事理；5. 敏锐的商业嗅觉，即商业敏感性；6. 扩展人脉；7. 谋略；8. 胆量；9. 与他人分享的愿望；10. 自我反省的能力。李开复坦言，如果一个创业者可以具备以上条件并几十年如一日地坚持，至少具备了 60% 的成功要素。

资料来源：艾诚.创业的常识［M］.北京：中信出版集团 .2016：52-53.

六、创业者的素质特征

（一）创业者素质的界定

素质是指人与生俱来的以及后天培养、塑造、锻炼而获得的身体上和人格上的特点，包括心理特质、品格特质、经验特质、知识特质和能力特质等方面。无论是原有的还是后天形成的，素质都不是一成不变的，它随着时间、环境和个人学习、实践路程的不同而不同，具有变动性、增进性和延续性。创业者的素质是指创业者在创业过程中所表现出来的自身独特的品质和能力。它是随着创业活动的深入而不断提高和逐步完善的，创业者的素质在一定程度上决定了创业企业的成败。

（二）创业者应具备的基本素质

1. 身体素质

创业与经营是艰苦而复杂的，创业者工作繁忙，时间长，压力大。如果身体素质不好，必然力不从心，难以承受创业重任。创业者要具有健康的体魄和充沛的精力，能够适应新创企业外部协调和内部管理的繁重工作。

2. 思想素质

创业者与一般人最大的不同是有思想、有想法，思想决定创业者的高度和宽度。创业者具有强烈的社会责任感、事业心和敬业精神，这些内在动力能够驱使他们拼命工作。创业者是思想的行动者，对创业及其过程有系统的思考，用于积极面对创业过程中出现的各种困难和突发情况，能够在创业过程中做思想的引领者。创业者是有强烈的责任感的人，创业的过程既要对创业者自身负责，也要对员工、股东等利益相关者负责，还需要有高度的社会责任感，主动承担起创业过程中应该承担的社会责任。创业者应该有强烈的事业心和敬业精神，一旦走上了创业的道路就要全身心投入，带领大家闯出一番事业。

3. 心理素质

创业心理素质是指创业者的心理条件，包括自我意识，性格，气质，情感、价值观等心理构成要素。创业者致力于创业活动的特殊性，往往要求创业者具有与常人不同的心理条件。作为创业者的自我意识特征应该自信和自主，创业者性格应刚强、坚持、果断和开朗。创业者的情感应更丰富、有理性色彩。这种心理素质主要体现在：敢于冒创业风险；不惧怕创业失败；对自己高度自信；能勤俭、吃苦耐劳；有强烈的成功欲望。

4. 知识素质

创业者的知识素质对创业起着举足轻重的作用。在知识大爆炸、竞争日益激烈的今天，单凭热情、勇气、经验或只有单一专业知识，要想成功创业是很困难的。创业者应该具有较为丰富的企业管理知识、企业管理经验和新创企业所涉及的技术、工艺知识，还应该拥有一定的外语知识以及计算机、网络基础知识等。创业者要进行创造性思维，要作出正确决策，必须掌握广博的知识，具有一专多能的知识结构，了解基本的法律知识，了解企业经营管理的知识和方法，掌握与本行业本企业相关的科学技术知识，具备市场经济和财务等方面的知识。创业者的知识素质对企业经营活动发挥着重大的作用。

5. 经验素质

经验素质是创业者在创业过程及新创企业经营管理活动中实践锻炼和经验的积累。关于经验的定义通常从以下角度展开：一是亲自参与某个事件或者直接对其进行观察的经历；二是通过亲自参与某个事件或者直接对其进行观察而获得的知识、技能以及行为习惯等经验知识。经验是在创业过程中不断积累的，创业者在企业不同的发展阶段以及在创业过程中的某些具体事件都影响着创业者创业经验的获取和积累。一个受过良好管理教育的人，只有与创业实践相结合，才能形成创业管理能力，成为成功的创业者。

第二节 创业团队

一、从群体、团队到创业团队

（一）群体

1. 群体的含义

群体与个体相对，是个体的共同体。不同个体按某种特征结合在一起，进行共同活动、相互交往，就形成了群体。个体往往通过群体活动达到参加社会生活并成为社会成员的目的，并在群体中获得安全感、责任感、亲情、友情、关心和支持。

2.群体的类型

（1）初级群体与次级群体

初级群体又称直接群体、基本群体或首属群体，它的成员相互熟悉、了解，是以感情为基础结成亲密关系的社会群体，如典型的初级群体有家庭、邻里、朋友和亲属等。次级群体又称间接群体或次属群体，是指其成员为了某种特定的目标集合在一起，通过明确的规章制度结成正规关系的社会群体，如典型的社会组织，学校、企业和政府部门等。

（2）正式群体与非正式群体

正式群体是指具有正规化制度，其成员间的互动采取制度化、规范化的方式，成员的权利、义务以及彼此间关系并没有明确的、成文的规定。非正式群体，则恰恰相反，群体成员之间通过经常性的自由交往，形成了一些不言而喻的规范和角色期望，大家自然地结合在一起。

（3）内群体与外群体

内群体是指成员对其有团结、忠心、亲密及合作感觉的群体，成员在心理上自觉认同并归属于这个群体。一般而言，人们的日常生活大多是在内群体中进行。外群体泛指内群体成员以外的其他任何人的结合。内群体和外群体常常相互隔离，乃至处于对立的地位。当彼此有严重的利益冲突时，比较容易导致抵制、争斗，甚至是侵略等行为。

（4）所属群体与参照群体

所属群体是指成员身份所属的群体，它规定着成员的身份及其日常活动。参照群体是指某些人或群体被当成自己的参照对象，作为自己模仿、学习的榜样。参照群体一般与所属群体是同类的群体。有时，根据成员的不同需要，参照群体也会形成不同的参照群体，同一参照群体在不同时期的意义也会有所不同。

（5）血缘群体、地缘群体和业缘群体

群体中的成员是以血缘或生理联系而形成的群体称为血缘群体，包括家庭、家族、氏族、部落、部族等具体的形式。群体中的成员基于空间或地理位置关系而形成的群体称为地缘群体，包括邻里、老乡、民族社区等具体形式，这种群体的出现晚于血缘群体。群体中的成员是以劳动与职业间的联系而形成的群体称为业缘群体，这类群体的出现是生产力日益发展、社会分工越来越细、阶级社会逐步产生的结果。

（二）从群体到团队

1.团队的概念

关于团队的概念，相关学者在早期的相关研究中进行了界定。Shonk 较早把团队定义为两个或两个以上为完成共同任务而协调行动的个体所构成的群体。Krupa，Quick 则认为，团队最显著的特征就是"其成员都能把实现团队的目标放在首位。团队成员都拥有各自的专业技能，并且能够相互沟通、支持和合作"。Katzenbach 和 Smith 认为，"团队是才能互补、根据共同的目标设定绩效标准，依靠互相信任来完成目标的群体。"

组织中，团队是由员工和管理层组成的一个共同体，有共同理想目标，愿意共同承担责任，共享荣辱，在团队发展过程中，经过长期的学习、磨合、调整和创新，形成主动、高效、合作且有创意的团体，解决问题，达到共同的目标。管理学家斯蒂芬·P·罗宾斯认为：团队就是由两个或者两个以上的，相互作用、相互依赖的个体，为了特定目标而按照一定规则结合在一起的组织。

2.团队成员具体角色描述

团队成员在工作中扮演着栽培者、资源探索者、协调者、塑形者、监控者、团队工作者、贯彻者、任务完成者、专家 9 种具体角色，这些角色的具体内容见表 3.2。

表 3.2 9 种团队角色及其描述

角 色	角色描述
栽培者	解决难题，富有创造力和想象力，不墨守成规
资源探索者	外向，热情，健谈，发掘机会，增进联系
协调者	成熟，自信，是称职的主事人，阐明目标，促使决策的制订，分工合理
塑形者	激发人的，充满活力，在压力下成长，有克服困难的动力和勇气
监控者	冷静，有战略眼光与识别力，对选择进行比较并作出正确选择
团队工作者	协作温和，感觉敏锐，老练，建设性的，善于倾听，防止摩擦，平息争端
贯彻者	纪律性强，值得信赖，有保守倾向，办事高效利索，把想法变为实际行动
任务完成者	勤勤恳恳，尽职尽责，积极投入，找出差错与遗漏，准时完成任务
专家	目标专一，自我鞭策，甘于奉献，提供专门的知识与经验

3.团队的类型

（1）问题解决型团队

问题解决型团队是指组织成员就如何改进工作程序、方法等问题交换看法，对如何提高生产效率和产品质量等问题提出建议。问题解决型团队的工作核心是提高生产产量、提高生产效率、改善企业工作环境等。在这样的团队中成员就如何改变工作程序和工作方法相互交流，提出一些建议。

（2）自我管理型团队

自我管理型团队通常由10~16人组成，他们承担着以前自己的上司所承担的一些责任。一般来说，他们的责任范围包括控制工作节奏、决定工作任务的分配、安排工间休息等。

（3）多功能型团队

多功能型团队是一种有效的团队管理方式，它能使组织内（甚至组织之间）不同领域员工之间交换信息，激发产生新的观点，解决面临的问题和协调复杂的项目。

（4）虚拟型团队

虚拟型团队是指人员分散于远距离的不同地点但通过远距离通信技术一起工作的团队。虚拟型团队的人员分散在相隔很远的地点，可以是在不同城市，甚至可以跨国、跨洲。人员可以跨不同的组织，工作时间可以交错，联系依靠现代通信技术。他们共同完成共同的目标和任务。

4.群体与团队的区别

团队也称群体，团队成员间紧密合作以实现一个特定的、共同的目标。所有的团队都是群体，但是群体并不一定是团队。团队与群体一个较大的差别在于团队成员间的紧密合作和特定、至高无上的团队目标。团队的形成有时是非常困难的，团队成员学会相互的有效合作需要一定的时间来磨合。

群体与团队的区别具体表现如下：团队中成员所作的贡献是互补的，而群体中成员之间的工作在很大程度上是互换的；团队成员对是否完成团队目标一起承担成败责任并同时承担个人责任，而群体成员则只承担个人成败责任；团队的绩效评估以团队整体表现为依据，而群体的绩效评估则以个人表现为依据；团队的目标实现需要成员间彼此协调且相互依存，而群体的目标实现却不需要成员间的相互依存性，团队较之群体在信息共享、角色定位、参与决策等方面也进了一步。

（三）从团队到创业团队

1.创业团队的内涵

彼得·德鲁克认为团队是多数企业组织的基本单位，可以最大限度地运用成员的知识和技能来完成既定目标。创业团队的概念是在团队概念的基础上发展起来的。Shonk 较早把团队定义为两个或两个以上为完成共同任务而协调行动的个体所构成的群体。Quick 则认为，团队最显著的特征就是"其成员都能把实现团队的目标放在首位。团队成员都拥有各自的专业技能，并且能够相互沟通、支持和合作"。Katzenbach 和 Smith 认为，"团队是才能互补、根据共同的目标设定绩效标准，依靠互相信任来完成目标的群体。"这些团队概念都没有涉及创业要素。在团队概念的基础上，多位学者从不同角度对创业团队给出了自己的定义。Kamm，Shuman，Seeger 和 Nurick 从所有权角度指出，创业团队是两个或两个以上参与公司创立过程并投入同比例资金的个人。从人员构成的角度，Ensley 和 Banks，以及 Gartner，Shaver，Gatewood 和 Katz 指出，创业团队应该包括对战略选择产生直接影响的个人，也就是应该把董事会尤其是占有一定股权的创投业者包括在内。Mitsuko Hirata 则把创业团队定义为参与且全身心投入公司创立过程，并共同克服创业困难和分享创业乐趣的全体成员。

狭义的创业团队是指有着共同目的、共享创业收益、共担创业风险的一群创建新企业的人。广义的创业团队则不仅包括狭义创业团队，还包括与创业过程有关的各种利益相关者，如风险投资家、专家顾问等团队优势。创业团队是经过生成创意和实践创意阶段后决定共同创业并将企业成立的一群人，包括当企业成立时对企业有功能执掌的人或是在营运前两年加入的成员，不包括对公司没有所有权的成员，由那些全身参与企业创建过程、共同分享创业苦乐、全心实现企业成长的成员构成，不包括律师、会计师等部分参与企业创建的外部专家。从所有权来看，创业团队是由两个或两个以上的人正式组建并共同分享新企业所有权的群体。创业团队不仅是创建新企业的群体，还要对新企业具有共同承诺，对战略选择有直接影响。本书将创业团队定义为**由两个或两个以上具有一定利益关系的，彼此间通过分享认知和合作行动承担创建新企业责任的，处在新创企业高层主管位置的人，共同组建形成的有效工作群体。**

创业团队具有以下特征：①创业团队是一种特殊群体；②创业团队工作绩效大于所有成员独立工作绩效之和；③创业团队对创业成功具有重要的价值；④创业团队是高层管理团队的基础和最初的组织形式。创业团队成员需要具备三大特征，即共同创建企业、拥有财务权益和对企业战略决策有直接的影响。

2.创业团队的重要性

创业团队进行创业活动具有普遍性。Kamm，Shuman，Seeger 和 Nurick 认为，创业团队对研究者和创业家的重要性在于创业团队的普遍性以及它对公司创业绩效的影响。在现实中，有些企业是由创业者个人创立且拥有的，然而大多数企业是由两人或两人以上共同创立并拥有的。大量研究表明，创业团队在开创新企业的过程中起着非常关键的作用。换句话说，在一个企业创建的头几年里，一般都由创业团队来支撑。我国学者张玉利和杨俊在 2002 年 10 月—2003 年 4 月期间对我国的企业进行的调查显示，合伙创业的比例为 60.5%，而个体创业的比例只占 39.5%，这说明我国的企业倾向于合伙创业或团队创业。这是因为团队创业有利于分散创业风险，通过创业团队成员之间的技能互补可以提高企业家驾驭环境不确定性的能力，从而降低新企业的失败风险。更为重要的是，团队创业能够形成更强的资源整合能力，并且同时从多个融资渠道获得创业资金。

从目前中国市场来看，团队创业的企业比个人创业的企业要多。特别是高科技行业，它所要求的能力远超过个人所拥有的。创业要想成功，有一个优秀的创业团队是非常关键的。风险投资家非常重视创业团队，认为创业团队是风险投资的最大风险，因为风险投资家作为股东不去直接管理公司，而且也几乎无法进行日常管理。因此，最大的风险是管理风险，也就是创业团队，为了规避风险，风险投资商往往在评估创业团队方面做很多工作，一旦发现创业团队在诚信上有问题，基本上 100% 的风险投资家都会拒绝投资。

没有团队的新创企业不一定会失败。但是，没有一个团队而建立一个高成长潜力的企业是极其困难的。某些创业者不喜欢合伙人，某些创业者只有当其处于完全控制地位时才高兴。他们想要的是员工而不是合伙人，他们不愿受内部合伙人或外部投资者的控制或制约。要想成功，团队是最重要的，不需要团队中的每一个人都是超人，但需要许多人组成一个最佳的团队。创业团队对创业成功的重要作用已得到创业投资家的广泛认同。在美国，有创业投资支持的企业的成活率与企业成活率的平均水平相反，前者高，后者低，而且这些投资回报高。一项对 20 世纪 60 年代创立的 104 个高新技术企业的研究指出，年销售额达 500 万美元或更多的高成长公司中的 83.3% 是由团队创立的，而夭折的公司中只有 53.8% 拥有几个创业者。拥有团队是重要的，团队的素质也同样重要。创业投资者在帮助组建和重组管理团队中已变得更加积极。合适的合伙人作为团队成员在一个新创企业中可以充当一个重要的角色。此外，不断上升的证据表明创业者会面临孤独、紧张和其他压力。发现合适的合伙人至少可以有缓解压力的作用，关键是确认合适的合伙人并与之共事。

3. 创业团队的类型

（1）星状创业团队（Star Team）

星状创业团队中有一个核心人物（Core Leader）充当领队角色。一般是在团队形成之前，核心人物已经就团队组成进行过仔细思考，根据自己的想法选择相应人员加入团队，这些加入创业团队的成员也许是核心人物以前熟悉的人，也有可能是不熟悉的人，这些团队成员在企业中更多是支持者角色（Supporter）。

星状创业团队的特点：

①组织结构紧密，向心力强，核心人物行为对其他个体影响巨大。

②决策程序相对简单，组织效率较高。

③容易形成权力过分集中的局面，从而使决策失误的风险加大。

④核心人物有特殊的权威，其他团队成员和核心人物发生冲突时，处于被动地位，冲突较严重时，一般都会选择离开团队。

（2）网状创业团队（Net Team）

网状创业团队成员在创业之前有密切的关系，如同学、亲友、同事、朋友等，在交往过程中，共同认可某一创业想法，并就创业达成了共识以后，开始共同创业。在创业团队组成时，没有明确的核心人物，大家根据各自的特点进行自发组织角色定位。在企业初创时期，各位成员基本上扮演的是协作者或者伙伴角色（Partner）。

网状创业团队的特点：

①团队没有明显核心，整体结构较为松散。

②决策采取大量沟通和讨论达成一致意见，效率相对较低。

③团队成员在团队中地位相似，容易形成多头领导的局面。

④采取平等协商、积极解决的态度消除冲突，成员不轻易离开；一旦冲突升级，某些成员撤出，易导致整个团队涣散。

（3）虚拟星状创业团队（Virtual Star Team）

虚拟星状创业团队由网状创业团队演化而来，是前两种的中间形态。在团队中，有一个核心成员，但是核心成员地位的确立是团队成员协商的结果，核心人物从某种意义上说是整个团队的代言人，而不是主导型人物，其在团队中的行为必须充分考虑其他团队成员的意见，不如星状创业团队中的核心人物那样有权威。

4.创业团队的演变

（1）创业团队生命周期

①出生：凝聚力和有效性都是低水平，团队成员具有大量不确定性。

②成长：团队成员彼此学习，愿意分享认知，并采取协作性行动，团队凝聚力和有效性都将得到提高。

③成熟：成功的团队组织实现了既定的战略目标，具有高度的凝聚力和高度的有效性，是团队最理想的阶段。

④衰老：依据"团队记忆"采取相应的行动，团队也渐渐地陷入一种群体思维陷阱，并形成某种"组织惰性"。

⑤死亡：有效性的损失战胜对团队凝聚力的过度管理，团队开始逐渐解体。

（2）创业团队建设各阶段的特征

创业团队的组建与运行经历形成、规范、震荡、凝聚、收获、调整6个阶段（表3.3）。在形成阶段，要搭好创业团队的内部框架，在对创业团队成员进行明确分工的基础上做好互补搭队工作，对外开始作为一个整体的形式出现。在规范阶段，创业团队开始要建立创业企业或组织的规范，用团队、使命、远景来驱动团队成员团结合作、创业干事。震荡阶段是团队的磨合、整合时期，在创业团队形成以后创业的具体工作中团队内部的冲突、矛盾已经显现出来，这时需要及时进行沟通、化解冲突，凝聚创业团队共识。在凝聚阶段，创业已经取得了较大的进展，取得了一定的成就，在此阶段创业团队要重视企业文化的软实力建设，同时进一步做好团队、组织的制度化、规范化、程序化的建设。在收获阶段，创业团队已经取得了较为辉煌的成绩，创业组织的发展也从成长期进入成熟期，这时创业团队要聚焦组织发展面临的新的挑战和不确定性。在调整阶段，根据创业企业发展的需要，及时对创业团队成员开放动态调整，保持创业团队的活力，为创业企业发展提供有力的支持。

表3.3 创业团队建设各阶段的特征

阶 段	特征与重点
形成阶段	初步形成创业团队的内部框架、建立创业团队与外界的初步联系
规范阶段	通过设定标准、交流想法、阐明愿景、明确职责等方式建立必要的规范
震荡阶段	隐藏问题暴露，公开讨论、解决冲突、促进沟通、改善关系等方法的运用
凝聚阶段	形成有力的团队文化，更广泛的授权和更清晰的权责划分
收获阶段	关注如何提高团队效率和效益，把全部精力用于应对各种挑战，形成成果
调整阶段	对团队实行整顿，其中一个重要内容是优化团队规范

5. 初创团队与成熟团队比较

创业团队是动态向前发展的，成熟团队是初创团队发展的结果，初创团队是成熟团队发展的基础。初创团队与成熟团队在承担风险责任感、创新性、主动性、合作性、自我实现欲望、商业规则掌控力、商务谈判能力、市场开拓能力等方面都有明显的差异，这种差异见表 3.4。

表 3.4 初创团队与成熟团队

类型 内容	初创团队	成熟团队
承担风险责任感	强	弱
创新性	强	弱
主动强	强	弱
合作性	弱	强
自我实现欲望	强	强
商业规则掌控力	弱	强
商务谈判能力	弱	强
市场开拓能力	弱	强

二、创业团队的组建

（一）创业团队角色安排与自我评估

1. 相似性角色安排

遵循理性逻辑组建的创业团队平均规模更大，团队成员之间因强调技能互补的组合而异质性更强，彼此之间的熟悉程度可能较低，沟通和交流更加谨慎。人们往往愿意与在许多方面与自己具有相似性的人交往，觉得相互之间更加了解，而且更容易自信地对彼此未来的反应和行为加以预测。创业者遵循"相似性导致喜欢"的规则，倾向于选择在背景、教育、经验上与他们非常相似的人，许多新企业团队成员来自同一领域或同一职业。缺点是冗余问题：知识、培训、技能和欲望重叠的程度大，所接触的能够从对方获取财务支持等资源的人有限，不利于企业获取必要的财务资源以及有效运营。

2. 互补性角色安排

依据非理性逻辑组建的创业团队平均规模更小，团队成员之间因强调物以类聚而同质性更强，彼此之间的熟悉程度更好，沟通和交流更畅。创业团队中宽泛的知识、技术和经验有利于新企业。如果一个团队成员所缺少的东西可以由另一个或者更多其他成员提供，那么，整体的确大于各部分之和。不要屈从于只和那些背景、教育、经历状况与自己相似的人一起工作的诱惑。这样做将在许多方面显得容易和令人愉悦，但它不能提供新企业所需的丰富的人力资源基础。强调互补性在一定程度上可能是更好的策略，它可以提供给新企业一种强有力的和多样化的人力资源基础。

3. 创业团队角色安排的自我评估

对创业团队成员在创业过程中进行分工与角色安排时，要考虑创业团队成员的知识基础、专门技能、个体动机愿望和个人特征等方面。

①知识基础：专业背景、经验背景。

②专门技能：沟通、演讲、技术、管理、营销。

③动机愿望：未来的预期和目标。

④个人特性：强势、主见、恒心、目的性。

在知识、技能和经验方面主要关注互补性角色，而在个人特征和动机方面则考虑相似性角色。

（二）创业团队的五要素

1. 目标

目标即我们为什么要建立团队？我们希望通过它达到什么目的？本质上，所有团队都有一个共同的目标：把工作上相互联系、相互依存的人们组成一个群体，使之能够以更加有效的合作方式达成个人的、部门的和组织的目标。创业团队的目标则是完成创业阶段的公关、技术、组织、管理、市场、规划等各项工作。

2. 定位

定位即团队通过何种方式同现有的组织结构相结合，从而创造出新的组织形式。其中要改造一些习惯性的定势思维，让来自不同领域的成员能够真正成为一个更具合作性的团队伙伴。团队定位首先要确定由谁选择和决定团队的组成人员，其次团队要对谁负责，再次是如何采取有效措施激励团队及其成员，最后要制订一套规范，规定团队任务、确定团队与组织结构结合的方式。在形成团队规划书和任务书时，要体现公司的价值观及团队预期等重要信息。

3. 职权

职权是指团队担负的职责和相应享有的权限，即团队的工作范围和在某范围内决策的资助程度。实际上是团队目标和定位的延伸。职权的确定主要取决于团队类型、目标、定位和组织的规模、结构及业务类型等。划分职权要形成一些规范，如制订一套职位说明书，以确定团队成员的职责和权限的分工。

4.计划

在确定了团队的职责和权限后，如何把这些职责和权限具体分配给团队成员，这就需要计划来实现。也就是说，要制订计划来指导各个团队成员分别做哪些工作以及怎样做。

5.人员

团队的最后一个要素是人员，能否获得成功取决于人员本身。在选择和确定团队人员时，必须认真细致地从多方面考察候选者，内容大致包括候选人的技能、学识、经验和才干，这些内容要尽量符合团队的目标、定位、职权和计划的要求。

（三）组建创业团队的原则、影响因素和程序

1.组建创业团队的原则

（1）目标明确合理原则

目标必须明确，这样才能使团队成员清楚地认识到共同的奋斗方向是什么。与此同时，目标必须是合理的、切实可行的，这样才能真正达到激励的目的。合理明确的目标为创业团队和企业发展提供动力。目标对创业动力的影响体现在企业发展的两个阶段：创业初期和成熟期。尤其在创业初期，新创企业和创业团队面临巨大挑战，坚定清晰可行的目标可以增强创业团队的信心，更好地克服困难。

（2）互补原则

建立优势互补的团队是创业成功的关键。"主内"与"主外"的不同人才，耐心的"总管"和具有战略眼光的"领袖"，技术与市场两方面的人才，都不可偏废。创业者寻找团队成员，要弥补当前资源能力上的不足，要针对创业目标与当前能力的差距，寻找所需要的配套成员。好的创业团队，成员间的能力通常都能形成良好的互补，而这种能力互补有助于强化团队成员间彼此的合作。创业者寻求团队合作，其目的就在于弥补创业目标与自身能力之间的差距。只有当团队成员相互之间在知识、技能、经验等方面实现互补时，才有可能通过相互协作发挥出"1+1>2"的协同效应。

（3）精简高效原则

为了减少创业期的运作成本、最大比例地分享成果，创业团队人员构成应在保证企业能高效运作的前提下尽量精简。创业初期，创业团队成员在组建时有大致明确的分工，由

于创业初期企业人员少、企业运行的各种业务都得跟上，创业团队成员要相互配合、相互支持，因此精简的底线是能用最少的人员高效地维持组织的运转。

（4）动态开放原则

创业过程是一个充满了不确定性的过程，团队中可能因为能力、观念等多种原因不断有人离开，同时也有人要求加入。在组建创业团队时，应注意保持团队的动态性和开放性，使真正完美匹配的人员能被吸纳到创业团队中来。创业团队的组建、维持和运转是一个动态的过程，不断有符合创业需要的新成员加入进来，并且建立有效的退出机制将不符合创业企业发展需要的创业人员淘汰出去。

（5）职权匹配原则

在组建创业团队时，要根据各个成员的专业背景、工作经历等进行有效的初步分工，每个成员履行好自己职务范围内的工作内容，有效推进创业事业。创业团队成员认真履行创业分工的工作职责内容的同时，发挥团队的协作精神，配合其他团队成员做好相关工作，明确职务与工作职责的关系。

2. 组建创业团队的影响因素

创业团队的组建受到多种因素的影响，这些因素相互作用、共同影响着组建过程并进一步影响着团队建成后的运行效率。

（1）创业者

创业者的能力和思想意识从根本上决定了是否要组建创业团队、团队组建的时间表以及由哪些人组成团队。创业者只有在意识到组建团队可以弥补自身能力与创业目标之间存在的差距，才有可能考虑是否需要组建创业团队，以及对什么时候需要引进什么样的人员才能和自己形成互补作出准确判断。

（2）商机

不同类型的商机需要不同类型的创业团队。创业者应根据创业者与商机间的匹配程度，决定是否要组建团队以及何时、如何组建团队。

（3）团队目标与价值观

共同的价值观、统一的目标是组建创业团队的前提，团队成员若不认可团队目标，就不可能全心全意为此目标的实现而与其他团队成员相互合作、共同奋斗。不同的价值观将直接导致团队成员在创业过程中脱离团队，进而削弱创业团队作用的发挥。没有一致的目标和共同的价值观，创业团队即使组建起来，也无法形成有效发挥协同作用，缺乏战斗力。

（4）团队成员

团队成员能力的总和决定了创业团队的整体能力和发展潜力。创业团队成员的才能互补是组建创业团队的必要条件。而团队成员间的互信是形成团队的基础。互信的缺乏，将直接导致团队成员之间协作障碍的出现。

（5）外部环境

创业团队的生存和发展直接受到制度性环境、基础设施服务、经济环境、社会环境、市场环境、资源环境等多种外部要素的影响。这些外部环境要素从宏观上间接地影响着对创业团队组建类型的需求。

3. 组建创业团队的程序

创业团队的组建是一个比较复杂的过程，不同的创业项目所需的创业团队存在很大的差异，创建的流程也不完全相同。总体来说，创业团队的组建一般有以下程序：

（1）明确创业目标

创业团队的主要目标就是通过实施创业阶段的相关各项工作，如生产、销售、财务、人力资源、发展战略规划、产品研发与核心技术掌控等，实现初创企业从无到有、由小到大、由弱到强的发展。创业的总目标确定下来之后，就要推动团队为了实现总体目标对总体目标进行分解，形成更加具有可操作性的子目标和工作任务。

（2）制订创业计划

在制订了总目标并且将总目标分解为一个个阶段性子目标之后，创业者要研究如何具体操作来实现这些子目标，这需要围绕着子目标的实现来制订周密的创业计划。创业计划是在对创业目标进行具体分解的基础上，以团队整体来考虑的计划，创业计划确定了在不同的创业阶段需要完成的阶段性任务，通过逐步实现这些阶段性目标来实现创业总体目标。

（3）招募合适的人员

招募合适的人员是创业团队组建较为关键的一步。关于创业团队成员的招募，应该聚焦两个方面的内容：一是创业团队成员的互补性，要考虑团队成员与其他成员在能力或技术上形成互补。这种互补性关系的形成有助于强化团队成员的合作精神的培育，更能提高整个创业团队的工作效率，发挥创业团队的整体协作作用。总体而言，创业团队应至少需要管理、技术和销售3个方面的人才，只有这3个方面的人才形成良好的沟通协作关系后，创业团队才能实现稳定高效的产出。二是考虑适度的创业团队规模，适度的创业团队规模是保证创业团队高效运转的重要条件。创业团队规模太小无法实现团队的功能和优势，创业团队规模过大又有可能导致团队沟通效率低下、效能偏低，进而降低团队的凝聚力。总体而言，创业团队规模控制在 2~12 人较好。

（4）职权划分

为了保证创业团队各个成员能有效执行创业计划并且顺利推进各项工作，要预先在团队内部进行职权的划分。创业团队的职权划分应该根据创业计划推进的需要，具体确定每个创业成员所要履行的职责以及应该具有的相应的权限。创业团队成员之间的职权要明确划分，避免不同职权的重叠和交叉，还要避免无人承担具体工作而造成工作的漏洞。同时，由于创业过程中面临的外部环境是复杂多变的，会不断涌现各种新问题，团队成员也可能出现调整，因此创业团队成员的职责要根据创业过程中具体需要进行及时调整。

（5）构建创业团队制度体系

创业团队制度体系体现了创业团队对成员的控制程度和激励能力，主要包括团队的各种约束制度和激励制度。首先，创业团队要建立各种约束制度如纪律条例、组织流程制度、财务制度、保密要求等，指导创业成员避免做出不利于创业发展的行为，实现对成员行为的有效约束，确保创业团队运行的稳定性。其次，创业团队为了使创业团队成员看到创业目标的实现时自身的利益会得到实实在在相应的改变，需要形成实现高效运作的包括利益分配方案、奖惩制度、考核标准、激励措施等在内的激励机制，从而有效调动成员的创业干劲，最大限度地发挥每个成员的应有作用。为了实现有效激励，必须把成员的投入与利益回报界定清楚，特别是如股权、奖惩等团队成员特别关心的事宜，而且构建的这些制度体系必须以书面的形式确定下来。

（6）团队的调整融合

成功的创业团队不是一开始创业的时候就形成了，大多数是在创业企业成立后大家随着企业的发展进行分工与协作，不断的磨合逐渐形成的。随着团队的有效运行，团队组建时在人员配置、制度设计、职权划分等方面的不合理之处会逐渐暴露出来，这个时候需要对团队进行调整融合。

三、创业团队的管理

（一）影响创业团队管理效率的因素

对创业团队能否进行有效的管理会影响团队本身的成败，进而影响新创企业的绩效甚至成败，要对影响创业团队管理效率的相关因素进行分析。

1.创业团队的构成

创业团队的构成反映团队成员的集体特性。如果创业团队成员能够在技能、知识和能力方面实现互补，那么创业团队就能实现较高的效率。创业团队成员的异质性和互补性，对创业团队和新创企业取得高绩效具有十分重要的意义。环境充满变数，创业会遇到很多新问题。Filley 和他的同事发现，同质的创业团队完成常规任务的效率较高，而异质、互补团队则更擅长完成非常规任务。这也表明，创业团队的构成是影响创业团队效率和创业绩效的重要因素。Schjoedt 和 Kraus 认为，高同构性创业团队也有可能获得成功。实际上，团队成员之间的技能、知识和能力平衡，有可能是一种错误的成员选择标准。选择创业团队成员的一个更重要的标准是共同的创业兴趣或创业驱动力。创业兴趣或驱动力若能与企业的使命相结合，就比较容易取得创业成功。Gaylen N. Chandler 和 Steven H. Hanks 针对12 个创业团队进行的研究表明，创业团队多以兴趣相投为选择成员的标准，而不是把团队成员的专业能力互补性作为选择标准。只有两个团队在组建时考虑了成员的能力互补问题。而且，这两个创业团队的核心成员之前都有过执掌企业的经历。7 个团队是因为其成员对相关技术或所提供的服务具有共同的兴趣而组建起来的。其余的创业团队其成员都是因为认为创业可以增加个人财富，被企业成长的机会所吸引而加盟团队的。整体而言，只有很少的团队从一开始就考虑成员之间的功能或能力互补性。大多数创业团队的成员是因为共同的兴趣或认同创业机会才走到一起的。也就是说，大多数创业团队在组建时，并不考虑成员专业能力的多样性或互补性，比较缺乏相应的管理、营销和财务等方面的能力。

2.创业团队的人际关系

Waston，Ponthieu 和 Critelli 对创业团队进行的实证表明人际关系对创业绩效具有显著的影响；Frances 和 Sandberg 针对创业团队的友谊提出了 13 个命题以验证其对创业绩效的影响。创业团队成员之间难免发生冲突，有关战略绩效目标或其他重大问题的冲突需要创业团队成员通过沟通来解决，创业团队成员之间的交流有助于提高新创企业的绩效；成员之间在重大问题上意见相左又缺乏沟通有可能降低新创企业的绩效。面对面的交流能促进创业团队成员之间的融合，有利于创业团队作出能被广泛理解和接受的决定，并形成合力来完成成员间相互依赖的任务，最终必然有利于企业绩效的提高。

Shuman 等认为，很多创业团队是由朋友、亲戚、原先的同事或校友所组成的。这样的创业团队能通过原有关系网络来进行创业。Gaylen N. Chandler 和 Steven H. Hanks 在对13 个创业团队进行了分析以后发现，其中各有 3 个团队由大学同学、在同一企业共过事的同事和曾经一起创过业的朋友组成，另有 3 个团队由家庭成员组成，1 个团队由夫妻和房东组成。也就是说，所有这些创业团队都是通过原有社会关系网络组成的。当然，也有很多创业者或团队不希望通过原有的网络来寻找创业团队成员。Deborah H. 和 William R. 发现，创业团队成员创业前的友情越是深厚，就越能快速完整地组建创业团队，团队依靠隐性契约而不是显性契约的程度就越高，成员投资于创业的个人资产也越多。

很多研究结果表明，影响创业伙伴选择的因素主要是人际关系（如朋友、同事、同学、校友、亲戚等关系），很多创业者是通过人际关系网络来寻找共同创业的伙伴的。由此可知，人际关系是影响创业团队构成的重要因素，技能或能力互补只是一个次要的影响因素。不过，随着创业向着资本密集型发展，创投公司越来越多，能力逐渐成为创业伙伴选择的首要条件。

小·知识

创办企业要处理好 3 个圈子

和谁合作，不和谁合作？这是创业的首要问题。

与企业相关的有 3 种角色：股东、员工和朋友。股东是企业的所有者，为企业注入资金以及提供资源支持；员工是企业经营的参与者，无论是经营层还是普通员工，大家的工作创造了企业的产品和服务；朋友是企业的支持者，对企业的发展至关重要，多一些朋友少一些敌人，企业的发展才会更加顺畅。

柳传志先生说过，办企业一定要处理好企业的股东圈、员工圈和朋友圈的关系，3 个圈子的人不能错位，否则后果很严重。雷军曾经说，中国是一个人情社会，做企业要广交朋友。企业经营是社会科学，一加一不一定等于二。对于企业而言，创始人的情商比智商还重要。那些人缘好、有很多朋友相助的企业都是发展比较顺利的。企业家要多交朋友，交"好的"朋友，简单的利益交换不是朋友，交朋友的目的不是为了"走后门""占便宜"，而是为了获得更多朋友合理合法的支持和帮助。创始人平时要多花时间和朋友在一起，多开阔自己的眼界，了解最新的资讯、联络感情。

资料来源：孙陶然．创业 36 条军规［M］．北京：中信出版集团，2019：110-112．

（二）有效的创业团队管理措施

1. 树立正确的团队理念

（1）凝聚创业团队发展共识，增强团队凝聚力

创业团队要发展，就必须有团队精神和团队凝聚力。自上而下、目标一致、同心同德、

协同作战的精神，就是团队精神。团队的领导者要有明确的意识，帮助下属完成起步后各阶段的成长，让他们了解公司的产品，销售技巧和营销方案，制定目标，提高学习能力，创造环境，使团队在温馨的气氛中健康发展。

（2）团队成员要树立诚实、正直、守信的意识

创业团队成员拥有高尚的个人品质如诚实、正直、守信等，有利于为创业活动的开展提供较好的外部声誉。诚实是中华民族的传统美德，是一种创业团队成员必备的优良品格，一个人讲诚信，代表了他是一个讲文明的人、讲诚信的人，处处受欢迎；不讲诚信的人，人们会忽视他的存在。社会极其复杂，每个人的经历千差万别，生活环境各不相同，创业团队成员要正直，做人做事实事求是，不当面一套背面一套，爱憎分明。守信就是要说到做到，信守诺言。一个人想要在社会上立足，就必须具有诚实守信的品德，戒除隐瞒真相、欺骗他人的不良行为，这是创业团队成员必备的品质之一。

（3）要为创业干事的长远发展着想

团队成员要分工、相互协调合作，在创业过程中要有主动意识和担当精神。在创业的过程中，每个团队成员都要相互鼓劲打气，既要考虑组织当前生存发展的问题，又要思考组织的长远发展。

（4）承诺价值创造

创业的价值在于奉献，而不是索取，关键在于为社会创造有价值的产品或服务，而不是仅仅为了获得物质回报。在对创业团队成员管理的过程中，要让团队成员树立一种意识，那就是大家聚在一起创业就是在做一件团队认为有价值的事情，要多为社会创造价值、多作贡献。

2.确立明确的团队发展目标

目标是一种有效的激励因素和协调因素。为了促进团队的建设发展，需要有明确的定位，不能纯粹为了达成业绩目标，纯粹为了挣钱而去做事情，挣到钱了，容易满足，没挣到钱，很容易放弃。根据创业要达成的总体要求，树立团队发展目标以及个人发展目标，将这几个层次的目标有效地结合在一起，成为共同的目标，再根据这个共同的目标，制订团队发展规划。团队发展规划中要设定业绩目标、人力资源发展目标、成长目标等，将这些目标贯彻下达，团队中的每一个人都要熟知、认同这些目标，并在团队不断的发展中与时俱进，根据行业、市场、国家政策等外力环境，不断地调整跟进。

3.建立责、权、利统一的团队管理机制

妥善处理内部各种权力和利益关系，包括团队成员的股权关系、利益分享机制、利益

让渡机制等。要制订创业团队的管理规则，具体表现为治理层面规则、文化管理层面规则、管理层面规则等。治理层面规则，主要解决剩余索取权和剩余控制权问题；文化层面管理规则，主要解决企业的价值认同问题；管理层面规则，主要解决指挥管理权的问题。团队管理过程中要遵循平等原则，制度面前人人平等、不能有例外现象；要坚持服从原则，下级服从上级，行动要听指挥；要有一定的等级原则，不能随意越级指挥，也不能随意越级请示。

4. 建立有效的沟通系统，及时化解创业团队冲突

建立有效的沟通系统是创业团队管理的基础。在创业团队管理工作中，沟通是做好创业团队成员管理的关键，良好的沟通能够激发创业团队成员的工作热情和工作潜能，最大限度地发挥团队成员的作用，推动新创企业的发展。创业团队的核心必须重视沟通管理工作，完善沟通管理机制，有效解决创业过程中出现的冲突，凝心聚力，使创业工作得到顺利推进。建立有效的沟通管理系统应符合初创企业的标准和要求，一切从实际出发，从确定沟通目标、建立沟通渠道、明确沟通范围等方面着手，围绕创业过程中出现的困难和问题，有针对性地调整沟通模式，促使沟通系统发挥应有的作用。

创业活动的推进过程也是团队成员创业干事的过程，成员之间相互协调合作，面对创业过程面临的相关问题发生冲突在所难免。冲突是创业团队内外某些关系不协调的结果，一般情况下会表现出冲突行为主体之间的矛盾激化和行为对抗。创业团队内的冲突一般分为认知性冲突和情感性冲突。认知性冲突是指团队成员对有关企业生产经营管理过程中出现的与问题相关的意见、观点和看法所形成的不一致性。只要是有效的团队，这种团队成员之间就生产经营管理过程的相关问题存在分歧是一种正常现象。一般情况下，这种认知性冲突有助于改善团队决策质量和提高组织绩效。认知性冲突有助于决策质量的提高，能够促进决策本身在团队成员中的接受程度。基于人格化、关系个人导向的不一致性往往会破坏团队绩效，冲突理论研究者把这类不一致性称为"情感性冲突"。情感性冲突会阻止人们参与影响团队有效性的关键性活动，团队成员普遍不愿意就问题背后的假设进行探讨，从而降低了团队绩效。情感性冲突培养起了冷嘲热讽、不信任和回避，因此，将会阻碍开放的沟通和联合程度。有效的创业团队要知道如何做好冲突管理，引导发展过程中的冲突对组织绩效产生积极的影响。

课堂训练 1

我能成为创业者吗？

请先回答以下问题，单项选择题，必选。直接回答，不需要认真思考。5 分钟内即可完成。

1. 创业者是天生的吗？①是；②不是；③有先天因素，也有后天训练。

2. 对责任的态度，①我从来不愿承担任何责任；②我实际承担过责任；③我不怕甚至愿意承担责任

3. "这件事情可以干，没有风险！"①我从未说过这样的话；②偶尔说过；③经常说

4. 在生活中，①我从未尝试吃之前未吃过的东西；②面对未吃过的东西，只要有我信任的人先吃，我就吃；③我总想尝未吃过的东西

5. 在生活中，①我总是被别人领导，让我干啥我就干啥；②我小时候在伙伴中就是"头头"；③我牵头策划并和别人一起做成过几件事，尽管事不大，但回想起来还挺有成就感

6. 在平时的工作中，①我总是特立独行，独来独往；②过去两三年我总是和几个人固定地合作；③我总是扩大合作的范围，愿意找新人合作

7. 我做事的原则是：①不想清楚绝对不做；②有个大概眉目就行动；③感觉有好处就试试

8. 遇到困难时，①绕开；②设法解决掉；③找别人帮忙

9. 长这么大，①我离开家的日子累计不超过 1 个月；②我很小就出来闯荡了；③我在与家同一个城市的学校读书，期间周末很少回家

10. 关于特长，①我没有特长，每次填写简历中的特长我都不知道填什么；②和身边的人比较，我觉得我的优势很明显；③我有非常明确的兴趣和爱好

检查一下，这 10 道题有几道题你选择了①，如果选择①的题超过 6 道，你可能真的不可能成为创业者，接下来的练习你可以不做。当然，不成为创业者也挺好，社会并不需要每个人都成为创业者。

接下来，回答一下问题，请一定要把答案在空白处写下来，可以认真思考。

"我想成为创业者吗？"若想，请写下理由，也可以只写关键词。

_____

_____

_____

_____

_____

_____

_____

_____

_____

_____

_____

"我想成为创业者吗？"若不想，请写下理由，也可以只写关键词。

_____

_____

_____

_____

_____

_____

_____

_____

_____

资料来源：张玉利，杨俊．创业管理［M］．行动版．北京：机械工业出版社，2017：37-38.

课堂训练 2

创业团队的关键成功因素（小组讨论）

创业团队是创业者关注的问题，经历创业成功或者失败后，很多创业者对创业团队进行了反思和总结。同时，风险投资机构和投资人非常关注创业团队，大量的投资机构和投资人在选择投资项目时，创始人和创业团队是影响其投资决策的关键指标之一。本部分练习首先收集创业者和投资人对创业团队的观点，其次进行小组讨论，最后在整合观点的基础上识别影响团队创业的关机要素。

1. 提前准备

（1）分组，将同学们分成5~7人一组，并选出组长。

（2）需要提前准备便利贴、可以贴便利的墙面或者平面、足够的空间（为每个组提供讨论空间和便利贴）。

2. 小组成员任务

每位组员单独寻找一两位创业者或一两位投资人，从他们的微博、微信、自传、访谈和演讲等信息资料中，识别他们对成功（失败）的创业团队重要特征的看法，用便利贴记录下自己的观点，每个便利贴记录一个观点。此项工作可以在课下完成。

3. 小组讨论

在教室（讨论室）以小组为单位交流彼此的看法和观点。小组的每位成员将自己的观点介绍给小组的其他成员，并分类贴在墙面上。

在讨论过程中，大家相互激发，小组成员可能获得新的观点，可以继续在便利贴上增加新的观点，并贴在墙上。

当观点足够多的时候，开始减少讨论，将讨论集中在已有的观点上，并尝试构建有效创业团队的关键因素达成共识（达不成共识不影响后续的步骤）。

每个小组成员根据自己的判断，选取5~10个自己认可的创业团队的关键因素。

综合所有小组成员的选择和判断，将综合得分最高的要素列在下面的横线上。

1._____

2._____

3._____

4._____

5._____

6._____

7._____

8._____

9._____

10._____

资料来源：张玉利，杨俊．创业管理［M］．行动版．北京：机械工业出版社，2017：122-123.

拓展阅读

创业团队股权分配中的 9 个关键节点

1. 绝对控制权 67%

67%，有权修改公司的章程、增资扩股。公司章程非常重要，因为它是除了《中华人民共和国合同法》《中华人民共和国公司法》之外，能够约束股东权利和义务的最重要的契约。《中华人民共和国公司法》第四十三条规定，"股东会会议作出修改公司章程、增加或者减少注册资本的决议，以及公司合并、分立、解散或者变更公司形式的决议，必须经代表三分之二以上表决权的股东通过"。三分之二，换算成百分比就是 66.67%，拥有超过公司三分之二的股权，就拥有了对重大决策事项的绝对控制权。

2. 相对控制权 51%

超过二分之一表决权，可以对公司较大决策进行表决和控制，如制订公司董事会和高管的薪酬、股权激励等措施。

3. 否决权 34%

超过三分之一，这是针对"三分之二以上表决权通过"而设定的，即如果没有超过三分之二，该事项不能通过。拥有否决权的股东，凡是对不满意的重大事项都不通过，可见拥有 34% 否决权的股东其实也能控制企业。

4. 影响上市公司要约收购线的 30%

通过证券交易所的证券交易，收购人持有一个上市公司的股份达到该公司已发行股份的 30% 时，继续增持股份的，应当采取要约方式进行，发出全面要约或者部分要约。《中华人民共和国证券法》第八十八条第一款　通过证券交易所的证券交易，投资者持有或者通过协议、其他安排与他人共同持有一个上市公司已发行的股份达到百分之三十时，继续进行收购的，应当依法向该上市公司所有股东发出收购上市公司全部或者部分股份的要约。很显然，本条款适用于特定条件下的上市公司股权收购，不适用于有限责任公司和未上市的股份有限公司。

5. 界定同业竞争权的 20%

同业竞争是指公司所从事的业务与其控股股东（包括绝对控股与相对控股，前者是指控股比例 50% 以上，后者是指控股比例 50% 以下，但因股权分散，该股东对上市公司有控制性影响）或实际控制人所控制的其他企业所从事的业务相同或近似，双方构成或可能构成直接或间接的竞争关系。如果你有与现公司相同或者相近业务的公司的 20% 以上的股份，就会认定你有同业竞争权。上市公司可以合并你的报表，你就永远上不了市。

6. 召开临时股东大会 10%

超过 10%，有权召开临时股东大会，可以申请解散公司、变更董事会等重大决策。根据公司法的规定：股东大会应当每年召开一次年会，当单独或合计持有公司百分之十以上股份的股东请求时，应当在两个月内召开临时股东大会。股东根据所持股份享有表决权，所持每一股份有一表决权，如果一个股东所持的股份占公司总股本 10% 以上的，他（或她）可以单独请求召开临时股东大会。如果该股东所持股份没达到公司总股本 10% 以上的，他（或她）也可以联合其他股东一起请求，只要他们合计的股份达到公司总股本 10% 以上。

7. 股东变动影响上市的 5%

《中华人民共和国证券法》规定达到 5% 及以上，需披露权益变动书。《中华人民共和国证券法》第六十七条第一款、第二款第八项　发生可能对上市公司股票交易价格产生较大影响的重大事件，投资者尚未得知时，上市公司应当立即将有关该重大事件的情况向国务院证券监督管理机构和证券交易所报送临时报告，并予公告，说明事件的起因、目前的状态和可能产生的法律后果。下列情况为前款所称重大事件：（八）持有公司百分之五以上股份的股东或者实际控制人，其持有股份或者控制公司的情况发生较大变化。本条款仅适用于上市公司。从规则角度看，持股低于 5% 至少有两个好处：一是没有锁定期的约束；二是不需抛头露面，减持也不用披露。

8. 影响提案权的 3%

单独或者合计持有公司 3% 以上股份的股东，可以在股东大会召开 10 日前提出临时提案并书面提交召集人。《中华人民共和国公司法》第一百零二条第二款　单独或者合计持有公司百分之三以上股份的股东，可以在股东大会召开十日前提出临时提案并书面提交董事会；董事会应当在收到提案后二日内通知其他股东，并将该临时提案提交股东大会审议。临时提案的内容应当属于股东大会职权范围，并有明确议题和具体决议事项。本条款仅适用于股份有限公司，有限责任公司由于其具备的人合性，没有此类繁杂的程序性规定。

9. 影响代位诉讼权的 1%

代位诉讼权也称派生诉讼权。《中华人民共和国公司法》第一百五十一条 董事、高级管理人员有本法第一百四十九条规定的情形的，有限责任公司的股东、股份有限公司连续一百八十日以上单独或者合计持有公司百分之一以上股份的股东，可以书面请求监事会或者不设监事会的有限责任公司的监事向人民法院提起诉讼；监事有本法第一百四十九条规定的情形的，前述股东可以书面请求董事会或者不设董事会的有限责任公司的执行董事向人民法院提起诉讼。

资料来源：董青春，曾晓敏．创业行动手册［M］．北京：清华大学出版社，2018：42-43.

参考文献

［1］ Gartner, W. B. Who is an entrepreneur？ is the wrong question ［J］.American journal of small business，1988 spring：11-33.

［2］ Weiner B. An Attributional Theory of Achievement Motivation and Emotion ［J］. Psychological Review， 1985， 92（4）：548-573.

［3］陈建安,邢毅闻,陈武.身份视角下学生创业者研究: 述评与展望［J］.外国经济与管理，2019（9）：122-138.

［4］ Gubik A S, Farkas S. Student entrepreneurship in Hungary： Selected results based on GUESSS Survey ［J］. Entrepreneurial Business and Economics Review, 2016, 4（4）：123.

［5］ Dhliwayo S. Experiential learning in entrepreneurship education ［J］. Education+training， 2008, 50（4）：329-340.

［6］ Marchand J, Sood S.The alchemy of student entrepreneurs： towards a model of entrepreneurial maturity ［J］. International Journal of Entrepreneurship and Innovation Management, 2014, 18（1）： 75-92.

［7］ Marchand J M. Exploring who studentpreneurs are by understanding their lived experience as entrepreneurs ［D］. 2017.

［8］Sieger P, Fueglistaller U, Zellweger T. Student entrepreneurship 2016： Insights from 50 countries［J］.International GuEsss Report，2016：2-3.

［9］Marchand J M， Hermens A H. Student entrepreneurship： a research agenda［C］// Australian and New Zealand Academy of Management Conference. 2014.

［10］Nabi G，Holden R， Walmsley A. From student to entrepreneur： Towards a model of graduate entrepreneurial career-making［J］.Journal of Education and Work，2010，23（5）： 389-415.

［11］Burmeister-Lamp K， Lévesque M， Schade C. Are entrepreneurs influenced by risk attitude， regulatory focus or both? An experiment on entrepreneurs' time allocation［J］. Journal of Business Venturing，2012，27（4）： 456-476.

［12］Hayter C S，Lubynsky R，Maroulis S. Who is the academic entrepreneur? The role of graduate students in the development of university spinoffs［J］. The Journal of Technology Transfer，2017 42（6）： 1237-1254.

［13］Shonk J H. Working in teams： A practical manual for improving work groups［M］. Amacom， 1982.

［14］Krupa K C，Quick M M， Andrews A， et al. A collaborative health promotion effort： nursing students and Wendy's Team Up［J］. Nurse educator，1992，17（6）： 35-37.

［15］Katzenbach J R， Smith D K. The rules for managing cross - functional reengineering teams ［J］. Planning Review，1993，21（2）： 11-12.

［16］彼得·德鲁克.巨变时代的管理［M］.朱雁斌，译.北京： 机械工业出版社， 2018：82-87.

［17］Kamm，J B，Shuman，J C，Seeger，J A，et al. Entrepreneurial teams in new venture creation: a research agenda［J］. Entrepreneurship Theory and Practice，1990，14（4）： 7-17.

［18］Filley A C，House R J，Kerr S. Managerial process and organizational behavior［M］. Scott， Foresman， 1976.

［19］Schjoedt L， Kraus S.Entrepreneurial teams： definition and performance factors［J］. Management Research News，2009，32（6）： 500-513.

［20］Eborah H Frances，William R Sandberg. Friendship within entrepreneurial teams and its association with team andventure performance［J］. Entrepreneurship Theory and Practice，2000，25（2）： 5-21.

［21］ Watson W E, Ponthieu L D, Critelli J W. Team interpersonal process effectiveness in venture partnerships and its connection to perceived success ［J］. Journal of Business Venturing, 1995, 10: 393-411.

［22］ 段锦云, 王朋, 朱月龙. 创业动机研究: 概念结构、影响因素和理论模型 ［J］. 心理科学进展, 2012, 20（5）: 698-704.

第四章
创业机会与风险

知 识 框 架 图

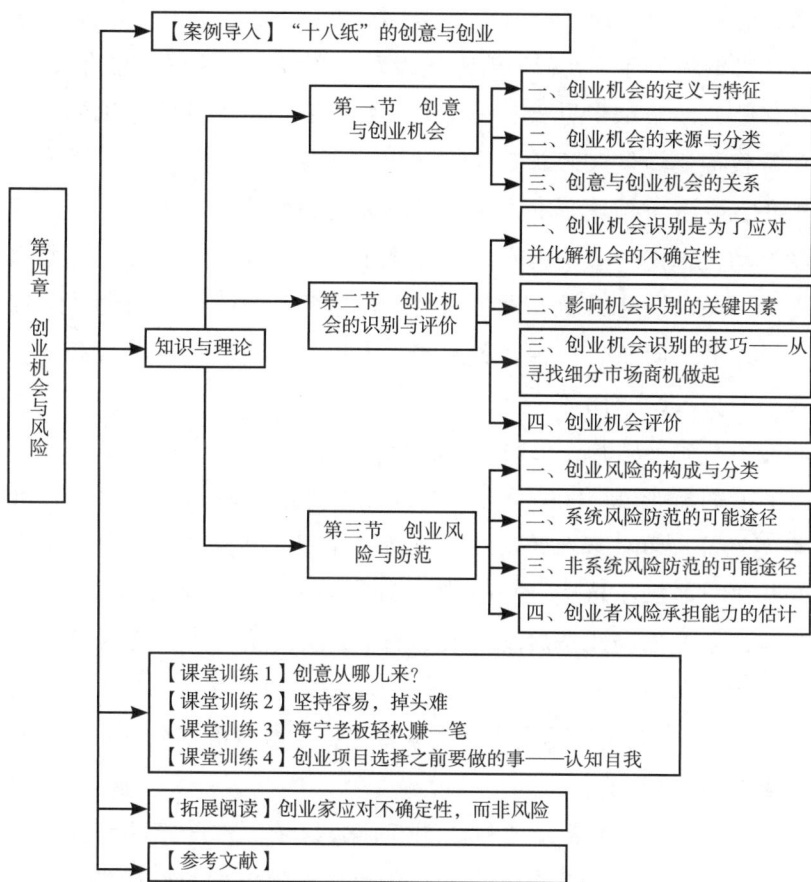

▶▶▶ 案例导入

"十八纸"的创意与创业

"十八纸"是 2013 年成立于深圳的家具品牌,主打风琴式纸质坐具。十八纸最大的特点在于其独特的结构:储存的时候可以变作平板状进行收纳,多人的坐具打开时可变换大小与造型。这种设计为它赢得 iF 和红点等多个奖项。现在,"十八纸"风琴家具已经在越来越多的场合出了风头。

　　"十八纸"的诞生是时代大潮下标准的创业故事，刘江华毕业于北京林业大学园林专业，他是一个爱折腾、爱幻想、爱创意的青年，平时就喜欢创意产品。2006年，刘江华大学毕业后留在北京"北漂"。那时他屋里用的是传统的板式纸家具，价格不贵。由于租房子住，要经常搬家，最多的一年搬了3次家，买的家具又很难搬，有的家具搬一两次就坏了，所以他基本上不配家具。一个周末的午后，刘江华邀了三五好友来家小聚，却发现家里根本没法让朋友们落座。于是，他开始思考怎样能做出轻便、耐用、便于收纳的家具来。

　　他想到用传统的瓦楞纸能不能做成家具呢？他从北京郊区进了一面包车的原材料在自己的出租屋里倒腾。有一天，他无意间瞟到了带回来的原材料中有一块蜂窝纸芯，它能伸缩又环保，刘江华脑中冒出了一个大胆的想法：做能伸缩像风琴一样可以折叠的纸家具。就是模仿蜜蜂巢穴的正六边形结构，这种结构用料最简，强度又高，已经出现了四五十年，在多个领域都有应用。门板和桌面的蜂窝填充，瓦楞纸箱的内部，用的都是这种结构，但是一直没有人往家具这个方向去深入开发。刘江华做的，只是让蜂窝结构更加"显眼"地出现在人们面前。风琴家具所有的原料都是从国外进口的纸浆，都是长纤维的，耐折、耐挫，并且颜色也很好看。在研发的过程中，刘江华将蜂窝纸的口径加大，除此之外，在一步一步收集信息的过程中，刘江华还作了防水处理。通过不断试验并不断完善结构，他的纸家具诞生了，起名为风琴家具。

　　虽然风琴家具的雏形在2009年前后已经完善得七七八八了，但是初次创业缺乏经验，刘江华失败了。面对家人的反对，他搬去深圳，在朋友的设计公司安分工作，将风琴纸凳和梦想一起压在箱底。2013年，刘江华发现，市面上仍然没有开发制作这种风琴式的家具，于是他和几个朋友商议了一下，决定重头来。2013年年底，他注册了"十八纸"，开始在淘宝上销售。

　　在2014年12月6日的《快乐大本营》节目中，原本只有不到一人宽长度的纸凳，被拉伸成可同坐27人的长度。

　　虽然说十八纸在2013年成立之初还没有什么销量，但是产品的独特性、极具噱头的呈现方式、美观的造型和几个月内就浪费两吨纸的精细推敲研发，让节目制作人和有品位的设计师顺藤摸瓜，找到这家当时毫不起眼的小店。2014年，风琴凳出现在交换空间，被设计师灵活应用在孩子的卧室里。当年的12月6日，风琴沙发的加长版亮相快乐大本营。在节目里，那款加长版风琴纸沙发成功承重54人。有了设计师和明星的背书，淘宝的发掘和主推，"十八纸"的销量开始慢慢增加。

　　现在，十八纸在淘宝、京东上都有销售，在上海、深圳的创意店铺都有实体产品展示和销售，另有两三个人的团队负责外贸销售。把坐具发展好之后，刘江华联合同样在"纸"上做设计的设计师于光，研发了灯具、家居等新产品。

这个起家于淘宝的原创品牌,在创意、制作、实用上,都具有竞争力。作为本土品牌,十八纸是否会在中国走向世界的过程中成为下一匹黑马呢?

资料来源:由十八纸官网网站资料改写

案例问题:

1. "十八纸"的初次创业为什么会失败?
2. 如何评价"纸凳子"的创意?
3. 创意是怎样成为创业机会的?

知识与理论

第一节 创意与创业机会

一、创业机会的定义与特征

(一)创业机会的定义

机会(Opportunity)在英语中由词根"op-"(表示"面临")和词根"port-"(表示"港口")组成,有"通道、路径"的含义。在汉语中,《辞海》对"机会"的解释是:要害、关键;适当的时机;恰当的时候。机会可以表述为从事某项活动的有利通道和恰当的时机。

创业机会也是一种机会,Kirzner(纽约大学)认为创业机会就是未明确的市场需求或未充分使用的资源或能力。Venkataraman认为创业机会包含一系列想法、信念和行动,使得能在现有市场上,创造缺少的产品或服务。Casson认为创业机会就是使新产品、服务、原材料和组织方法的售价高于其生产成本。张玉利认为创业机会是不拘泥于当前资源条件的限制下对机会的追寻,将不同的资源进行组合以利用和开发机会并创造价值的过程。

创业机会是产生新产品和服务的机会,也是创业者可利用的商业机会,是一种未来可能盈利的机会,它需要创业者以实际行动进行支持,并通过具体的经营措施来实施,以实现预期的盈利。创业机会是动态发展的,需要创业者在机遇面前雷厉风行夺得先机,在市场快速的变化中以敏锐的眼光捕捉新的商机,从而掌握生产经营的主动权,取得较好的经济效益和社会效益。

创业机会具有很强的时效性,甚至瞬间即逝。而创业机会又总是存在的,一种需求被得到满足，另一种需求又会产生；一类机会消失了，另一类机会又会产生。大多数创业机会都不是显而易见的，需要去发现和挖掘。

（二）创业机会的特征

创业机会是具有商业价值的创意，是一种特殊的商业机会，创业机会表现为特定的组合关系，是滋生商业机会的重要源泉。事实上，大多数创业者都是把握了创业机会从而成功创业的，一旦创业成功，不仅会改变人们的生活和休闲方式，还能创造出新的产业。随着人们对创业机会价值潜力的探索，会逐渐衍生出一系列的商业机会，从而滋生出更多的商业活动。Timmons认为创业机会具有吸引力、持久性和适用性。对于创业者来说，创业机会只有符合创业者的能力和目标才是有价值的。

真正的创业机会应具备以下一些特征：

（1）创业机会的价值性

好的创业机会对创业者具有强烈的吸引力，能创造较大的价值。创业机会有营利性，创业者针对创业机会所采取的活动才会有意义，创业者才会利用手中的资源去开发创业机会。创业者寻找和开发创业机会的根本目的就是利用创业机会的营利性创办企业从而获取财富，为消费者创造价值。如果一个创业机会不能为创业者创造可能的价值，那么它对创业者就失去了吸引力。营利性是创业机会存在的根本前提。

（2）创业机会具有持久性

创业者需要通过创业机会建立企业，并希望其不断发展壮大，他们追求的创业机会并不是昙花一现的、一次性的，短暂的回报不是创业者所期待的，他们需要的是能够持久盈利的创业机会。

（3）创业机会的时效性

创业机会必须在机会窗口存续的时间内被发现并利用。若竞争对手已经有了同样的创意，并已把产品推向市场，那么机会之窗也就关闭了。也就是说，越早发现创业机会并采取措施将机会付诸实施，成功的可能性就越大。

（4）创业机会具有客观性

无论创业者是否意识到，市场机会总是客观存在于一定的市场环境中。一个创业者未能发现的机会，会被另一个创业者捕捉和利用。创业者应积极从市场环境变化的规律中寻找机会。

（5）创业机会符合社会大众的利益

在很多情况下，机会并不能为人们谋利，或者表面上迎合了市场，在长远中却让人们失去了自我，不能让人们获得更多和更大的幸福。例如，喂色素促成假红心鸡蛋，在猪肉里注水增加重量，以次充好、假冒伪劣等，虽然能够赚钱，但是这样的产品损害消费者的健康并且违背了社会正常竞争秩序，这样的机会不仅不能持久，还会使自己的人生陷入囹圄。

（6）创业机会要与个人相匹配

马克·吐温曾说过，"我极少能看到机会，往往在我看到机会的时候，它已经不再是机会了"。作为创业者，难能可贵之处就在于能发现其他人看不到的机会，并迅速采取行动把握创业机会创造价值。从创业机会的角度来说，创业机会本身是一种个性化的东西，对于某些人来说是创业机会，但同样的机会，对于其他人来说可能并不是创业机会。这与创业者本身拥有的人力资本（包含知识、能力、个人信念以及价值观等方面）、物质资本（有形资产）、技术资本（生产经验和各种工艺、操作方法与技能等）、金融资本（货币资产）及社会资本（创业者的社会网络联系及网络中的各种资源）相关，创业机会是与个人相匹配的。

二、创业机会的来源与分类

（一）创业机会的来源

创业机会本质上来源于变化和创新。没有变化，就不会有机会，如市场的变化，包括新需求的产生、市场供求关系的转变、市场竞争态势的变化等。这些变化，也包括技术的发展，如市场需求或其竞争关系变了，意味着新的独特需求产生了。欲获取市场需求变化创造的盈利空间，商家（企业或创业者）需要借助于技术或商业模式方面的创新来获取利润。这时，技术的发展即变化就发生了。由此可知，某个创业机会的形成，往往伴随着市场和技术近乎同期的变化。

Holcombe 提出创业机会的来源可归纳为 3 种：一是打破市场平衡点的因素；二是提高产量可能性的因素；三是创业机会来源于其他创业活动。创业者创造出一种新产品或新服务，由此带来的资源新组合过程本身就是新机会的创造过程，同时创造了更多新的创业机会。霍尔库姆认为创业活动本身创造了更多的创业机会。

我国学者对创业机会的来源进行了探索。刘常勇指出创业机会的来源有 4 个：一是现有产品或服务的设计改良；二是追随新趋势潮流，如电子商务与互联网；三是时机合适；四是通过系统研究来发现机会。虽然学者们对创业机会的来源从不同角度进行了分析，也形成了各自不同的观点，但学者们普遍接受的观点认为，创业机会产生于一定的环境中，创业机会的出现往往受到环境的变动，市场的不协调或混乱，信息的滞后、领先或缺口以及其他因素的影响。也就是说，在一个自由的企业系统中，当行业和市场中存在变化的环境以及各种各样其他变化，如技术革新、消费者偏好的变化、法律政策的调整等，创业机会就可能产生。

从宏观的角度来看，知识经济的发展与当前的经济转型过程带来无数的创业机会，促进了当前创业活动活跃的创业形态。人类的经济发展史大致可以分为农业经济、工业经济、知识经济等阶段。

农业经济又称劳动经济，即经济发展主要取决于对劳动力资源的占有和配置。在这一经济阶段中，人们采用的是原始技术，主要从事农业生产，辅以手工业。工业经济又称资源经济，即经济发展主要取决于对自然资源的占有和配置。自 19 世纪以来，世界发达国家陆续完成了工业革命，开启了工业经济的时代，这一阶段的经济发展主要取决于自然资源的占有，知识对经济的作用尚未起到决定性作用。知识经济是指建立在知识和信息的生产、分配和使用基础上的经济，它是与农业经济、工业经济相对应的一个概念，是一种新型的富有生命力的经济形态。人类社会正在步入一个以现代科学技术为核心，以知识资源的占有、配置、生产、分配、消费为重要因素的新的经济时代。

知识经济催生了一大批以知识的生产和应用为特征的新企业的诞生，使智慧、创意、创新、速度等成为竞争优势的关键来源，形成了有利于创业活动开展和中小企业发展的良好环境。在现代社会生产中，知识已成为生产要素中一个最重要的组成部分，以知识的生产和应用为核心的经济转型正在进行，由此带来了无数的创业机会，促进了当前创业活动活跃的创业形态。

具体归纳起来，创业机会主要源于以下 5 个方面：

1. 技术变革

新技术的出现会使社会和新兴行业增加对本行业产品的需求，从而产生一系列新的创业机会，使得企业开辟新的市场和新的经营范围。新技术与知识的出现会导致企业生产过程、产品、市场的变化，这些变化都可能给创业者带来某种商业机会。例如，随着行业互联网的普及，网购已经成为一种基本的购物方式，但在网民当中仍有相当数量的人出于对网络购物安全性的担忧，不愿尝试这种消费模式。在这样的背景下，线下代购店应运而生。在线下代购服务点，消费者可以通过网上浏览或者线下宣传册获取产品信息，选择所需的产品，确认型号、尺寸之后告诉代购店，由线下代购店负责在线订购，消费者只需要和代购店进行简单交易即可。可见，代购店的出现很好地解决了特定人群对新技术的不适应问题。

2. 政治和制度变革

政治和制度的变革意味着原有制度的废除或调整，新制度的建立或许能为创业者创造新的机会。例如，谢恩教授提到，环境保护和治理政策的出台会使那些污染严重、对环境破坏大的企业难以有发展空间，而新型环保企业却如雨后春笋般迅速发展，如环保节能汽车。政府放松对经济的管制也会给新创企业带来更大的市场空间，如美国对航空业管制的取消带给西南航空公司极大的成长机会，又如中国国有企业从一些领域退出给民营企业的发展带来了机会。2011 年 5 月，酒后驾驶违法行为已上升为违反《中华人民共和国刑法》的行为，由此过去"叫好不叫座"的酒后代驾服务开始走俏。中国的酒文化源远流长，亲朋好友聚会，应酬接待，开车人常常很难推却喝酒的邀约。随着"醉驾入刑"，"酒后代驾"服务很好地解决了饮酒助兴与驾车安全之间的矛盾，赢得了有车一族的青睐。

3. 社会和人口结构变革

社会和人口结构的变革是指改变消费者的偏好，创造需求，从而使创业者拥有开发新产品的机会。例如，向人们传授口腔健康知识，从而使牙膏与牙刷成为必需品。

4. 产业结构变革

产业结构变革是指现有的为消费者提供产品或服务的企业因为各种原因的消亡而引起了行业或市场结构的变化，这些变化可以为企业带来成长机会。产业中的市场机会会受产业生命周期中 5 种竞争（供给方、需求方、现有竞争者、潜在竞争者、替代品）作用力变化的影响。产业生命周期理论告诉我们，一个产业要经历导入期、成长期、成熟期、衰退期 4 个阶段。不同的产业阶段，意味着具有不同的市场结构和 5 种不同的竞争作用力，这就创造了不同的市场机会。例如，随着国企改革的推进，民营中小企业除了涉足制造业、商贸餐饮服务业、房地产等传统业务领域外，还将逐步进入中介服务、生物医药、大型制造等有更多创业机会的领域。

5. 行业波动性

当行业发展受市场变化影响较大时，该行业就会发生波动，这种波动导致现有市场均衡状态的偏离、市场断层产生，新的利润机会出现，进而会促进更多的新企业来满足这种差异化的需求。这种行业的波动是不能事先预测和确定的，甚至行业波动的不确定性越大，产生的市场机会就越多。波动性较强且频率较大的行业更有利于新企业的形成。

小·知识

颠覆性创新

颠覆性创新是创新创业机会来源的驱动因素之一。颠覆性创新对现有市场具有颠覆性的影响。它推翻了现有的主导产品和服务，给现有顾客、企业和产业带来不确定性。颠覆性创新这个词是克莱顿·克里斯坦森和约瑟夫·保尔在他们的文章《颠覆性科技：赶上潮流》中创造出来的。在文章及在克里斯坦森后来所著的《创新者的窘境》中，他们讲述了在计算机硬盘产业里，颠覆性创新如何摒除过度服务现有顾客的公司，并催生出了一批使用新科技的新企业的故事。

蓝海战略

蓝海战略提供了一个发现创业机会的例子。红海和蓝海是用来比喻市场环境的。红海是指现存的市场——已知的市场空间。在红海里，产业边界已经确定并广为接受，人们熟悉游戏规则。蓝海是指目前不存在的产业——尚未发现的市场空间，不受标准、期待和竞争的制约。在蓝海里，市场需求是创造出来的，而不是通过竞争得来的，那里存在很多利润丰厚而且发展迅速的机会。在蓝海里，竞争是不相干的，因为游戏规则还有待建立。蓝海战略旨在玩一个不同的游戏——目标在于创造一片片的新市场。正如颠覆性创新所做的那样，蓝海战略为环境创造出了新的不确定性，而不是试着对环境所造成的不确定性作出反应。蓝海战略这个词是金和莫博涅在他们合著的《蓝海战略》一书中提出的。

（二）创业机会的分类

典型的创业过程包括机会发现、评价和开发等一系列活动，创业者在这个过程中不断获取资源，选择组织方式和制订创业战略。然而，创业者所采取的具体行动和对创业资源的配置取决于创业机会的来源和类型。创业者发现和把握的机会不同，创业活动也随之不同，创业的结果也存在着差异。有必要进一步了解创业机会的不同类型，思考的角度不同，创业机会的分类也不同。

1. 根据创新的类型分类

创业的本质是创新，创业是创新的实现方式之一。在创业者从事创业的过程中，创新是展现创业者精神的特定工具，是赋予资源一种新的能力，使之成为创造财富的活动。创新分为需求拉动型创新和技术推动型创新。相应地，创业也可分为商机诱发型创业和创意推动型创业。在这两类创业中，商机都是不可或缺的极为重要的要素。

所谓商机诱发型创业，即细分市场中出现了某种可持续需求的商机，由此诱发了创业者推动创业的后续相关环节，如创意构想、获取资源与起步实施、市场回应。在这类创业中，发现市场商机是创业的逻辑起点。

创意是具有一定创造性的想法或概念，既可能具有商业价值，也可能不具备商业价值。创业需要的是有较大商业价值的创意。所谓创意推动型创业，即创业者开发了某种自认为可为用户创造并传递价值的创意，基于此推动创业的后续环节，如甄别可以开发的细分市场、获取资源与起步实施、市场回应。在这类创业中，细分市场是否存在显在或潜在机会，是创意是否有商业价值的试金石。

由前述不难看到创业绕不开商机。没有商机，创业者就没有必要继续前行。市场回应是商机诱发型创业和创意推动型创业共有的环节。所谓市场回应程度，即市场接受创业者推向市场的产品或服务的程度。只有当市场加大程度地接受创业者推向市场的产品或服务的情况下，创业者的努力才可能实现它的货币价值。市场回应程度可以检验、甄别创业者对细分市场商机判断的准确程度。

2. 根据创业机会的来源分类

根据创业机会的来源，可以将创业机会分为问题型机会、趋势型机会和组合型机会 3 种类型。

所谓问题型机会，是指由现实中存在的未被解决的问题所产生的一类机会。问题型机会在人们的日常生活和企业实践中大量存在，如消费者的不便、顾客的抱怨、大量的退货、无法买到称心如意的商品、质量差的服务等，在解决这些问题过程中，会存在着价值或大或小的创业机会，需要用心发掘。

所谓趋势型机会，是指在变化中看到未来的发展方向，预测到将来的潜力和机会。这种机会一般容易产生在时代变迁、环境动荡的时期。在这种环境下，各种新的变革不断出现，但往往不被多数人认可和接受，一般处于萌发阶段。一旦能够及早地发现并把握，就有可能成为未来趋势的先行者和领导者。趋势型机会一般出现在经济变革、政治变革、人口变化、社会制度变革、文化习俗变革等方面，一旦被人们认可，它产生的影响将是持久的，带来的利益也是巨大的。

所谓组合型机会，是指将现有的两项以上的技术、产品、服务等因素组合起来，实现新的用途和价值而获得的创业机会。这种机会类型好比"嫁接"，对已经存在的多种因素重新组合，往往能实现与过去功能大不相同或者效果倍增的局面。

3. 根据"目的 - 手段"关系的明确程度分类

根据"目的 - 手段"关系的明确程度，可以将企业机会分为识别型机会（目的 - 手段关系明确），发现型机会（目的 - 手段关系有一方不明确）和创造型机会（目的 - 手段均不明确）3 种类型，见表 4.1。

表 4.1 根据目的 - 手段关系的明确程度分类

手段＼目的	明　确	不明确
明确	识别型机会	发现型机会
不明确	发现型机会	创造型机会

识别型机会是指创业者面向现有市场的创业机会。现有市场通常是已有企业在经营，并且往往是一些比较成熟的企业，创业者只有通过有效的创新手段，应用新的经营模式，才能在市场上占有一席之地。例如，戴尔电脑以直销模式掀起了个人电脑行业的一次革命，戴尔直销模式是指按照客户需求制造计算机，并凭借其强大的物流体系向客户直接发货，使戴尔公司能够最有效和明确地了解客户需求，进而迅速对市场作出反应。与传统的分销相比，这种直接的商业模式消除了中间商，降低了不必要的成本，也减少了产品在路途上的时间，让戴尔公司更好地满足了客户的需求。

发现型机会是指面向空白市场的创业机会。空白市场属于尚未被开发或被大企业关注较少的市场。例如，缝隙市场，只要经营得当也会创造较大的价值。格兰仕在 1992 年选择将家用微波炉作为单一业务；聚龙集团在 1998 年选择指甲钳作为新业务，现已成为中国第一、世界第三的指甲钳生产商。

创造型机会是指面向全新市场的机会。这一市场的创业机会不属于任何已经存在的企业。创业者可以根据消费潮流的变化，捕捉可能出现的市场机会，也可以根据消费者的心理，通过产品或服务的创新，引导需求并满足需求，从而创造一个全新的市场。在这个全新的市场上暂时没有竞争对手，但也没有现成的经营模式可循。在这种情况下，创业者需要警惕的是，这一个全新的市场是否具备高度成长的可能性。

Sarasvathy（弗吉尼亚大学）认为，这 3 种机会观正确与否并不重要，重要的是弄清这几种机会观所适用的情境。在商业实践中，识别型、发现型和创造型 3 种类型的创业机会可能同时存在。一般来说，识别型机会多半处于供需尚未均衡的市场，创新程度较低，这类机会并不需要太过繁杂的辨别过程，只要拥有较多的资源，就可以较快进入市场获利。获取创造型机会非常困难，在创业者拥有的技术、信息，资源规模相当有限的情况下更需要创业者拥有整合资源时能力利敏锐的洞察力，同时还必须承担巨大的风险。发现型机会是最为常见的，也是目前大多数创业研究的对象。

三、创意与创业机会的关系

创意是一种思想、概念或想法。创意与点子不同，区别在于创意具有一定的商业指向。创意是具有一定创造性的，有的创意能够很快甚至同时被创业的人发展成为可以在市场上进行检验的商业概念或者市场机会。但创意并不等于创业机会。新的或者改进的产品与服务中肯定不缺乏各种各样的创意，企业家、发明人、革新家、大学生的新主意往往层出不穷。有了好的创意也仅仅是一个火花，要实现一个创意，还有很多工作要做。创意可能满足也可能不满足创业机会的标准，是否具有商业价值存在不确定性。

一般说来，在创意产生以后，创业者必须要对市场进行调研，收集数据信息，然后对创意进行识别分析，只有具备实现可能的创意才能成为初步的创业机会。研究表明，有价值潜力的创意一般会具有独特、新颖、 模仿、客观、真实、可操作等基本特征。

创意最初来自创业者的兴 积累或者是创业者对信息的把握。由兴趣爱好而激发的创意往往是为了满 。由其工作多年的经验积累和对市场信息的把握而产生的创意则往往是 市场供求关系和产业的了解，产生满足市场的需求，即市场供求关系结构上的缺 或者市场上的新需求。值得注意的是，出于满足自身需求动机的创意，只有在与市场需求相契合时才有实现的可能。这个实现可能性主要体现在市场是否接受。

创意的新颖性可以是新的技术和新的解决方案，可以是差异化的解决办法，也可以是更好的措施。新颖性意味着一定程度的领先性，可以加大模仿的难度。不具有新颖性的创意不会吸引投资者和消费者。

此外，有价值的创意绝对不会是空想，而要有现实意义，具有实用价值。一个简单的判断标准是：创意是否能够开发出可以把握机会的产品或服务，市场上存在对产品或服务的真实需求，或者可以找到让潜在消费者接受的产品或服务。

同时，创意的根本是价值特征。有潜力的创意还必须具备用户价值和投资价值。创意的价值要靠市场来检验，好的创意需要进行市场测试。好的创意要能给消费者带来真正的价值。同时，好的创意必须给投资者带来价值，这也是投资动机产生的前提。

针对特定的市场机会或商业机会，创业者如果不能开发出可与之匹配的创意，这样的市场机会或商业机会也不能被视为创业机会。许多企业创业失败，并不是创业者没有努力，而是没有真正的机会去开始。在因商业创意而激动兴奋之前，创业者必须了解该创意是否能够填补市场的某种需要，以及是否满足了机会的标准。对于创业者来说，理解机会和创意之间的区别非常重要。

综合起来看，创业机会是指有利于创业的一组条件的形成情况。这组条件至少包含以下要素：

①某个细分市场存在或新形成了某种持续性需求。

②拟创业者开发了或持有有助于满足前述市场需求的创意。

③创业者有能力、有资源，可实施所持有的创意。

④创业者将自己的创意转变为具体的产品或服务，不需要大规模的资金（轻资产）和大的团队（小团队）。

当这4个要素都得到满足之时，才可认为客观上存在或形成了某种创业机会。

如果创业者能够开发出与特定市场需求相匹配的创意，但实施相应的创意需要较大规模的资金（重资产）和团队（大团队），则这样的商机也不能被视为创业机会。因为创业者起步之初，多数缺的是资金和众多的追随者，需要重资产、大团队的商机，只是规模达到一定阈值的企业的商机，创业者如硬要跟进这样的商机，多数会溃败而归。

基于以上，不难知道，创业机会本质上是商业机会、创意、轻资产、小团队4个要素的有机组合。

课堂训练 1

创意从哪儿来？

每年的12月底到来年2月初的一两个月时间是MIT的独立活动期（Independent Activity Period，IAP）。独立活动期是MIT学生最自由的一个多月，可以做任何想做的事情，创意在这一个月也特别活跃，有些甚至转化成了创新甚至创业，机器人公司irobot就是这样创办的。

1988年1月，MIT的学生发明了一种游戏，叫"辨认罗德（Recognize Rod）"。学生们把MIT人工智能专业里一个名叫罗德的教授的头像印在纸板上，用机器人控制水枪向罗德教授"发射"。游戏规则是，不管罗德教授的头像放到哪里，机器人都应该在1分钟内辨认出此头像是不是罗德，如果是，那就可以对准罗德教授的鼻子打水枪。

开始时参加者寥寥无几，罗德教授知晓此事后决定"牺牲"自己，发出通知："每天下午4点到5点，我将会取代我的头像出现在技术广场，你们可以用机器人控制水枪对准我。"他说到做到，每天下午4点，罗德坐在那里和学生开玩笑。一个星期过去了，罗德教授的衣服基本是干的。大多数机器人1分钟内还作不出射击目标的判断，因为它们还无法辨认谁是教授。就在独立活动期快结束时，一个叫海伦的女生，第一次射中教授的鼻子。海伦坐在教授的旁边，水枪只射教授，不射海伦。第二个学生科林设计的机器人也开始了辨认游戏，但却故意将水射到罗德教授的裤子上，罗德教授知道自己被"愚弄"了，也颇为无奈，只得与学生们一同玩笑。

不久，参加"辨认罗德"游戏的优胜者科林和海伦，从美国国防部拿到 5 万美元的资金，一边读书，一边创业，在 MIT 校园内，创立了 irobot 公司。在阿富汗、伊拉克等危险地方，这种机器人发挥了重大的作用。 irobot 也成为全世界技术含量最高的机器人公司。2011 年， irobot 销售了超过 600 万台家用吸尘机器人，缔造了有史以来消费性机器人最好的销售成绩。

案例来源：黄亚生，张世伟，余典范，等 . MIT 创新课［M］. 北京：中信出版社，2015.

分析问题：

1. 创意来源于哪儿？

2. 案例中创意是如何转变成创业机会的？

第二节 创业机会的识别与评价

识别创业机会包括发现机会来源和评价机会价值。一般应澄清 4 个基本问题：第一，机会何来？创业者应该找到创业机会的来源在哪里。第二，受何影响？创业者应该找到影响创业机会的相关因素。第三，有何价值？创业者应该找到创业机会所具有的并能被评价的价值。第四，如何实现？创业者应该明了能通过什么形式或途径使机会变成实际价值。围绕这些问题，创业者在识别创业机会阶段需要采取行动多交流、多观察、多获取、多思考、多分析，最终抓住创业机会。

识别创业机会是思考和探索互动反复，并将创意进行转变的过程。从最初创意的酝酿，机会的搜寻和评估，到最后创业决策的制订，创业者在此过程中不断地权衡创业机会预期价值实现的可能性，这一过程就是创业机会的识别过程。其具体程序如图 4.1 所示。

一、创业机会识别是为了应对并化解机会的不确定性

创业机会是 4 个要素的有机组合，每个要素自身都有不确定性，这就使得创业机会也会有一定程度的不确定性。

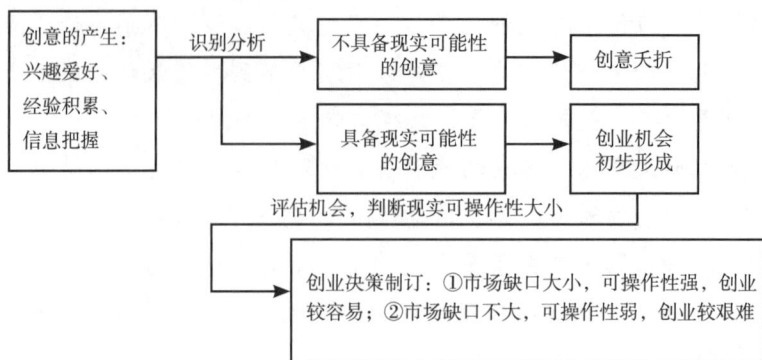

图 4.1　识别创业机会的一般过程

资料来源：李丹.创业机会的一般识别过程［J］.投资与合作：学术版，2012（02）：199.

第一，客观上，特定商机具有不确定性。商品市场的不确定性是司空见惯的现象。典型的是，原本市场上需要某种商品，但"半路杀出个程咬金"，某种替代品的出现，可能导致原本有需求的商品这时没有需求了。于是，前面出现的商机即消失了。可见，商机的不确定性是常见的现象。

第二，特定创意与商机的匹配关系具有不确定性。创意与商机的匹配，客观上是一个动态的过程。创业者主观上期望自己的创意与客观上存在的商机相匹配，但创意是创业者创造性的智力成果，创意的客观效果与主观期望往往存在差异，这就可能使特定创意与商机的匹配关系处于不确定的状态。

第三，创业者是否有能力实施相应的创业具有一定的不确定性。创业者利用特定商机与创意的匹配关系而实施自己的创业，多数会认为自己有能力将相应的创业往前推，但即便是经验丰富的创业者，也只有真正步入创业之后，才会证实自己的能力是否真的与客观需要是一致的。

第四，创业者能否获得创业所需要的资源具有不确定性。创业者不可能起步之初即拥有创业所需要的所有资源，而是需要从核心团队之外的个人或机构（含企业）获取相应的资源（人、财、物）。但是，资源是需要通过市场交易才可能获得的。创业者需要的某些资源，可能在创业者可触及的范围内，根本就不存在相应的供给者，也可能存在创业者需要的各种资源的潜在供给者，但在潜在供给者认为将相关资源提供给创业者有可能伤害自己的利益时，他们不会将相关资源提供给创业者。

既然前述 4 个要素都具有不确定性，则创业机会必然也具有不确定性。创业机会识别的动因之一，就是为了应对并化解机会的不确定性。凡事预则立。为规避或减少创业机会的不确定性，创业者需要进行创业机会的辨识，且理性识别机会有助于规避或化解创业的风险。

创业机会的识别是一个反复探索的过程。创业机会不同于一般性商机，创业机会的内在结构复杂于一般性商机，这就使得创业机会的识别难于一般性商业机会的识别。特别是，一般性商业机会多数是显在的，而创业机会多数是潜在的。这更加使得创业机会的识别远难于一般性商业机会的识别，进而使得创业机会的识别成为一个需要反复探索的过程。创业者一是需要深入调研，甄别细分市场商机，并精细构思、设计自己的创意；二是要反复考察，论证创意、商机两者的匹配程度；三是需要反复调查，分析能否在恰当的时间获得实施相应创意所需要的资源和能力。

创业机会识别是将"创业的冲动"变为"理性的创业"的关键环节。理性的创业者如果没有发现适当的创业机会，多数绝不会茫然创业。而那些简单地将一般性商机理解为就是创业机会的人，多数会陷入盲目的创业冲动之中。没有发现适当的创业机会，就从一般性商机出发而创业，很可能遇到潜在的竞争者特别是既有企业的竞争。如果创业者发现的一般性商机是昙花一现的，则创业还没有实质性起步，可能商机就已经消失了，新创企业要么需要重新去发现真正的创业机会，要么只能被淘汰出局。

二、影响机会识别的关键因素

（一）创业者个人因素对识别创业机会的影响

创业机会是客观存在的，但创业者能否恰当地发现、认识和把握创业机会，更多的是一种主观的结果。在现实中，即使某个机会已经表现出良好的经济预期价值，但并不是每个人都能识别出这个创业机会。创业者根据自身因素从不同角度对创业机会进行观察和理解，会形成不同的认识和决策。

相应地，创业者能否恰当地把握创业机会，主要受到以下 5 类因素的影响：

（1）创业者的创业愿望

创业愿望是创业的原动力，它推动创业者去发现和识别市场机会，只有描绘出强烈的愿望，从内心深处相信可以实现它，才能够突破困境、成就事业。稻盛和夫描述成功的公式：人生和事业的结果是方法、愿望和能力的乘法。马云也曾说："若你没有坚信不疑的事情，那你不会持续走下去，当你开始坚信一点点，就会越做越有意思。如果没有创业意愿，再好的创业机会也会被视而不见或失之交臂。"

（2）创业者已有的先前经验

创业者已拥有的知识或在特定行业中的先前经验有利于识别创业机会。先前经验，即创业者以往的创业实践和其他商业实践，即便是打工，也会给创业者沉淀一些商业经验，这对创业者识别创业机会产生一些影响。一般而论，创业者的商业实践越丰富，则越能全面地理解、考察和认识创业机会；反之，创业者的商业实践越粗浅，越会片面地理解、考察和认识创业机会。此前创业者在商业实践中的位置高低，也会影响创业者对创业机会认识的全面程度和深刻程度。

另外，创业者此前的"成功实践"和"受挫实践"，也会影响创业者的机会识别。如果创业者先前的商业实践中有诸多的"成功实践"，这通常有助于他恰当地分析和认识新的商机。面对新的创业机会，创业者多会抱有积极的心态，在理性分析的基础上，选择适合自己的创业机会。如果创业者先前的商业实践中有诸多的"受挫实践"，这通常会使他看不到新的商机，甚至面对很恰当的创业机会，创业者也多会抱有难以作为的心态，进而很可能放弃原本适合自己的创业机会。在后一种情况下，有诸多"受挫实践"的创业者，可能更适合加入他人的创业团队。

此外，在特定产业中的先前经验有助于创业者识别出商业机会，这个人将比那些从产业外观察的人，更容易看到产业内的新机会。这称为"走廊原理"，它是指创业者一旦创建企业，他就开始了一段旅程，在这段旅程中，通向创业机会的"走廊"将变得清晰可见。

（3）创业者的知识和创业能力

现代经济已进入"后工业社会"，领域知识对创业活动的推动和组织越来越重要，也影响了创业者的创业机会识别能力。

有一类知识是创业者具有浓厚兴趣领域内的知识，在这种兴趣爱好的驱使下，创业者会花大量的时间和精力来学习提升其能力，并在这个领域内拥有非常深厚的知识积累，识别创业机会的可能性更大。例如，一个精通软件技术的创业者，对软件行业的创业机会的识别能力，多数情况下会强于不懂软件技术的创业者。精通软件技术的创业者，通常对软件行业的某个细分市场领域会有较多了解，他对这个软件细分领域的供求态势、竞争态势等有较为清晰的认识，从而在把握该细分市场的创业机会方面，有较为独到的优势。相反，在该领域缺少专业、行业、市场知识的创业者，很难拥有相近于前者的创业机会识别能力。基于此，创业者应该在自己更有专业领域知识的细分行业来发现创业机会。

还有一类知识是涉及不同的领域，这些知识来源于常年的工作积累，而与其兴趣爱好没有关系。这两个领域的整合可能直接导致其识别新机会、新市场或者发现解决顾客问题的新途径。识别创业机会在很大程度上取决于创业者的个人（团队）能力，这一点在《当代中国社会流动报告》中得到了部分佐证。该报告通过对 1993 年以后私营企业业主阶层变迁的分析发现，私营企业业主的社会来源越来越以各领域精英为主，经济精英的转化尤为明显，而普通百姓转化为私营企业业主的机会越来越少。国内外研究和调查显示，与创业机会识别相关的能力主要有远见与洞察能力、信息获取能力、技术发展趋势预测能力、模仿与创新能力、建立各种关系的能力等。

（4）创业者的创业警觉性

经济学家柯兹纳第一次提出了创业警觉性的概念，他认为创业警觉性是个体不经过刻意搜索就能够识别被他人忽视的机会的能力。柯兹纳着眼于市场过程的考察，指出经济中的当事人并不能够掌握所有的市场信息，市场的常态将不会是均衡状态，而企业家就是对那些变化着的环境或被普通人忽视的机会保持警觉的人。柯兹纳还进一步指出企业家不只对现存条件下未被开发的机会保持警觉，而且也对那些未来的机会也保持警觉。大多数学者认为，创业警觉性的提高有助于机会识别能力的提高。创业者比一般人更渴望得到多样化的信息，搜索信息的频率更高，他们对信息保持高度的警觉性。一般而言，在某个领域拥有更多知识的人往往比其他人对该领域内的机会更警觉。

（5）悟性及灵感对创业机会识别的影响

悟性是指对事物理解、分析、感悟、觉悟的能力，也指触类旁通的思维方式。悟性的基本功能，即直接认识因果关系，由效果过渡到原因，由原因过渡到效果。灵感是指人们在探索过程中由于某种机缘的启发，而突然出现的豁然开朗、精神亢奋，取得突破的心理现象。灵感会给人们带来意想不到的创造，它并不被人们的理智所控制，具有突然性、短暂性、亢奋性和突破性等特征。相应地，富有悟性和灵感的创业者，通常能比他人更快、更深刻地认识所遇到的创业机会。例如，马云通过参加前外经贸部的"电子口岸"项目，发现了构建电子商务公共服务平台的创业机会。而在马云认识到这一创业机会的同时，今天的其他电子商务创业者当时还被"蒙在鼓里"。这就是其他人与马云在悟性和灵感上的差异。当然，灵感是人们通过知识、经验、思索与智慧综合实践而积淀的心理能力。创业者要想借助悟性和能力更为恰当地识别创业机会，需要在相关商业实践中持续培育和提升自己的悟性和灵感。

（二）社会网络对机会识别的影响

社会网络可以理解为社会活动参与者及其相互之间联系而形成的有机整体，是社会个体成员之间因为互动而形成的相对稳定的关系体系，即由特定的人群之间相互联系而构成的社会结构单元，它承载了相关的信息、知识、社会情感等多种错综复杂的社会资源。创业活动的参与者可以通过这种网状的社会结构单元来获取相应的资源，识别和利用客观存在着的创业机会。

创业者所处的社会关系网络对机会的感知非常重要，成功的创业企业通常能够从其社会网络中捕捉商机和获取资源，给企业创造出显性资源无法实现的价值。创业者社会关系网络的深度与广度影响着创业者对机会的识别。通常情况下，建立了大量社会与专家联系网络的人，会比那些拥有少量关系网络的人容易得到更多的机会。一个良好有效的社会关系网络能为创业者提供有价值的信息和信任基础，从侧面帮助创业者收集创业信息，并很大程度地帮助创业者识别创业机会。创业者个人与其社会网络内成员频繁、密切的交往和良好的关系，共同愿景或者共同话题，有助于创业者获取相关信息，提升信息处理的能力。社会网络提供的信息，尤其是技术，市场、价格等信息对创业者选择创业机会的市场规模、市场成长率以及机会持续时间都有很大帮助，并为创业机会带来了经济价值，市场价值以及利用价值。

关于社会网络的理论研究证实，初始阶段的创业决策很大程度取决于创业者从其社会网络中所获取的知识和社会资源。有研究表明，约有一半的创业者是通过自身社会关系网络中他人的支持和帮助而识别出创业机会的。创业者利用社会网络资源识别出创业机会的可能性将比单独行动的创业者更大，这是因为创业者在机会识别的过程中不可避免地会受到"不完全性信息"以及个人"有限理性"的影响。创业者所处的社会网络能够为其提供大量有价值的信息资源和有用的知识，从而有效地扩展自身的"有限理性"。

可见，社会网络有助于创业者获得更多有用的知识和社会资源，起到连接创业机会与创业者的桥梁作用，个人通过社会网络更易于识别出环境中的创业机会。个人所处社会网络的复杂程度、多样性，网络中各种社会关系的强度和密集程度均会对创业机会的识别产生深刻影响。

对于创业者而言，如何才能构架社会网络呢？浙江大学的赵晓东、王重鸣发现，创业者的性别和年龄并不影响创业者社会网络的规模和强度。南开大学的张玉利教授研究发现，社会交往面广、交往对象趋于多样化、与高社会地位个体关系密切的创业者更容易发现创新性强的机会。从创业者个体而言，创业者个人主动性、社会技能、成就动机和内控源是影响创业者社会网络构建的关键因素。库珀等人的研究发现，处于早期准备阶段的创业者与外界交往时，对方更看重创业者本人的各方面能力、素质以及未来的成长性等。在这一阶段，创业者学历水平显著影响其所构建的社会网络规模大小。有学者认为，创业者的心理特质差异实际上大于创业者和非创业者的差异，或许不存在典型的创业者的心理特质。创业者社会网络的构建更多的不是来自个体的差异，而是来自创造建立社会网络的环境。

（三）环境因素对机会识别的影响

创业环境可以看成影响创业活动的所有外部因素的总称。影响创业的环境因素复杂多样，创业活动的外部环境常常表现出明显的不确定性特征，这恰恰是创业机会识别的重要来源。在机会识别中所需各种信息需要从外界环境中获取，影响机会识别的环境因素包括市场因素、政府政策、法规因素、技术因素、社会文化价值观念等。创业者的个人特点、文化价值观以及独特的社会背景都有可能会对创业机会识别的过程产生非常重要的影响。

创业环境兼具有动态性、复杂性和宽松性3个方面的特点，创业机会识别是一个非常复杂的、动态的研究领域。与此同时，各种环境因素的变动可能酝酿着大量的创业机会，是各种创业机会产生的重要源泉。

创业机会是有识别规律的，获取别人难以接触到的有价值的信息与具备优越的信息处理能力共同构成创业者发现创业机会的前提条件。要想获取别人难以接触到的有价值的信息，就得在社会网络中处于更好的位置，或是处于有助于获取信息的工作或生活圈子。具备优越的信息处理能力，与创业者的智力结构、乐观的心态、敏锐的洞察力有关。面对具有相同期望值的创业机会，并非所有潜在创业者都能识别。成功的机会识别是创业者个人特质和创业者网络等共同作用的结果。

三、创业机会识别的技巧——从寻找细分市场商机做起

创业者的创业机会识别能力和识别效果受到前述因素的影响。其中，创业者对创业机会基本特征的认识，影响创业者机会识别的全面性；创业者的先前经验，影响创业者的机会识别能力和机会选择态度；创业者对领域知识的掌握程度，影响创业者机会识别的宽度和深度；创业者的悟性及灵感，决定创业者机会识别的效率和准确程度。既然创业机会识别受到这么多因素的影响，创业者就有必要掌握一些创业机会识别的技巧。

（一）商机的价值性分析——商业价值

所谓分析商机的商业价值，就是分析特定商机所对应的市场需求规模与结构，特别是该商机刚刚形成时的需求规模与结构（简称"起始规模与结构"）、可能的客户群、客户群的人文特征，以及哪些客户有可能成为新创企业的"目标客户"、哪些客户有可能成为目标客户中的"领先客户"。领先客户是新创企业未来应该首先开发的客户，并需要借助

领先客户的"示范效应"进一步去开发其他目标客户。商机总是针对细分市场而言的，不同细分市场上的商机的商业价值是不同的。但凡成长性行业中的商机，未来会有较大的商业价值。而萎缩性行业中的商机，不管该行业是"相对萎缩"还是"绝对萎缩"，对于创业者而言，这样的行业中的商机多数不是可取的商机。因为既然行业在萎缩，具体商机对应的市场需求也不会有多大的价值。

（二）商机的时效性分析——机会持续时间与市场成长性

适合创业的商机，一定要有持续性和成长性。商机的时效性分析，就是分析特定商机的持续时间与市场需求的成长性。所谓商机的持续时间，即特定商机所对应的市场需求有可能持续多长时间。相应的市场需求持续越久，新创企业越值得去追逐这样的商机。所谓商机的成长性，实际上是指特定商机所对应的市场需求的成长性。当创业者所面对的市场需求从长期趋势上看，会持续成长的情况下，市场上才可能容纳较多的企业，从而新创企业也才会有较大的成长空间。一般而言，新创企业在市场需求成长最快的时间段（简称"机会窗口"）向市场推出自己的产品或服务，才有可能尽快在市场中立足，进而为未来的成长奠定基础。

（三）机会要素的匹配性分析——商机、创意、资源、能力的匹配程度

前述多处指出，创业机会是适当的商机、有价值的创意、可得的资源、团队的能力四者的有机组合，当且仅当这4种要素处于匹配的状态时，对于特定的创业团队而言，相应的商机才能够被称为"创业机会"。基于此，创业机会的识别，还需要进行四类要素的匹配性分析。在这里，商机与创意之间的匹配是最基本的，如果这两者不匹配，此时的商机自然不能被视为创业机会，且其他要素之间的匹配性就无须分析了。如果商机与创意之间是匹配的，接下来就需要分析创业者的能力是否与自己的创意相匹配，即创业者是否有能力实施相应的创意，以及创业者是否能掌握实施该创意所需的资源。如果自己的能力、掌控的资源不足以实施相应的创意，则这时的商机也不构成创业机会。

（四）机会的风险收益性分析

多数机会都伴随着风险。前述3个环节的考察、分析，创业者都得出了"yes"（即"这是一个适合本团队的创业机会"）的判断，这时就需要进行机会的风险收益分析，以判断"固然是适合自己的创业机会，但该机会是否好到值得自己冒险而为"的问题。当且仅当机会的风险收益大到某种程度，诸如创业者"满意"的程度时，创业者才值得放心地冒险起步、启动创业。否则，就得回到第一个环节，以寻找、发现更具价值、更为恰当的创业机会。

课堂训练 2

坚持容易，掉头难

问题一团糟

印度班加罗尔市有超过 20 万辆自动三轮车。在这座没有任何地铁系统，人口超过 600 万的大都市里，这种短程的出租交通工具无疑是不可或缺的交通工具。这些简易的机械不管是运送乘客还是货物，都十分便捷高效。但是，它们对城市环境发出了挑战。三轮车司机都是个体户，在大街边来回流动，不遗余力地招着生意，给这座本已经十分拥挤的城市带来交通堵塞、烟尘弥漫等问题，同时，那些精疲力尽的买卖人或是普通居民却难以在很多地方找到空驶的三轮车。

顺利解决

交通部门的政府官员委托一名创业者，同时也是自学成才的网页设计师帕德玛西·哈里什设计一种软件系统，便于等候的乘客与空驶的三轮车之间建立联系，这个任务令哈里什意识到，她不仅能帮助解决这一城市问题，其中还蕴含着巨大商机。她开发的软件系统会从司机处接收 SMS 信息，包括所处方位及是否有空车，同时从乘客的信息中获知他们的方位以及是否有兴趣坐车。这一系统将乘客与距离他们最近的三轮车建立联系，将三轮车分派至乘客等待处。哈里什可以向每位司机收取适量的软件安装费，以及向每位软件覆盖范围内的乘客收取少量费用，余下所要做的就是让软件去解决一切问题，之后利润滚滚而来。2007 年，捷运公司诞生了。至少，理论上如此。

艰难的转折

事实上，项目启动后，该系统除了获得各路媒体口径一致的溢美之词外，没收获任何其他效果。哈里什曾付出的努力全部付诸东流：她和她的团队花了 6 个月去完善软件系统，配备了充足的接线员的呼叫中心，随时准备推广该系统的技术团队，装饰一新的三轮车，为司机们准备了统一制服，以及价值 5 万卢比的制冷系统，并从百事公司购买了饮料，用于乘车途中的销售，以便获取额外收入。但创业之路似乎永远麻烦不断，三轮车司机们并不情愿缴纳安装费，也不怎么愿意发送 SMS 信息以告知他们的当前位置。还有一个大麻烦隐藏其中，那就是整个管理环境。事实证明，启动该项目的交通管理者们并未从相关政府部门获得监管三轮车的许可，整个项目被迫中止。

彻底改变

哈里什期望回到利润丰厚的网站管理与设计领域，让其他人来处理麻烦的交通问题。但是，她的个人手机号码是捷运公司的广告上公布的乘客用于联络所需车辆的 3 个号码之一。班加罗尔多雨，一旦到了雨天，她总能接到 200～250 个电话。她的私人电话号码已经流入市场，她无法停下来。究竟什么时候坚持到底意味着愚昧？而究竟什么时候该停手不干呢？

资料来源：斯图尔特·瑞德.卓有成效的创业［M］.北京：北京师范大学出版社，2015.

分析问题：

1. 创业者的机会从哪里来？

2. 评价这个创业机会。

3. 如果是你，你会怎么办？

四、创业机会评价

将创业机会转化为创业行为，需要付出成本。当把握机会的成本大于机会带来的价值时，这个机会并不是一个有价值的创业机会。创业者发现创业机会的时候，必须迅速地识别创业机会，因为创业机会总是稍纵即逝，所以在识别出创业机会后，应客观准确地评价创业机会的价值。事实上，创业机会的价值很难准确地评估。

有人认为识别创业机会是创业天才的杰作。创业者依靠商业敏感识别，利用基本的商业敏感，根据评价体系作出判断。美国百森商学院的蒂蒙斯教授就提出了比较完善的评价方法。也有人认为创业机会的价值是可以定量分析的，如 Westinghouse 法。但问题是往往在定量评价结果出来之前机会窗口已经关闭，机会已经被具有天才型商业敏感的人抓住了。其实，评价创业机会是一项创业者艺术才华和科学才能相结合的伟大工程。创业者需要利用自己的商业敏感作出主观判断，同时也要利用一定的科学方法作出定量分析，将主观判断和客观分析相结合才能不失时机地识别创业机会。

（一）创业机会的主观评价

时间对于创业者来说，既可以是朋友，也可以是敌人。如果想要通过深刻细致的方法来评价创业机会，1 个季度可能不够，1 年不一定够，甚至 10 年都不一定够，这就是残酷的事实。而在这个现实中最困难的一点就是：创业者必须找到能把好的思路付诸实施的最佳时机，并准确把握住这个时机。创业者应该尽快地对创业机会作定性的主观判断，而后更深入地进行科学量化的评价。

1. 创业机会定性评价的原则

创业机会定性评价需回答 5 个基础问题：第一，机会的大小、存在的时间跨度和随时间成长的速度。第二，潜在的利润是否足够弥补投入的资本、时间和机会成本，继而带来令人满意的收益。第三，机会是否开辟了额外的扩张、多元化或综合的商业机会选择。第四，在可能的障碍面前，收益是否会持久。第五，产品或服务是否真正满足了真实的需求。

2.创业机会定性评价依据5项基本标准

第一，机会对产品有明确界定的市场需求，推出的时机也是恰当的。第二，投资的项目必须能够维持持久的竞争优势。第三，投资必须具有一定程度的高回报，允许一些投资中的失误。第四，创业者和机会之间必须互相适合。第五，机会中不存在致命的缺陷。

3.创业机会定性评价分为5个环节

第一，判断新产品或服务将如何为购买者创造价值，判断新产品或服务使用的潜在障碍，如何克服这些障碍，根据对产品和市场认可度的分析，得出新产品的潜在需求、早期使用者的行为特征、产品达到创造收益的预期时间。第二，分析产品在目标市场投放的技术风险、财务风险和竞争风险，进行机会窗口分析。第三，在产品的制造过程中是否能保证足够的生产批量和可以接受的产品质量。第四，估算新产品项目的初始投资额，使用何种融资渠道。第五，在更大的范围内考虑风险的程度，以及如何控制和管理那些风险因素。

（二）基于系统分析的评价

1.系统评价创业机会

对于创业者来说，关键在于如何能够从众多机会中找寻出有价值的创业机会，并采取快速行动来把握机会。

蒂蒙斯的创业机会评价框架，系统地分析了行业和市场、经济因素、收获条件、竞争优势、管理团队、致命缺陷问题、个人标准、理想与现实的战略差异8个方面，具体包括53项指标，见表4.2。

表4.2 蒂蒙斯的创业机会评价框架

行业和市场	1.市场容易识别，可以带来持续收入。 2.顾客可以接受产品或服务，愿意为此付费。 3.产品的附加价值高。 4.产品对市场的影响力高。 5.将要开发的产品生命长久。 6.项目所在的行业是新兴行业，竞争不完善。 7.市场规模大，销售潜力达到1 000万元到10亿元。 8.市场成长率为30%~50%甚至更高。 9.现有厂商的生产能力几乎完全饱和。 10.在5年内能占据市场的领导地位，达到20%以上。 11.拥有低成本的供货商，具有成本优势。

续表

经济因素	12. 达到盈亏平衡点所需要的时间为 1 年半以下。 13. 盈亏平衡点不会逐渐提高。 14. 投资回报率为 25 % 以上。 15. 项目对资金的要求不是很大，能够获得融资。 16. 销售额的年增长率高于 15 %。 17. 有良好的现金流量，能占到销售额的 20%~30 % 以上。 18. 能获得持久的毛利，毛利率要达到 40 % 以上。 19. 能获得持久的税后利润，税后利润率要超过 10 %。 20. 资产集中程度低。 21. 运营资金不多，需求量是逐渐增加的。 22. 研究开发工作对资金的要求不高。
收获条件	23. 项目带来附加价值的具有较高的战略意义。 24. 存在现有的或可预料的退出方式。 25. 资本市场环境有利，可以实现资本的流动。
竞争优势	26. 固定成本和可变成本低。 27. 对成本、价格和销售的控制较高。 28. 已经获得或可以获得对专利所有权的保护。 29. 竞争对手尚未觉醒，竞争较弱。 30. 拥有专利或具有某种独占性。 31. 拥有发展良好的网络关系，容易获得合同。 32. 拥有杰出的关键人员和管理团队。
管理团队	33. 创业者团队是一个优秀管理者的组合。 34. 行业和技术经验达到了本行业内的最高水平。 35. 管理团队的正直廉洁程度能达到最高水准。 36. 管理团队知道自己缺乏哪方面的知识。
致命缺陷问题	37. 不存在任何致命缺陷问题。
个人标准	38. 个人目标与创业活动相符合。 39. 创业家可以做到在有限的风险下实现成功。 40. 创业家能接受薪水减少等损失。 41. 创业家渴望进行创业这种生活方式，而不只是为了赚大钱。 42. 创业家可以承受适当的风险。 43. 创业家在压力下状态依然良好。
理想与现实的战略差异	44. 理想与现实情况相吻合。 45. 管理团队已经是最好的。 46. 在客户服务管理方面有很好的服务理念。 47. 所创办的事业顺应时代潮流。 48. 所采取的技术具有突破性，不存在许多替代品或竞争对手。 49. 具备灵活的适应能力，能快速地进行取舍。 50. 始终在寻找新的机会。 51. 定价与市场领先者几乎持平。 52. 能够获得销售渠道，或已经拥有现成的网络。 53. 能够允许失败。

2.刘常勇的创业机会评价框架

刘常勇的创业机会评价框架见表4.3。

表4.3　刘常勇的创业机会评价框架

市场评价	1.是否具有市场定位，专注于具体顾客需求，能为顾客带来新的价值。 2.依据波特的五力模型进行创业机会的市场结构评价。 3.分析创业机会所面临市场的规模大小。 4.评价创业机会的市场渗透力。 5.预测可能取得的市场占有率。 6.分析产品成本结构。
回报评价	7.税后利润至少高于5%。 8.达到盈亏平衡的时间应该低于两年。 9.投资回报率应高于25%。 10.资本需求量较低。 11.毛利率应该高于40%。 13.能否创造新企业在市场上的战略价值。 14.资本市场的活跃程度。 15.退出和收获回报的难易程度。

（三）市场测试机会价值

一个靠预测分析、调查论证出有价值而且适合自己的机会不一定有顾客，更不敢说能创造出巨大的市场。市场测试是把产品或服务拿到真实的市场中进行检验。市场测试与市场调查不完全相同，询问一位消费者是否想购买和这位消费者实际是否购买是两回事儿。市场测试可以说是一种比较特殊的市场调查，是创业者的必修课程。

小·知识

一个充满风险的瓶子

有这样一个游戏，如果你挑出一个红球，你就赢。在你面前有3个瓶子，其中，一个瓶子里红球和绿球各一半，第二个瓶子里装有球，但是你不知道红球有多少个，第三个瓶子你连装着什么都不知道。你会选择哪个瓶子呢？1961年，艾斯伯格（Ellsberg）做了一个实验，发现大部分人选择红绿球各一半的瓶子，而非该概率分布未知的第三个瓶子。这一切看起来似乎显而易见。但是现在，问问你自己，你觉得"创业者会选择哪个瓶子？"研究者推测创业者可能倾向于选择概率分布未知的而不是概率分布已知的，所以创业者是冒险家，因而他们会选择第二个瓶子。

但是很多年前，奈特便声称，所谓创业者，顾名思义就是那些在不确定的情况下创业的人，他们可能会选择第三个瓶子。他认为创业中涉及的问题是多方面的，而且每个方面还可能变化无穷，这导致试图预测问题变得极其不可能，更不用说解决问题了。奈特认为创业者有权从中获利，从经济学角度来讲这也是合乎情理的，因为该利润源于他们对"真正的不确定性"或"奈特不确定性"的管理。

资料来源：斯图尔特·瑞德. 卓有成效的创业［M］. 北京：北京师范大学出版社，2015.

第三节　创业风险与防范

有价值的创业机会也是有风险的。创业风险是指从某项创业项目中获得的实际收益与预期不符的可能性。结合某个创业项目来说，风险与预期收益直接相关。一般来说，收益的可能性范围越广，创业项目风险越大。高风险的创业项目必须提供更高水平的收益才足以补偿风险，吸引创业者。在既定的收益水平下，创业者试图使风险最小化；在既定的风险水平下，创业者试图使收益最大化。风险与收益之间的关系被称为风险—收益的权衡。

一、创业风险的构成与分类

创业过程中的机会风险是指不确定的创业环境、复杂的创业机会和创业者有限的能力等原因导致创业活动偏离预期目标的可能性。

（一）机会风险的构成

创业过程中的机会风险由创业活动中的风险因素、风险事故和损失构成，这些因素的共同作用决定了创业过程中机会风险的存在、发展和发生。

1. 风险因素

风险因素是指引起或增加机会风险发生的机会或扩大损失程度的原因和条件，它是导致机会风险发生的潜在原因。风险因素可分为物质风险因素、道德风险因素和心理风险因素。

物质风险因素是指有形的，并能直接影响事物物理功能的因素，即某一标的本身所具有的足以引起或增加风险发生的机会和损失幅度的客观原因，如地壳的异常变化、恶劣的气候、疾病传染等。物质风险因素不为创业者所控制，是创业者无法左右的因素。

道德风险因素是指与创业者的品德修养有关的无形的因素，即指由于个人不诚实、不正直或不轨企图，促使风险事故发生，引起社会财富损毁和人身伤亡的原因或条件，如纵火、欺诈、放毒等。这些不道德的行为促使机会风险发生的频率增加和损失幅度的扩大。

心理风险因素是指与个人的心理状态有关的无形的因素，即指由于创业者的不注意、不关心、侥幸或存在依赖保险心理，增加创业风险发生的概率和损失幅度的因素。例如，新创企业或创业者由于投保了财产保险，会放松对财物的保护；创业者个人投保了人身保险，会忽视自身的身体健康等。

在上述风险因素中，道德风险因素和心理风险因素都是无形的，都与创业者个人自身行为方式相联系，在实践中难以区分界定，通常将两者统称为人为因素。

2. 风险事故

风险事故是指造成生命财产损害的偶发事件，是造成损害的直接原因。只有通过风险事故的发生，才能导致损失。风险事故意味着机会风险的可能性转化为现实性，即机会风险的发生。

3. 损失

就广义的损失而言，它是指某种事件的发生，给人们造成物质的减少和精神的痛苦。从创业机会风险评价的角度来考虑，损失是指非故意的、非预期的和非计划的经济价值的减少，这也是狭义的损失。

创业机会风险评价活动中所指的损失必须满足两个要素：一是非故意的、非计划的、非预期的；二是经济价值或经济收入的减少。两者缺一不可。损失可分为直接损失和间接损失。直接损失是指风险事故造成的财产本身的损失；间接损失是指由直接损失引起的损失，间接损失包括收入减少、利润损失以及后果损失等。

4. 风险因素、风险事故、损失三者之间的关系

机会风险是由风险因素、风险事故和损失三者构成的统一体。风险因素是引起或增加风险事故发生的机会或扩大损失幅度的条件，是风险事故发生的潜在原因；风险事故是造成生命财产损失的偶发事件，是造成损失的直接的或外在的原因，是损失的媒介；损失是指非故意的、非预期的和非计划的经济价值的减少。风险因素引起或增加风险事故，风险事故的发生可能造成损失。

（二）机会风险的分类

机会风险分为系统风险和非系统风险。系统风险主要是指创业环境中的风险，如政策风险、法律风险等；非系统风险是指创业者自身的风险，如技术风险、财务风险等。

1. 系统风险

（1）政策法规风险

无论是在创业活动发展比较成熟的国家，还是在创业活动初步发展的国家，政府在其中都扮演着重要的角色。创业活动的政策法规风险首先体现在相关政策法规的完备性上。创意活动不仅仅是一个简单的投资过程，创业活动一般还包括筹资和退资两个阶段，它所涉及的范围很广，还涉及了很多复杂的契约关系。一旦在其中的某一个环节上出了问题，会对创业机制的建立和发展产生巨大影响。

创业活动的政策法规风险还体现在相关政策法规的稳定性上。创业是一种高风险的长期投资行为，相关政策法规的变化会导致其盈利水平发生变化，创业者会面临巨大亏损，甚至投资失败的可能性。

（2）经济周期风险

众所周知，没有任何一个市场可以一直繁荣或者萧条。社会经济会阶段性地循环和波动，这是经济发展的客观规律。在经济繁荣时期，创业者通常会对创业项目的收益有很高的预期，创业投资需求也相应地增加。然而，创业是一个长期的过程，有可能创业者在经济高涨时期作出的创业投资决策，其投资回收期却处于经济低迷的时期，这无疑会给创业投资者带来巨大的风险。而且投资回收期越长的项目，创业者所面临的风险也越大。

（3）自然风险

因自然力的不规则变化产生的现象所导致危害经济活动，物质生产或生命安全的风险，如地震，水灾，火灾，风灾，雹灾，冻灾，旱灾，虫灾以及各种瘟疫等自然现象，在现实生活中是大量发生的。

自然风险的特征为：自然风险形成的不可控性、自然风险形成的周期性、自然风险事故引起后果的共沾性，即自然风险事故一旦发生，其涉及的对象往往很广。

（4）流动性风险

一般意义上的流动性风险是指投资者在市场上使资产变现时所遭受的损失以及由此带来的成本，它是资产变现能力的综合反映。创业投资的流动性风险主要是指市场因素或政策因素导致的创业投资不能顺利退出风险投资企业的风险。它是创业者特别是创业风险投资者从投资项目中退出时可能遭受的损失，也称为退出风险。多数创业者特别是创业风险投资者投资的目的并不是长期控制新创企业，而是期望在将来退出时可收回投资并获得利润，资金能否安全收回和退出就显得格外重要。创业投资的退出渠道主要有首次公开上市、回购协议、企业兼并等，证券市场的完善程度和参与条件、投资项目价值量的大小和投资项目的发展前景等都是影响创业投资流动性风险的重要因素。

2. 非系统风险

（1）经验风险

创业中的经验风险是指创业者在年龄、阅历等方面尚不成熟，在社会关系中也缺乏必备的经验，对法律、信用和团队意识缺乏深刻认识。

（2）项目风险

选择可行性的创业项目是创业成功的关键。创业者往往只看到项目新颖性而忽视项目的可操作性和风险的不确定性，导致选择创业项目时缺乏理性，对市场定位、创业环境的认识等相关的前期准备不足，导致项目风险。

（3）资金风险

资金风险是创业风险的重要来源，创业团队在初期创业中资金基本来自成员出资，银行贷款申请难、手续复杂等问题导致资金筹集成为风险的主要原因。此外，创业者自身财务运作能力不足，资金投资和利润分配也是重要的风险。

创业项目资金方面风险的来源很多，谨慎的创业者在进行创业项目决策时会综合考虑这些风险。

资金风险的种类及内容见表4.4。

表 4.4　资金风险的种类及内容

种　类	风险内容
利率风险	利率风险是指由市场利率变动而导致的创业项目风险，分为两种情况：一是市场利率水平的变动使创业项目收益率降低而产生的风险；二是创业项目收益率相对低于市场利率水平所带来的损失风险。创业者选择创业项目对象，一般以追逐最大利润为原则。如果某项创业项目的收益率高于市场的平均利率水平，创业者就会选择该创业项目。如果创业项目的收益率低于市场的平均利率水平，就会给创业者带来损失。
购买力风险	购买力风险是指受通货膨胀的影响使创业者承担的风险。例如，当新创企业的产品价格、行情看好，取得了收益，同时正遇上居高不下的通货膨胀率，由于货币贬值，无形中就使新创企业损失了获利中的一部分价值。也就是说，新创企业货币收入的实际购买力可能下降，这就是购买力风险。通货膨胀的存在，使得新创企业在货币收入有所增加的情况下，也不一定能够获利。因为实际收益率中还要扣除通货膨胀率所带来的损失。当然，通货膨胀的存在，并不意味着创业者不创业就能避免损失。若要减少这一损失，创业者只能去选择收益率高的创业项目。
财务风险	一个新创企业财务风险的大小，可以通过新创企业借贷资金的多少来反映，债务负担重的新创企业比没有借贷资金的新创企业，其风险更大。
违约风险	违约风险是指在新创企业因财政状况不佳而违约和破产时，创业者的实际收益率偏离预期收益率的可能性。当新创企业破产时，遭受损失最重的是创业团队，最后才是债权人。

续表

种　类	风险内容
市场风险	市场风险是指那些影响创业项目市场总体，而不针对任何特定创业项目的市场因素造成的风险。出现市场风险的原因，主要是受整个国家经济周期变化的影响。经济周期分萧条、复苏、高涨和危机 4 个阶段，在不同的阶段，市场的变化是非常复杂的。在高涨阶段，一般创业项目活跃、交易频繁、获利大增；在危机阶段，创业项目则呈萎缩之势，给创业者造成巨大损失。为了尽量减小市场风险程度，创业者应当了解经济周期发展变化的规律，从而把握时机、减少损失、获取收益。

（4）技术风险

由于创业技能不足，创业团队存在较高的技术风险。调查显示，新创企业在整个创业过程中专业技术水平不足、技术应用能力缺乏及技术创新能力不强等会导致创业活动遭遇风险。

二、系统风险防范的可能途径

（一）政府角色

从世界范围来看，创业环境离不开政府的倡导和支持，但是本质上说应该是一种市场行为，政府在创业活动中的职能范围应该是扶持和引导的角色。发达国家政府在扶持和引导创业方面主要做以下 3 个方面的工作：①政府补助；②税收优惠；③政府担保。

（二）拓宽资金渠道

拓宽资金来源，实现创业投资主体多元化，是系统风险防范的重要手段。在解决创业资金短缺难题时，必须广开投资渠道。结合我国国情来看，我国的创业投资资本来源在政府资金的基础上，应该充分利用民间资本，吸引民间各类资本积极向创业投资领域，主要包括：①个人和家庭的资本；②大型企业和企业集团资本；③金融机构及契约性金融组织的资本；④国际风险资本。

（三）法律与运作机制

完善关于创业投资基金组织形式、募集方式、投资限制、退出渠道等方面的法律制度。修改《中华人民共和国公司法》《中华人民共和国合伙企业法》的相关条例，或者通过特别立法的形式，制订适合创业投资基金组织形式的法律法规。解决个人投资公司制新创企业的双重征税问题，改变创业投资公司在吸引社保基金资金方面的不利地位。完善《中华人民共和国公司法》《中华人民共和国证券法》等相关法律，为创业投资基金提供畅通的退出渠道。

（四）风险转移

风险转移是指风险承担者通过经济和技术手段将风险转移，它分为保险转移和非保险转移两种。保险转移是指创业主体通过向保险公司投保，将风险部分地转移给保险公司来承担。非保险转移是指创业主体利用其他途径将风险转移，如合同担保等。创业者可以用这种方法防范自然风险等系统风险。

三、非系统风险防范的可能途径

（一）做好前期的创业准备

创业存在着项目风险，前期准备必须充足，否则将会埋下风险隐患。必须分析评价自身是否具有创业者所需要的知识和技能素质。同时，综合考虑创意的新颖性和可能的资金需求，以及自身存在的风险偏好状况，合理运用风险识别和分析方法，对创业项目、规模、形式、市场定位以及团队构成和企业规划等形成初步认识。

（二）正确认识风险

创业团队必须认识到，风险是客观存在的，但对风险，可以运用回避、预防、转移、分散和利用的风险应对技术，以最小的成本降低风险。树立正确的风险意识，使创业团队能够积极地辨识风险。与此同时，创业园的创业项目都处在企业成长的初期，创业风险远比中后期大，企业初始创立者需要适时地在内部传达风险意识，确保引起合作伙伴的足够注意。

（三）拓展融资渠道，科学管理资金

创业团队在确定总体创业项目方案后，必须明确自身的资金规模以及如何获取资金。在创业初期，应积极开拓融资渠道，保证融资渠道多元化。在企业创办后，团队必须考虑把握资金的日常运作，使资金管理科学化。同时，为了形成对资金管理有效的监督，还需要建立行之有效的内部控制制度，加强企业资金的管理，确保资金的完全安全、正常周转和合理使用，避免浪费。

（四）拓展和利用社会资本

社会资本是个人或团体在社会结构中所处的位置给他们带来的资源。创业者需要在承

接业务中不断积累经验，形成坚实的团队合作意识。同时，以自身的优质服务和良好的信用，积累客户关系，形成一批稳定的客户源。当然，在当今提倡合作"双赢"的市场经济条件下，通过加强与纵向的上下游企业以及横向的相关行业企业合作，不失为走向成功创业的捷径。

四、创业者风险承担能力的估计

创业有风险，而每个人对风险的承担能力有差异。根据对风险偏好程度的不同，创业者可以结合自身实际对照图 4.2 对自己的风险承担偏好和能力进行估计。人的风险偏好一般分为 3 种类型，如图 4.2 所示。

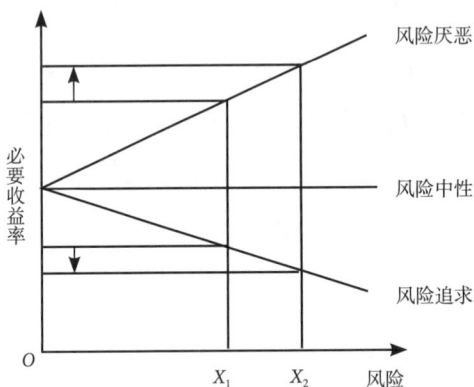

图 4.2　个体风险偏好图

风险中性型创业者，是指当风险增加时，创业者所要求的收益率没有增加，即创业者所要求的必要收益率不受风险因素影响；风险厌恶型创业者，是指对所承担的风险要求以更高的收益率来作补偿，当风险由 X_1 增加到 X_2 时，要求的收益率也增加；与风险厌恶型创业者相反，风险追求型创业者在风险增加时要求的收益率反而减小，创业者在理论上是追求风险的，为了更多的风险可以放弃部分收益。

有一个类似玩笑的问答：什么样的人最适合创业？答案是：赌徒。道理很简单，创业本身就是一项冒险活动。赌徒最有胆量，敢下注，赢得起也输得起，他们最适合创业。科学研究发现，赌徒的心理承受能力远远超过普通人，而创业正是最需要强大心理承受能力的一项活动。所有的创业者都有一个共同点，就是创业时要冒很大的风险。当然，创业中的冒险是这样的一个概念，经过努力，有可能得到目标，而且目标值得去付出，否则，只是冒进。

在改革开放之初，不缺少创业机遇，缺的是把握机遇敢于冒风险的人。这一时期，冒险家就是创业者的代名词。20 世纪 80 年代，创业者面临的风险主要是体制风险。别人不敢干，你敢干，你的收入就高。20 世纪 90 年代，成长起来的创业者面对的风险是市场风险。由于这种风险，当时很多成功的企业，现在已经死掉；很多当时叱咤风云的创业者，现在默默无闻，甚至连生活都成问题。高风险与不确定性是所有创业活动的共同特征，现在成功的创业者也同样如此。

成功的创业者会精确计算自己的预期风险。在有选择的情况下，他们通过让别人一起分担风险、规避风险或将风险最小化来影响成功的概率。他们不会故意承担更多的风险，不会承担不必要的风险，当风险不可避免时，也不会胆小地退缩。

可见，无论是哪种风险偏好的创业者都需要结合创业机会的风险与收益特征对承担机会风险的能力进行估计，努力防范和降低风险。不同的创业机会有不同的风险与收益特征，有些具有高风险和高收益，有些则具有低风险与低收益。在进行创业者风险承担能力估计时，如果不把收益与风险结合起来进行综合考虑是没有意义的。把收益与风险结合起来需要经过以下步骤：

①利用历史或预期收益数据对某一创业项目在某持有期的收益率进行预测，注意考虑资金的时间价值。

②利用历史或预期收益数据预测创业项目相关风险。进行风险评估时可以利用收益的标准差与方差系数。

③评价每种创业机会的风险与收益特征以确保在综合风险水平下预期收益的合理性。如果存在其他某种创业机会，其风险更低但收益却不低于该创业机会，那么该创业机会就是不可取的。

④选择在期望的风险水平下能提供收益最高的创业机会。

除了收益与风险外，其他的一些因素，如创业项目组合、税收、流动性等也会影响创业者风险承担能力的估计和创业机会的决策。

课堂训练 3

海宁老板轻松赚一笔

与欧洲毫不相干的浙江海宁皮件厂的老板在报纸上看到欧元发行的新闻之后，连夜根据新的欧元大小和面额设计出一批精美的皮质钱包，发往使用欧元的国家，结果一炮打响，没有一个竞争对手。

他们在电视、电影的颁奖晚会的红地毯上，看到影星们穿着或戴着的饰品很漂亮，也会连夜仿制出来，稍作改动，就会迎合那些追星族的需求，获得不错的经济效益。

阅读案例，分析思考，然后按照要求填写表4.5。

表4.5　发现潜在的商机

新闻内容	社会影响	联想商机	预期效果	教师点评

课堂训练 4

创业项目选择之前要做的事——认知自我

活动一：谈谈以往成就

请同学们在表4.6中写出至少5个发生在你过去生活中的、自己感觉颇有成就的事情，事件可大可小。

互动要求：从懂事开始、小学、初中、高中、大学等生命的不同阶段的事件（选其中有代表性的填写），事件性质没有规定，只要是发生在你身上的任何事情都可以，最好是获得他人认可和表扬的得意之事。只要你为完成它感到很自豪、很有成就感就可以。

表4.6　正确认识自己

发生时间	事情缘由	当时成就	分享理由	教师点评

活动二：做做自我认识

盖洛普优势定律：找到自己的优势，再放大优势，就可以走向成功。请同学们思考一下，自己究竟在哪些地方比他人更有优势？

互动要求：认真填写表4.7，并对自己的优势进行评估。

表 4.7 优势评估表

具体项目	自我描述	是何理由	教师点评
我想做什么？			
我会做什么？			
环境允许我做什么？			
我的目标是什么？			

活动三：想想决策风格

仔细回想一下，迄今为止你对自己人生所做的 3 个重大决定，并将情形描述填入表 4.8。

表 4.8 决策风格表

	目标或当时情境	你所有的选择	你作出的选择	你的决策方式	对结果的评估
1					
2					
3					

资料来源：李肖鸣.创业基础慕课学习评价手册［M］.北京：清华大学出版社.2015：22-25.

拓展阅读

创业家应对不确定性，而非风险

预测、风险和不确定性之间的关系

考虑一下这样的事实:《财富》500 强榜单上的公司，其中的 1/4 在 30 年前并不存在。这意味着，每隔 88 天，一个新公司将建立起来，并将取代现有的某一个《财富》500 强。还有哪些从未想象到的新竞争对手、新产品、新的商业模式没有预先通知就登上了商业舞台呢？

表 4.9 预测、风险与不确定性之间的区别一览表

预测、风险和不确定性之间的区别	预测（已知的）	风险（未知的）	不确定性（不可知的）
什么很关键？	数据、经验	方差和可能性	专业知识、影响力和控制
你怎样前进？	提炼以前的努力，力争制订完美的商业计划	稳定性，预案——基于情境的计划	共同创造，可承担的损失
应对意外情况	质量检查(一定是自己的错)	预测风暴，努力按原计划进行	拥抱意外事件并重新思考；它提供了新的机会
衡量成功	对比现实状况和计划，执行	对比现实状况和计划，接近愿景，把风险控制在一定范围之内	看重新奇和原创；我们是否在别的地方更有潜力

创业者面对的是不确定性

创业者面对的是不确定性，他们通过经验积累所学到的知识是可以教授和学习的吗？

为了更好地理解这一点，一些研究者研究了创业家，并将他们与商业新手、大型跨国公司里的富有经验的经理们进行比较后发现：创业家和其他两组人员的最大区别在于决策制订的基础。新手和经验丰富的经理们非常渴望预测，而企业老手显而易见不会尝试去预测，但是他们也不会胡说八道，或者炫耀他们对未来的神圣洞见。与之相反，他们想出了一套可行的，甚至制胜的策略来应对奈特第3个瓶子中的游戏。对第3个瓶子，创业家们发展出了以下知识：从第3个瓶子中所获得的最初的少许经验出发，忽略瓶子里剩下的东西；或者向瓶子里增加红球，以增加赢的可能；或者在你所拥有的资源的基础上，重建这个瓶子，并说服其他人和你一起来玩一个不同的游戏。

总之，创业家发明了一套技巧，可以有效地回答这一问题："如何控制一个根本无法预测的未来？"经济系统中的每个人都在寻求作出好的决策。无论是在新企业、旧市场，或者在日常生活中，预测都能发挥作用。但是，正如我们所看到的那样，预测问题只是生活中的3个问题之一。风险管理工具虽然给单纯的外推法提供了一些改进，但它们也不是应对不确定性的最佳方式。而不确定性则是创业机遇中的真正的核心价值。

资料来源：斯图尔特·瑞德.卓有成效的创业［M］.北京：北京师范大学出版社，2015.

参考文献

［1］张玉华，王周伟.创业基础［M］.北京：清华大学出版社，2014年.

［2］李红艳，章瑞.新兴工科专业"创意、创新、创业"三创合一人才教育体系的构建［J］.西部素质教育，2020，6（01）:172-174.

［3］秦志华，刘艳萍.商业创意与创业者资源整合能力拓展——白手起家的创业案例分析及理论启发［J］.管理世界，2009（S1）:75-83，132.

［4］马喜芳，颜世富.创业导向对组织创造力的作用机制研究——基于组织情境视角［J］.研究与发展管理，2016，28（01）:73-83.

［5］唐德淼.创业机会类型、评估与选择［J］.经济研究导刊，2020（10）:171-173，184.

［6］林嵩，姜彦福，张帏.创业机会识别:概念、过程、影响因素和分析架构［J］.科学学与科学技术管理，2005（06）:128-132.

［7］张健，姜彦福，林强.创业理论研究与发展动态［J］.经济学动态，2003（05）:71-74.

［8］姜彦福，邱琼.创业机会评价重要指标序列的实证研究［J］.科学学研究，2004（01）:59-63.

［9］张玉利，李乾文，李剑力.创业管理研究新观点综述［J］.外国经济与管理，2006（05）:1-7.

［10］杨俊，张玉利.社会资本、创业机会与创业初期绩效理论模型的构建与相关研究命题的提出［J］.外国经济与管理，2008（10）:17-24，31.

［11］刘依冉，张玉利，郝喜玲.调节定向与创业机会识别机制研究［J］.管理学报，2020，17（03）:402-410.

［12］张爱丽.创业经验一定能促进创业机会开发吗？［J］.科学学研究，2020，38（02）:288-295，333.

［13］蔡莉，于海晶，杨亚倩，等.创业理论回顾与展望［J］.外国经济与管理，2019，41（12）:94-111.

［14］张燕.高校大学生创业风险分析与防范［J］.金陵科技学院学报：社会科学版，2019，33（03）:85-88.

［15］向苗.新创企业创业风险评价模型构建［J］.山西能源学院学报，2019，32（04）:72-74.

［16］刘万利，胡培，许昆鹏.创业机会真能促进创业意愿产生吗——基于创业自我效能与感知风险的混合效应研究［J］.南开管理评论，2011，14（05）:83-90.

［17］刘万利，胡培.创业风险对创业决策行为影响的研究——风险感知与风险倾向的媒介效应［J］.科学学与科学技术管理，2010，31（09）:163-167.

［18］马昆姝，覃蓉芳，胡培.个人风险倾向与创业决策关系研究:风险感知的中介作用［J］.预测，2010，29（01）:42-48.

第五章
商业模式设计与创新

知识框架图

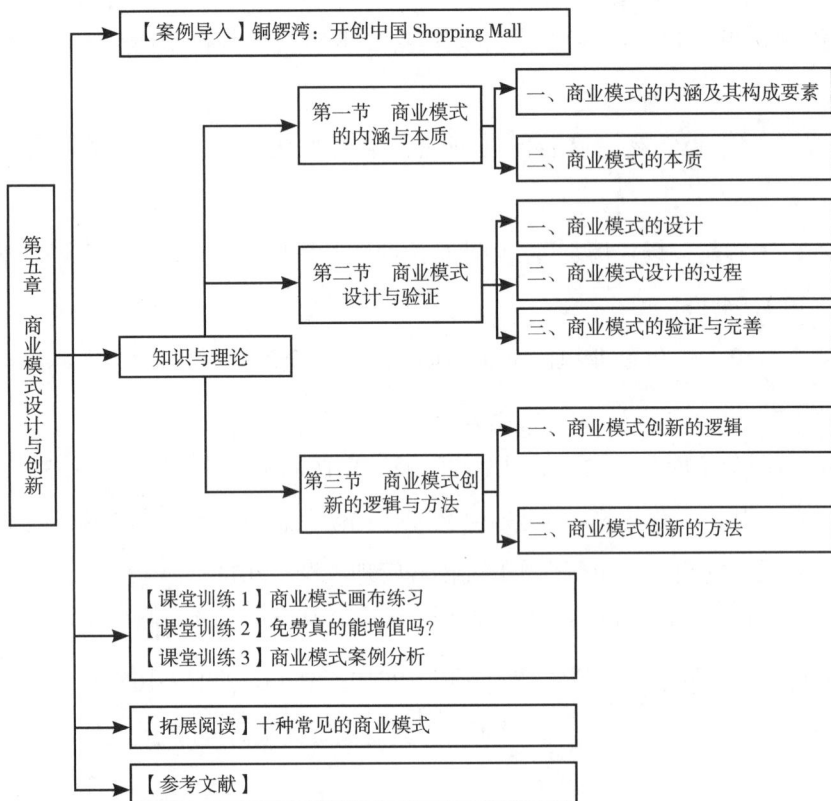

```
第五章 商业模式设计与创新
├─ 【案例导入】铜锣湾：开创中国 Shopping Mall
├─ 知识与理论
│   ├─ 第一节 商业模式的内涵与本质
│   │   ├─ 一、商业模式的内涵及其构成要素
│   │   └─ 二、商业模式的本质
│   ├─ 第二节 商业模式设计与验证
│   │   ├─ 一、商业模式的设计
│   │   ├─ 二、商业模式设计的过程
│   │   └─ 三、商业模式的验证与完善
│   └─ 第三节 商业模式创新的逻辑与方法
│       ├─ 一、商业模式创新的逻辑
│       └─ 二、商业模式创新的方法
├─ 【课堂训练1】商业模式画布练习
│  【课堂训练2】免费真的能增值吗?
│  【课堂训练3】商业模式案例分析
├─ 【拓展阅读】十种常见的商业模式
└─ 【参考文献】
```

▶▶▶ 案例导入

铜锣湾：开创中国 Shopping Mall

"铜锣湾"在建立之初，只是深圳一个资金实力并不雄厚、名不见经传的民营品牌。2006 年铜锣湾百货在成都、重庆地区的合作出现变数，项目面临终止的危险。同时，"铜锣湾"在其他地区的 Shopping Mall 店也在某种程度上遭遇了招商瓶颈。面对困境，"铜锣湾"作了新的发展规划，从原来合作、租用为主的快速扩张模式，转向自己建店、

自己经营的"慢模式"，取得显著成效。"铜锣湾"的创业历程伴随着商业模式的成功与失败、坚守与调整。

1. 公司发展历程

1996年，陈智从美国引进"Mall"概念。但苦于无人理解，便租下了深圳华强北一家电子厂房，用了3年多的时间，精心设计并建造起了中国第一个"Mall"——铜锣湾华强北广场，用实物来证明自己的先进理念。为了将"摩尔"概念诠释得更加立体，陈智又借助华侨城建立的时机，廉价租下了当地的一块场地，机缘巧合建立了第二个"Mall"——铜锣湾华侨城广场。

2003年，从广东的阳江、江门、河源，北上入京，到湖南株洲和呼和浩特，"铜锣湾"以惊人的速度完成了与众多城市的谈判活动。

2004年，铜锣湾集团已经在全国13个省、28个城市建立了商业网络，在北京、天津、长沙、武汉、重庆、大连等地设点布局发展"Mall"产业。

至2005年3多时间，迅速建立起一个以"CMALL"品牌为标志的铜锣湾广场和百货店连锁体系。

2006年，铜锣湾百货在成都、重庆地区的合作出现变数，项目面临终止的危险。

2006年，铜锣湾集团引入印尼第一大财团力宝集团"救驾"。印尼力宝财团注资11亿元，控股铜锣湾百货业态板块，而铜锣湾把扩张重点转向Shopping Mall业态。

2008年，"铜锣湾"作了新的发展规划，最主要的调整就是"铜锣湾"从原来合作、租用为主的快速扩张模式，转向自己建店、自己经营的"慢模式"。

2009年10月10日，香港零售巨头铜锣湾集团正式入驻孝感，与湖北职业技术学院签订合作合约。

2011年3月17日，南昌铜锣湾（国际）广场破土动工，为了这个45亿元的投资，陈智已不下20次来南昌考察，这似乎可以看出陈智的谨慎。而在这之前，陈智建店从来都是"只看报告就拍板"。

2013年9月10日，市委副书记、市长宋朝华会见了来眉山市考察的香港铜锣湾集团董事长陈智一行，双方就合作事宜进行了友好会谈。

2014年8月8日，铜锣湾集团董事局主席陈智与铜锣湾集团副总熊立荣来湖北省五峰县考察新县城规划建设及投资项目。

2. "Mall"模式

为了将"Mall"从理论变为现实，陈智精心钻研"Mall"业态理论和经营模式。很多商业地产商把"Mall"仅简单地理解为"集购物、休闲于一体的购物中心"，并尝试自己开发和自己管理，结果多数都陷入了困境。"铜锣湾"则认为，Mall的产生是一个地区社会经济和环境发展水平对现代商业业态的高级选择，投资非常庞大，投资回收期也很长。深圳"铜锣湾"是中国Mall的始创者，这与上海、广州原先个别商业城遇上这股浪潮后又称自己的Mall有极大的不同。比较国内一些选址虽然不错的项目最后又不成功的例子，铜锣湾集团的成功就越发让人们感到好奇和神往。

据悉，在"铜锣湾"全国性的"Mall"运动中，平均的投资回收期都能控制在18个月之内。而在国外，摩尔实现盈亏平衡至少要在5年以上，隐藏在其背后的赢利模式无疑是业界最为关注的焦点之一。铜锣湾集团目前已经是中国最大的Mall事业集群，成功因素首先在于公司建立并不断升级形成了"运营平台"的能力，这是一整套的管理技术和管理体系，牵涉方方面面的资源整合和复杂的运作。铜锣湾广场的扩张，是文化先行，将企业文化和当地的文化结合起来，把经营上的创新和管理上的统一同步推进，而并不是头脑一热就满地乱开花。采取"Mall"模式显然是"铜锣湾"最初成功的重要原因，事实上，"铜锣湾"在后来的全国性扩张中也迅速地运用了这一"法宝"。然而，这一扩张过程并不是一个简单的复制过程。

3. 疯癫扩张

华侨城店之后，陈智开始了他的"并吞"全国的计划。从2003年的3家到2006年50家，仅仅用了不到3年的时间，堪称速度惊人。在"铜锣湾"的布局中，有个特别的现象：它不仅进入了北京、深圳等一线城市和兰州、长沙、重庆、成都、厦门等二线城市，就是对唐山、株洲、常德、北海、金华、烟台、开封、芜湖、嘉兴等被认为商业土壤贫瘠的三线城市，也一样甘之如饴，乐此不疲。在陈智看来，GDP达到350亿元，人口超过50万的城市就有能力容纳Mall。在这样的"准星"下，至少有数百个城市能成为"铜锣湾"的准"金矿"。布局的顺利，让陈智信心满满。"我们将会每年新增6~8家新的Shopping Mall购物广场和百货店"，在北京独资Mall签约仪式上，陈智豪气十足地说。

"铜锣湾"选择的是招商模式，众多供应商及其经销商的网络几乎覆盖着每个城市的每条商业街道。不管"铜锣湾"在哪个中小城市"竖起大旗"，他们都能在短时间内聚拢而来。三线城市对"铜锣湾"还有一个好处就是投资比在大城市小得多，而一旦进入"铜锣湾"就是独占性的。正是这种"指哪儿打哪儿"的便利，赋予了"铜锣湾"模式强大的商业整合能力。

对扩张的速度之所以毫不担心，对外界的担忧之所以充耳不闻，是因为陈智始终坚信，"铜锣湾"有较为成熟的核心管理理念和手段，一般都是与当地的地产商或商业企业合作，自己投入的资金并不多，实现扩张主要依靠自身筹集资金并快速回收，银行贷款基本没有，加上铜锣湾品牌影响力日渐提高，投资建设一个Mall，在18~19个月之后就能盈利，扩张并没有让陈智觉得资金特别吃紧。

4. "铜锣湾"破音

事情的发展并没有预想般的顺风顺水。

2005 年 1 月，集团旗下位于兰州、烟台、大连、河源的百货店相继歇业，主要原因是拖欠货款、工资等，如大连铜锣湾百货有限公司拖欠几百名客户 500 多万元货款，拖欠电费几十万元，员工工资几十万元等。2006 年，铜锣湾百货在成都、重庆地区的合作出现变数，项目面临终止的危险。同时，"铜锣湾"在其他地区的 Shopping Mall 或百货店也在某种程度上遭遇了招商瓶颈。

问题出在资金链上。对一切非正常速度的扩张者，周边的人都会作预言家的判断：资金链迟早要出问题。在短短 3 年内就在全国 58 个城市开设了 48 家 Shopping Mall 以及 10 多家百货店的铜锣湾集团，资金链成了一道无法躲避的谶语。建店的速度越快，预言变为现实的速度也越快。

此外，选址失误、商品定位不准、运营费用过高、招商情况不佳等问题，让一些店面成了"包袱"，只有一关了之。

从本质上看，"铜锣湾"依赖低成本模式扩张，与其资金实力不强，以及全国性商业地产商的强势拉动有关。但问题是，这种模式存在着"铜锣湾"所忽略的致命缺陷。"铜锣湾"和地产商结成的利益共同体的基础并不稳固。同时，扩张中"铜锣湾"与供应商之间的关系也很脆弱。一旦它大量以此模式为基础，虽然看似可以赚到快钱，但隐患也很大。仅仅物业建筑要求一项，很多项目都是不符合商业规律和"铜锣湾"标准的"烂摊子"，即便"铜锣湾"降低要求，勉为其难进行二次改造，效果也不理想。同时，铜锣湾品牌的影响力，也无法在异地扩张中为招商带来很大推动力。

5. 突破困境

"铜锣湾"作了新的发展规划。商业模式上最主要的调整，就是从原来合作、租用为主的快速扩张模式，转向自己建店、自己经营的"慢模式"。站在经济的转折点上，陈智思考最多的问题是："铜锣湾不仅要注重品牌、注重人力资源、注重供应商优势，还有一个很重要的关注点——资本。每个行业都有它的基础，Shopping Mall 这样的重资产行业，打好资本基础才是关键，而不在于扩张速度！"

为解决资金短缺困局，继把铜锣湾总店转让给深圳京基集团后，铜锣湾集团又引入印尼第一大财团力宝集团"救驾"。印尼力宝财团注资 11 亿元，控股铜锣湾百货业态板块，而"铜锣湾"将把扩张重点转向 Shopping Mall 业态。"铜锣湾"的未来肯定是要依靠更优质的资源和平台来支撑。陈智此时出售百货，以"摩尔"网络为平台专做商业地产，是明智的选择。"铜锣湾"坚持创新，坚持休闲、品位、文化、技术路线一路领先，并成为新商业文明的领军者，成为同行效仿的对象。

资料来源：陈文华，倪峰.大学生创新创业经典案例教程［M］.南昌：江西高校出版社，2015.

案例问题：

1."铜锣湾"最初的商业模式是什么？有哪些特征？"Mall"商业模式为什么能取得快速成功？

2.导致"Mall"模式失败的原因是什么？

3."铜锣湾"怎样通过创新走出商业模式的失败困境？

知识与理论

第一节　商业模式的内涵与本质

一、商业模式的内涵及其构成要素

彼得·德鲁克说，当今企业之间的竞争，不是产品之间的竞争，而是商业模式之间的竞争。前时代华纳 CEO 迈克尔·邓恩说："在经营企业的过程中，商业模式比高技术更重要，因为前者是企业能够立足的先决条件。"一个企业必须选择一个适合自己的、有效的和成功的商业模式，并且随着客观情况的变化不断加以创新，才能获得持续的竞争力，从而保证自己的生存与发展。商业模式具有"点石成金"的功能，对于创业者而言，利用创业机会起步创业必须要构思有效的商业模式。

（一）商业模式的内涵

商业模式到底是什么，学者们、企业的高管们并没有明确说明。埃森哲在一份报告中指出，企业高管虽然热衷于使用商业模式这个词，但令人惊讶的是，62% 的受访高管在被要求简要描述公司的商业模式时都面有难色。商业模式是一个非常宽泛的概念，与商业模式有关的说法很多，包括运营模式、盈利模式、B2B 模式、B2C 模式、"鼠标加水泥"模式、广告收益模式等，不一而足。

总体上，商业模式是一种简化的商业逻辑，是为实现客户价值最大化，把能使企业运行的内外各要素整合起来，形成一个完整的、高效率的、具有独特核心竞争力的运行系统，并通过最优实现形式满足客户需求，实现客户价值，同时使系统达成持续赢利目标的整体解决方案。清华大学雷家骕教授概括企业的商业模式是：一个企业如何利用自身资源，在一个包含了物流、信息流和资金流的商业流程中，将最终的商品和服务提供给客户，并收回投资、获取利润的解决方案。

如果从源头上探究"商业模式"，可以发现，商业模式一词最早作为文章正文的内容出现在 Bellman 和 Clark 发表在《运营研究》（Operations Research）上的《论多阶段、多局中人商业博弈的构建》（On the Construction of a Multi-Stage, Multi-Person Business Game）一文中。到目前为止，对商业模式在概念、要素与分类的研究也没有取得学者或者管理实践者的共识。研究者从不同角度对商业模式的概念与含义进行解读，并提出了各自对商业模式的认识。总体上可以分为 4 类。

经济类定义仅仅将商业模式描述为企业的经济模式，其本质内涵为企业获取利润的逻辑。与此相关的变量包括收入来源、定价方法、成本结构、最优产量等。许多研究者都从这个角度对商业模式进行了概念界定和本质阐述。

运营类定义把商业模式描述为企业的运营结构，重点在于说明企业通过何种内部流程和基本构造设计来创造价值。与此相关的变量包括产品 / 服务的交付方式、管理流程、资源流、知识管理和后勤流等。也有许多研究者从这个角度对商业模式进行了概念界定和本质阐述。

战略类定义把商业模式描述为对不同企业战略方向的总体考察，涉及市场主张、组织行为、增长机会、竞争优势和可持续性等。与此相关的变量包括利益相关者识别、价值创造、差异化、愿景、价值、网络和联盟等。目前来看，国外对商业模式的定义大部分属于这个范畴。

整合类定义把商业模式说成是对企业商业系统如何很好运行的本质描述，是对企业经济模式、运营结构和战略方向的整合和提升。采取整合类定义的研究者认为，一种成功的商业模式必须是独一无二和无法模仿的。要做到这一点，必须超越过去那种对商业模式的简单认识。商业模式不应当仅仅是对企业经济模式和运营结构的简单描述，也不应该是企业不同战略的简单加总，而是要超越这些孤立和片面的描述，从整体上和经济逻辑、运营结构与战略方向三者之间的协同关系上说明企业商业系统运行的本质。

国内及国外部分学者对商业模式概念的界定见表 5.1。综合不同学者对商业模式的认识，简单地说，商业模式是企业实施相关商业活动的一套逻辑化的方式方法，以将原本做不成的事情做成，将原本做不好的事情做好，由此，企业才能获得相应的利润。商业模式描述的是企业如何创造价值、传递价值和获取价值的基本原理。典型的是，柳传志将"技 + 工 + 贸"调整为"贸 + 工 + 技"，再加上其他方面的努力，才有了后来联想集团成为 IT 界的巨人。这方面的诸多案例足以告诫我们：有效的商业模式是未来企业盈利的基本前提。

本质上商业模式是企业为客户创造并传递价值，使客户感受并享受到企业为其创造的价值的系统逻辑，反映的是利益相关者之间的交易关系。新创企业如果缺少这套逻辑，或者是构思的商业模式效力不足或效率不高，则新创企业未来既难以为客户创造价值，也难以向客户传递价值，更难以为新创企业自身赢得利润，客户只乐于给哪些为客户有效创造并传递价值的企业投出自己的"货币选票"。

表 5.1　国内及国外部分学者对商业模式概念的界定

研究者及时间	定　义
雷家骕（2008）	商业模式是企业有效经营的一整套逻辑化的方式方法，是企业经营智慧的体现，是企业基于行业特点和自身资源，在包含了产品流、服务流、信息流、资金流的商业流程中，最终将自己的产品提供给客户，进而获得收入、实现利润的解决方案
朱武祥（2009）	商业模式本质上就是利益相关者的交易结构，包括定位、业务系统、关键资源能力、盈利模式、自由现金流结构、企业价值 6 个方面
罗珉（2005）	商业模式视为一个组织在明确外部假设条件、内部资源和能力的前提下，用于整合组织本身、顾客、供应链伙伴、员工、股东或利益相关者，来获取超额利润的一种战略创新意图、可实现的结构体系以及制度安排的集合
原磊（2007）	主张商业模式是一种描述企业如何通过对经济逻辑、运营结构和战略方向等具有内部关联性的变量进行定位和整合的概念性工具，说明了企业如何通过对价值主张、价值网络、价值维护和价值实现 4 个方面的因素进行设计，在创造顾客价值的基础上，为股东及伙伴等其他利益相关者创造价值
Timmers（1998）	商业模式是一个对产品，服务和信息流的设计，其中包括对不同商业参与者和角色的描述、对不同商业参与者潜在利益的描述以及对收入来源的描述
Afuah & Tucci（2000）	是企业创新的焦点和企业为自己、供应商、合作伙伴及客户创造价值的决定性来源
Mahadevan（2000）	商业模式是对企业至关重要的 3 种流量——价值流、收益流、和物流的唯一混合体
Amit & Zott（2001），Zott & Amit（2010）	商业模式描述"内容、结构和为通过利用商业机会创造价值而设计的交易管理" 商业模式是能够提升焦点企业并跨越了焦点企业边界的一系列相互依赖的活动
Chesbrough & Rosenbloom（2002）	商业模式是将实现经济价值与潜在技术连接在一起的探索的逻辑
J. Magretta（2002）	从本质上说,商业模式叙述企业如何运作。一个好的商业模式可以回答彼得·德鲁克提出的疑问：谁是顾客？顾客看重什么？也就能揭示企业如何通过商业活动来赚钱，揭示以核实的成本向顾客提供价值的潜在经济逻辑
Morris et al.（2005）	商业模式是一个"在企业战略、方式和经济领域的一系列内部相关联的决策变量集合如何在确定的市场上创造持久竞争优势的简洁代表"。它有 6 个基本要素，即价值主张、顾客、内部流程 / 能力、外部地位、经济模式和个人 / 投资者

研究者及时间	定　义
Osterwaldr & Pigneur（2005）	商业模式包含了一系列要素及其关系的概念性工具，用以阐明某个特定实体的商业逻辑。它描述了公司所能为客户提供的价值以及公司的内部结构、合作伙伴网络和关系资本等用以实现（创造、营销和交付）这一价值并产生可持续、可营利性收入的要素
Scott.M.Shafer，H. Jeff Smith（2005）	商业模式代表了一个企业在一个价值网络中如何进行价值创造和价值获取的潜在核心逻辑和战略选择
Johnson, Christensen & Kagermann（2008）	商业模式"由4个内部锁定要素构成，它们一起作用，创造和传递价值"。这4个要素是顾客价值主张、盈利模式、关键资源和关键过程
Casadesus-Masanell & Ricart（2010），Teece（2010）	商业模式是企业实现的战略的一个反映。商业模式表明了一个逻辑、数据和支持为客户的价值主张的其他证据，以及一个传递企业价值的可行的收入和成本结构

（二）商业模式的构成要素

既然商业模式本质上是企业为客户创造并传递价值，使客户感受并享受到企业为其创造的价值的系统逻辑，那就有一个结构问题，即基本要素和要素之间的连接关系。基于这一认识，研究商业模式的不少学界同仁基于自身的研究，给出了关于商业模式内在要素的诸多解释，见表5.2。

例如，Viscio认为，商业模式是由核心业务、管制、业务单位、服务、连接五者构成的。Timmers认为，商业模式是由产品/服务、信息流结构、参与主体利益、收入来源四者及其联系构成的。Markides认为，商业模式是由产品、顾客关系、基础设施管理、财务四者及其联系构成的。Donath认为，商业模式是由顾客理解、市场战术、公司管理、内部网络化能力、外部网络化能力四者及其联系构成的。Hamel认为商业模式是由核心战略、战略资源、价值网、顾客界面四者及其联系构成的。Chesbrough认为，商业模式是由价值主张、目标市场、内部价值链结构、成本结构和利润模式、价值网络、竞争战略六者及其联系构成的。Gordijn认为，商业模式是由参与主体、价值目标、价值端口、价值创造、价值界面、价值交换、目标顾客七者及其联系构成的。Linder认为，商业模式是由定价模式、收入模式、渠道模式、商业流程模式、基于互联网的商业关系、组织形式、价值主张七者及其联系构成的。Petrovic认为，商业模式是由价值模式、资源模式、生产模式、顾客关系模式、收入模式、资产模式、市场模式七者及其联系构成的。Afuah等认为，商业模式是由顾客价值、范围、价格、收入、相关行为、实施能力、持续力七者及其联系构成的。Weill认为，商业模式是由战略目标、价值主张、收入来源、成功因素、渠道、核心能力、目标顾客、

IT 技术设施八者及其联系构成的。Osterwalder 认为，商业模式是由价值主张、目标顾客、分销渠道、顾客关系、价值结构、核心能力、伙伴网络、成本结构、收入模式九者及其联系构成的。

表 5.2　各学者界定的商业模式的构成要素

作　者	发表时间	适用范围	组成要素
Horowitz	1996	一般企业	价格、产品、分销、组织特征、技术
Pasternak and Viscio	1996	一般企业	全球化核心、治理、业务单位、服务、关系
Timmers	1998	电子商务企业	产品结构、业务参与者、参与者利益、收入来源、市场营销战略
Markides	1999	一般企业	产品创新、顾客关系、基础设施管理、财力
Donath	1999	电子商务企业	理解顾客、营销战术、公司治理、内部网络能力、外部网络能力
Gordijn	2001	电子商务企业	参与者、市场细分、价值提供、价值活动、利益相关者网络、价值界面、价值点、价值交换
Cantrell & Linder	2001	一般企业	定价模式、收入模式、渠道模式、商业过程模式、由网络加强的商业关系、组织类型、价值主张
Chesbrough and Rosenbaum	2000	一般企业	价值主张、目标市场、内部价值链结构、成本结构与利润模式、价值网络、竞争战略
Gartner	2003	电子商务企业	市场供应、能力、核心技术投资、盈亏平衡
Hamel	2001	一般企业	核心战略、战略资源、价值网络、顾客界面
Petrovic	2001	电子商务企业	价值模式、资源模式、生产模式、顾客关系模式、收入模式、资本模式、市场模式
Torbay	2001	电子商务企业	产品、顾客关系、合作伙伴网络与基础设施、财务界面
Afuah & Tucci	2001	电子商务企业	顾客价值、业务范围、价格收入、相关活动、互补性、能力、可持续性
Weill & Bitale	2001	电子商务企业	战略目标、价值主张、收入来源、成功要素、渠道、核心能力、顾客细分、IT 基础设施
Applegate	2001	一般企业	观念、能力、价值
Amit & Zott	2001	电子商务企业	交易内容、交易结构、交易治理
Alt & Zimmerman	2001	电子商务企业	使命、结构、流程、收入、合法性、技术
Rayport & Jaworski	2001	电子商务企业	价值簇、资源系统、财务模式、市场空间
Betz	2002	一般企业	资源、销售、利润、资本
Morris，Schindehutte & Allen	2003	一般企业	供给品相关因素、市场因素、内部能力、竞争战略、经济因素、个人和投资者因素

客观地看，商业模式最为基本的是由四者及其联系构成的：一是价值体现，即企业拟为客户创造并传递的价值；二是价值创造方式；三是价值传递方式；四是企业的盈利方式。其中，价值体现是基础，新创企业如果不能发现客户所需要的价值，就不能为客户创造出他们所需要的价值。价值创造和传递方式是新创企业将自己的价值构想变为现实，并为客户传递价值的"过程性手段"。在为客户创造并传递价值的同时，新创企业不能忘记"自己的盈利方式是什么"，否则，新创企业很可能难以实现正的现金流。至于不少同行提到的其他要素，不过是这四个要素的次一级、次二级要素。同时需要注意的是，要素之间的不同联系方式及具体特点不同，相同要素构成的也会是不同的商业模式。

二、商业模式的本质

从商业模式定义的讨论可知，商业模式本质上是若干因素构成的一组赢利逻辑关系的链条。从本质上看，商业模式是一系列制度结构和制度安排的连续体，其核心是企业组织的价值产生机制。制度结构的连续体意味着商业模式的本质属性就是创新和变革，必然存在动态连续的变革演进。

价值创造是企业组织存在的根本理由和发展的必要条件，也是经营活动的核心主题。它一般主要有3个来源，即组织自身价值链、技术变革和价值网络。

静态地看，在组织自身价值链层面，商业模式从制度上决定业务流程，而业务流程又与信息系统密切相关，两者适应与否决定了组织能否实现价值预期。在技术层面，商业模式是技术开发与价值创造之间的转换机制，其成本/收益结构决定了技术开发成本能够获取的价值收益。随着信息技术和电子商务的发展，组织边界日益模糊，大大增加了交易和协作创造价值网络增值的可能性。

动态地看，上述3个方面是商业模式在特定时间和空间下的静态实现，但事实是今天的模式也许并不适用于明天，甚至成为发展的障碍。为了使企业组织获得长期的、韧性的核心优势，商业模式必须提供基于制度结构和制度安排的动态连续性，必须始终保持必要的灵活性和应变能力——动态匹配的商业模式才能获得成功。

第二节 商业模式设计与验证

商业模式不是一成不变的，成功的创业企业会在经营中随着外部环境与企业内部资源、条件的变化来改变或调整自身的商业模式。想要获得创业成功，必然要梳理清晰自身的商业逻辑，设计并验证自身的商业模式。商业模式设计（开发），就是为了把做不成的事变为可以做成的事。在有创业机会的情况下，如果创业者设计、开发不出可行的商业模式，则资源获取及整合就无明确的方向，更谈不上起步创业之后的事情，且多会陷入盲目创业的绝境。基于此，创业者一旦发现了有价值的创业机会，且意在创业，就必须着力设计、开发创业所需的商业模式。

一、商业模式设计

商业模式设计与开发的过程是由顶层设计到递阶协调的过程。商业模式最为基本的是价值体现、价值创造方式、价值传递方式和企业的盈利方式。要设计出可以具体付诸实施的商业模式，需要一个由顶层设计到递阶协调的过程。

（一）商业模式顶层设计

商业模式最为基本的是由四类要素及其联系构成：一是价值体现，包括核心价值、非核心价值以及衍生价值；二是价值创造方式；三是价值传递方式；四是企业的盈利方式。这四类要素就是商业模式的顶层要素。商业模式的顶层设计，就是要设计这四类要素及其联系。其中，价值体现，即创业者希望通过自己未来的商业活动为目标客户提供什么样的价值；价值创造方式，即创业者准备以怎样的方式方法和途径开发、生产出自己拟给目标客户提供的价值；价值传递方式，即创业者准备以怎样的方式方法和途径将所开发的价值提供给目标客户；企业的盈利方式，即创业者在给目标客户创造并传递价值的同时，拟以怎样的方式方法和途径来使自己获得利润。明确了这四者及其联系，创业者才可能顺次细化商业模式的次一级要素及其联系。

（二）商业模式四大要素的具体化

四类要素通常需要更加具体化，让商业模式设计变得更有可操作性，通过商业模式展示企业创造收入的逻辑。例如，价值体现可以具体化为创业企业的价值主张，也是创业企业拟为客户提供的价值和功能，以至最终的产品或服务。功能更多是指产品的效用，拟向用户提供的功能即效用明确了，才可构想具体的产品或服务。基于拟为客户创造的价值，新创企业需要开发和生产价值的方式、方法和途径，这通常要结合具体产品或服务的具体特点来开发。又如，如果具体产品为计算机软件产品，那就要从软件开发的相关规律来思考具体的价值创造方式；如果具体产品为计算机硬件产品，那就要从硬件开发的相关规律来思考具体的价值创造方式。至于价值传递方式，是指产品营销的方式方法和途径，具体包括产品推广、销售、客户服务等方面的相关手段、措施及渠道等。而企业的盈利方式，也需要结合价值创造方式、价值传递方式、企业与客户的交易关系、可能的市场竞争方式及态势（如市场结构）来具体设计。

具体地，可以把四类要素转换为能够覆盖商业运行中：客户、提供物（产品或服务）、基础设施、财务生存能力 4 个方面的九大模块，这九大模块分别是客户细分（Customer Segments）、价值主张（Value Propositions）、渠道通路（Channels）、客户关系（Customer Relationships）、收入来源（Revenue Streams）、核心资源（Key Resources）、关键业务（Key Activities）、重要合作（Key Partnerships）、成本结构（Cost Structure），如图 5.1 所示。

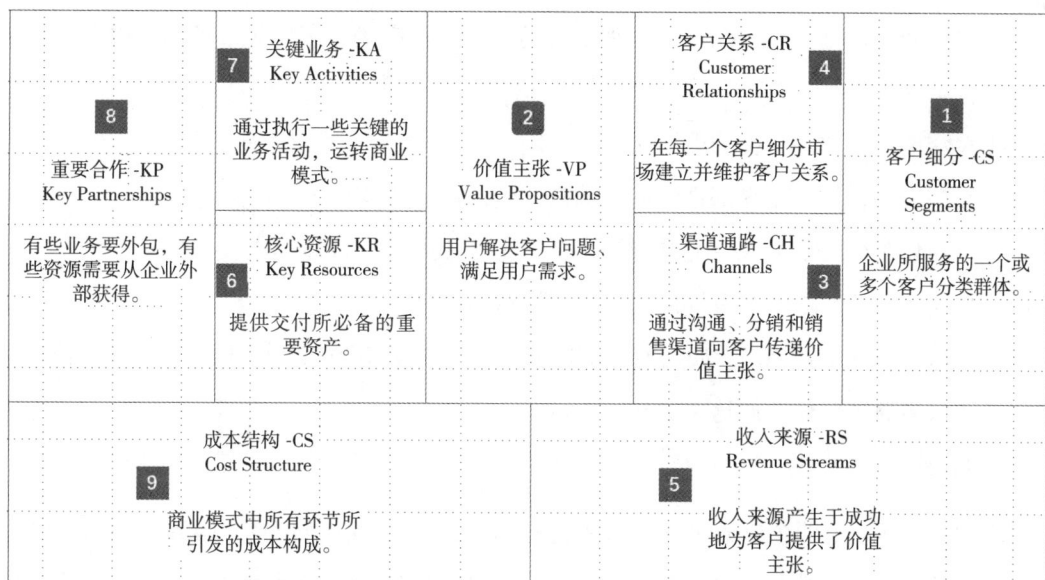

图 5.1 商业模式九大模块关系图

这九大模块将商业模式架构成企业的战略蓝图，可以通过企业组织结构、流程和系统来具体实现。

（三）商业模式九大模块的具体内容

1. 客户细分

客户细分模块，描绘了一个企业想要接触和服务的不同人群或组织，即企业所瞄准的消费者群体。这些群体具有某些共性，从而使公司能够（针对这些共性）创造价值。客户是任何商业模式的核心。没有可获益的客户，企业就不可能长久。

企业把客户划分成若干个细分区隔，每个细分区隔中的客户都具有共同的需求、共同的行为，以及其他共同的属性。在商业模式中，可以定义一个或多个可大可小的客户细分区隔。

企业必须作出决定，为哪一个客户细分区隔提供产品或服务。一旦作出了决议，就可以凭借对特定的客户细分进行深刻分析，并设计出相应的商业模式来。

> 客户细分需要回答以下一些问题：
> 我们正在为谁创造价值？
> 谁是我们最重要的客户？

客户细分，常见的有大众市场、利基市场、区隔化市场、多元化市场、多边平台或多边市场。

①大众市场，如消费类的电子行业。

②利基市场，如汽车零部件厂商依赖汽车生产商的采购。

③区隔化市场，如某大企业同时为多个完全区隔的客户群体提供服务。

④多元化市场，如亚马逊同时支持 IT 云服务和零售。

⑤多边平台或多边市场，如银行的信用卡业务，一边需要向广大用户免费发放信用卡，一边要和众多商家合作，而这两边缺一不可。

2. 价值主张

价值主张模块，即企业通过其产品和服务（标准化/个性化的产品/服务/解决方案等）所能向消费者提供的价值，通过描绘为特定客户细分创造价值的系列产品或服务，确认企业对消费者的实用意义。价值主张是企业提供给客户的受益集合或受益系列，有些价值主张可能是创新的、全新的、破坏性的；有些价值主张可能只有一些细微的差异化，只是提供了额外的功能或特性。

> 价值主张需要回答以下一些问题：
> 我们要向客户传递什么样的价值？
> 我们正在帮助我们的客户解决哪一类难题？
> 我们正在满足客户的哪些需求？
> 我们正在提供给客户细分群体哪些系列的产品或服务？

价值主张可以是定量的（如价格、服务速度），也可以是定性的（如设计、客户体验）。以下要素有助于为客户创造价值：

①新颖：给客户从未感受过或体验过的全新需求。

②性能：对产品进行改善，让其在性能上更具优势。

③定制化：让客户参与产品设计当中来，对客户需求进行个性化定制。

④锦上添花：帮助客户把事情做得更好。

⑤设计：优秀的设计可以帮助客户脱颖而出，然而设计又是一个难以衡量的要素。

⑥品牌和身份地位：让客户因为我们所提供的价值主张而变得与众不同，帮助客户显示出不同的身份地位。

⑦价格：以更低的价格提供同质化的价值主张，或者向用户提供完全免费的价值主张。

⑧消减成本：帮助客户削减成本。

⑨风险抑制：帮助客户抵御风险，或者为客户可能的风险做担保。

⑩提升可达性：把产品或服务提供给以前接触不到的客户，提升服务或产品的可达性。

⑪便利性和可用性：使事情变得更加便利，更加易用。

3. 渠道通路

渠道通路模块，即公司用来接触消费者的各种途径，用来描绘公司是如何与客户细分进行沟通、接触并传递其价值主张的。渠道通路是客户接触点，沟通、分销和销售这些渠道构成了公司对客户的接口界面，它在客户体验中扮演着重要角色，也涉及公司的市场和分销策略。

渠道通路有以下作用：①提升公司的价值主张在客户心中的认知；②帮助客户评估公司的价值主张；③协助客户购买特定的价值主张；④向客户传递价值主张；⑤为客户提供售后支持。

> 渠道通路需要回答以下一些问题：
>
> 通过哪些渠道可以接触我们的客户细分群体？
>
> 我们现在是如何接触他们的？
>
> 我们的渠道是如何整合的？
>
> 哪些渠道最为有效？
>
> 哪些渠道的成本效率最好？
>
> 如何把我们的渠道与客户的例行程序进行整合？

渠道可以分为自有渠道和合作伙伴渠道，也可以分为直销渠道和非直销渠道。有些渠道成本高，但利润也高；有些渠道成本低，但利润也低。企业在把价值主张推向市场的过程中，可以灵活地组合各种渠道，以使收入最大化。

要明白不同渠道通路的主要目标是什么？是为了提升客户对企业服务和产品的认知？是为了帮助客户评估公司的价值主张？是为了协助客户购买特定的价值主张？是为了把价值主张传递给客户？是为了给客户提供售后支持？总之，要清楚每个渠道的意义和目标所在，灵活地组合多种渠道，以实现收入最大化。

4. 客户关系

客户关系模块，即公司与其消费者群体之间所建立的联系，描绘了公司与特定客户细分群体之间所建立的关系类型。企业应该弄清楚自己所希望的与客户细分群体之间的关系类型。这种希望可以被以下几个动机所驱动：第一，客户获取；第二，客户维系；第三，提升销售额（二次购买、追加销售）等。

> 客户关系需要回答以下一些问题：
>
> 我们的每个客户细分群体希望我们与之建立并保持怎样的关系？
>
> 哪些关系我们已经建立了？
>
> 这些关系的成本如何？
>
> 如何把这些关系与商业模式的其他部分进行整合？

客户关系类型可以划分为多种类型，这些关系类型可以共存于企业和特定客户细分群体之间。常见的客户关系类型有以下几种：

①个人助理：客户与客户代表直接互动，也可以通过呼叫中心、客服邮件等个人助理手段来进行互动。

②专用个人助理：为客户提供专属的客户代表，这是最为亲密的客户关系类型之一。

③自助服务：企业不直接与客户发生关系，而是通过自助服务为客户提供所需要的所有条件。

④自动化服务：基于客户特征和差异化，为客户提供更加精细的自助服务。

⑤社区：通过线下社区、在线社区等为客户提供平台，并促进客户和潜在客户互动，解决客户的相关疑问。

⑥共同创作：鼓励客户参与价值主张的创作，如亚马逊的书评服务，视频平台邀请用户创作并发布视频等。

5. 收入来源

收入来源模块，描绘了公司从每个客户细分群体中获得的现金收入（需要从创收中扣除成本）。客户细分是商业模式的心脏，收入来源就是动脉。在一个商业模式中，可以包含多种不同类型的收入来源，可以是一次性的交易收入，也可以是经常性的收入。

> 收入来源需要回答以下一些问题：
> 到底什么样的价值主张才能够让客户细分群体真正愿意付款？
> 客户现在付费买什么？
> 客户是如何支付费用的？
> 客户更愿意如何支付费用？
> 每个收入来源占总收入的比例是多少？

常见的获取收入的方式如下：

①资产销售：销售实体产品。

②使用收费：通过提供特定的服务来收费，如电信运营商、旅馆、快递等。

③订阅收费：销售可重复使用的服务，如视频应用按月付费、健身房按年付费等。

④租赁收费：如租房服务、租车服务等，消费者无须购买房产或汽车。

⑤授权收费：把受保护的知识产权，授权给客户使用并收取费用。

⑥经纪收费：为双方或多方之间的利益提供中介服务而收取佣金，如信用卡服务、股票经纪人等。

⑦广告收费：为特定的产品、服务或品牌提供广告宣传服务，如媒体行业、会展行业、网络广告等。

不同的收入来源，其定价机制也会有所不同。定价机制主要有两种形式，即固定定价和动态定价。固定定价根据静态变量而预设价格，动态定价根据市场情况的变化而不断地调整价格。

6. 核心资源

核心资源模块，用来描绘让商业模式有效运转所必需的重要因素。核心资源可以是实体资产、金融资产、知识资产、人力资源等。核心资源可以是自有的，也可以是从重要伙伴那里获得的。每个商业模式都需要核心资源，这些资源使得企业能够创造并提供价值主张、接触市场、与客户细分群体建立关系并赚取收入。不同的商业模式所需要的核心资源也不尽相同，如制造业所需要的核心资源有生产设施，而芯片设计商所需要的核心资源是技术人才，等等。

在商业模式设计中，可以通过以下一些问题辅助分析和明确自身的核心资源，帮助设计适合的商业模式：

> 核心资源需要回答以下一些问题：
>
> 我们的价值主张需要什么样的核心资源？
>
> 我们的渠道通路需要什么样的核心资源？
>
> 我们的客户关系需要什么样的核心资源？
>
> 我们的收入来源又需要什么样的核心资源？

核心资源可以分为以下几大类：

实体资产：如生产设施、不动产、汽车、机器、系统、销售网点、分销网络等。比如亚马逊的IT系统、仓库和物流体系。知识资产：包括品牌、专有知识、专利、版权、合作关系、客户数据库等。知识资产的开发很难，一旦建成将带来巨大的价值。人力资源：任何一家公司都需要人力资源，但对某些商业模式来讲，人力资源格外重要，如知识密集产业、创意产业、制药企业等。金融资产：有些商业模式必须以金融财务作为担保，金融资产是它的核心资源。

7.关键业务

关键业务模块，用于描绘为了确保其商业模式可行，企业必须要做的重要事情。所有的商业模式都需要多种关键业务活动，这些业务活动是创造和提供价值主张、接触市场、维系客户关系并获取收入所必需的。不同的商业模式，其关键业务也有所差异。

> 关键业务需要回答以下一些问题：
>
> 我们的价值主张需要哪些关键业务？
>
> 我们的渠道通路需要哪些关键业务？
>
> 我们的客户关系需要哪些关键业务？
>
> 我们的收入来源需要哪些关键业务？

关键业务可以分为以下几大类：制造产品：即产品的设计、制造、生产和发送等。问题解决：为客户的问题提供解决方案，如咨询公司、医院等服务机构。平台或网络：以平台为核心资源的商业模式，它的关键业务都与平台或网络相关。

8. 重要合作

重要合作模块，用于描绘商业模式有效动作所需要的供应商、合作伙伴等关系网络。合作关系早已经成为许多商业模式的基石，建立合作关系可以优化商业模式、降低风险、获取资源等。

> 重要合作需要回答以下一些问题：
>
> 谁是我们的重要伙伴？
>
> 谁是我们的重要供应商？
>
> 我们正在从合作伙伴那里获取哪些核心资源？
>
> 合作伙伴都执行了哪些关键业务？

常见的合作关系有以下几种：①在非竞争关系下的战略联盟。②在竞争关系下的战略合作。③为开发新业务而构建的合资关系。④为确保可靠供应的"购买方—供应商"关系。

建立合作关系的 3 种动机：商业模式的优化和规模经济的运用；为了降低风险和不确定性；为了获取特定资源和业务。

9. 成本结构

成本结构模块，用来描绘运营一个商业模式所引发的所有成本。商业模式中的任何模块都有可能引发成本。

> 成本结构需要回答以下一些问题：
>
> 什么是商业模式中最重要的固定成本？
>
> 哪些核心资源花费最多？
>
> 哪些关键业务花费最多？

在每个商业模式中，都应该让成本最小化。商业模式的成本结构有两种极端的驱动方式，分别是成本驱动和价值驱动。事实上大多数商业模式的成本结构介于这两种极端方式之间。

①成本驱动：这种商业模式侧重于在每个环节都尽可能地降低成本，以创造并维护最为经济的成本结构。

②价值驱动：有些商业模式不太注意成本细节，而更重视价值的创造，如豪华酒店等。

成本结构有以下几个特点：

①固定成本：无论价值主张的产出量如何，都能保护不变的成本，如租金、机器设备等。②可变成本：随着价值主张的产出量增加而不断增加的成本。③规模经济：由于规模扩大，某些成本低于平均水平的成本。④范围经济：由于经济范围广泛而取得了优势的成本。

课堂训练 1

商业模式画布练习

按照小组选定的创业项目，设计创业项目的商业模式，并用画布画出来。

二、商业模式设计的过程

商业模式设计是一个反复试错、修正的过程。对于创业者而言，针对特定的创业活动，要设计出理想的商业模式，并不能一蹴而就，而是需要反复试错和修正。首先需要分别设计每个要素；其次需要使 4 个要素处于相互协调匹配的状态。只有当 4 个要素分别是可行的，且四者达到协调匹配状态时，这样的商业模式才可能是较为理想的商业模式。

商业模式设计是创业机会开发环节的一个不断试错、修正和反复的过程。企业在进行商业模式设计时，必须分析自身的条件和外部的宏观环境以选择具体的模式。

（一）具体分析产业环境

企业所处的产业环境是影响商业模式设计的关键因素，当产业处于不同的发展阶段时，企业行为、产业结构以及市场绩效都不相同，而且政府在各个时期的宏观政策也不相同，这些宏观环境都是企业进行商业模式选择时需要首先考虑的内容。

（二）充分评估企业能力

企业的内部条件是商业模式设计的重要因素。任何商业模式的变革都是在企业的核心战略指导下进行的，并以核心资源及内部流程重组为基础的。企业所处产业环境、企业内部流程变革的程度等因素是企业商业模式变革时要考虑的首要因素。除此之外，还需高度重视消费者，商业模式的设计是一种以市场为导向的创新活动，其本质特征有许多方面与消费者有关，如细分市场、产品定制等。商业模式设计时要求企业充分了解自己的消费群体，为消费者创造最大的价值。商业模式设计过程中的环境分析和组织现状分析有很多研究工具，如 SWOT 分析法、五力模型等。

（三）商业模式设计的方向

美国麻省理工学院教授哈克斯和他的团队调查了美国上百家公司，提出了组织商业模式设计的 3 个方向。

1. 最佳产品模式

该模式的设计思路基于波特的低成本和产品差异化的战略选择理论。企业通过简化生产过程、扩大销售量来获得成本领先地位，或通过技术创新、品牌或特殊服务来强化产品某一方面的特性，以此来增加顾客价值。

2. 客户解决方案模式

该模式的设计出发点强调经营战略定位的重心从产品向客户转移，强调给客户带来的价值，以及客户的学习效应，通过一系列产品和服务的组合，最大限度地满足客户的需求，或通过锁定目标顾客、提供最完善的服务，实施手段是学习和定制化。

3. 系统锁定模式

该模式设计视角突破了产品和客户的范围，考虑了整个系统创造价值的所有要素，这些要素中除了竞争对手、供应商、客户、替代品之外，还包括生产互补品的企业，通过联合互补品厂商一道锁定客户，并把竞争对手挡在门外。

（四）商业模式设计的具体流程

将前文商业模式设计进一步具体化，则有表 5.3 商业模式设计的流程。

表 5.3　商业模式设计的流程

顶层设计	具体化设计	组织化设计
价值体现设计	产品或服务：核心、非核心及衍生价值	企业内部组织；外部伙伴关系；客户关系界面；企业利润屏障
价值创造方式设计	产品或服务研发、生产的方式方法和途径	
价值传递方式设计	产品或服务营销的方式方法和途径	
企业盈利方式设计	基于企业与客户交易关系及市场竞争的企业盈利方法及途径	
四类要素联系设计	产品或服务的研发、产销、交易、竞争关系的协调	

在前述商业模式设计的流程中，由顶层设计到具体化设计，再到组织化设计，是一个循序渐进、递阶而为的过程。创业者只有步步为营，逐级细化，才可能设计出客观可行的理想的商业模式。

（五）理想的商业模式设计至少有两个特征

创业者创业最基本的动因就是要赚取利润。而要赚取利润，可行的商业模式是基础。理想的商业模式设计至少应有两个特征：一是短期地看，理想的商业模式应有助于新创企业尽快实现"正的现金流"；二是长期地看，理想的商业模式应有助于新创企业用尽可能少的资源做成尽可能大的商业，从而使整个创业活动为创业者带来"最大化的利润"。创业是循序渐进的过程，特定的创业活动若能给创业者带来最大化的利润，也将是一个循序渐进的过程。由此，某种商业模式未来若能为新创企业带来最大化的利润，它首先应能尽快地为新创企业实现"正的现金流"。需要说明的是，短期内能使新创企业实现正的现金流的商业模式，并不一定就是未来能使新创企业利润最大化的商业模式，这是因为利润最大化的实现是由更多因素决定的。

商业模式开发是企业战略设计的基础，创业不但要有理想的商业模式，还要有持续努力的总体战略。商业模式决定创业能否得以启动和实施，战略则决定创业能否持续，决定新创企业未来能否可持续地成长。就两者的关系而言，商业模式通常先于战略，是战略生成的基础，战略则是在商业模式基础上新创企业对自己长期拟走道路的选择。创业者要为新创企业设计理性的战略，首先需要开发、设计理想的商业模式。否则，所设计的战略即成为无根之树，难以具体实施。

三、商业模式的验证与完善

商业模式设计得是否理想，通常需要从 3 个角度进行评价。实施这一评价的目的，在于确保实施相应的商业模式后能真正达到期望的效果。

（一）客户价值实现的程度

创业者所设计的商业模式是否合理，首先要审视该模式对创业团队所构想的"价值体现"的实现程度，即该商业模式能够在多大程度上实现创业团队原本拟为客户创造并传递的价值。要回答这一问题，创业者一是需要评价该商业模式可能为客户创造并传递的价值是不是原本拟创造的价值。例如，创业者原本打算为客户创造"节能"的价值，但通过所设计的商业模式，是不是真的就能帮助客户节能。二是需要评价该商业模式实现拟定价值的程度。如前假设，如果所设计的商业模式能够为客户提供"节能"的价值，则还需要进一步评价该商业模式能够为客户"节能"的程度大小。

（二）客户价值实现的可靠性

多数商业活动都存在风险，这就有了特定商业活动实现其价值的可靠性问题。相应地，创业者借助所设计的商业模式为客户提供价值，也存在可靠性问题。由此，创业者在设计特定商业模式之后，需要评价其能够为客户提供特定价值的可靠性，即评价该商业模式能够在多大程度上为客户可靠地提供拟定的价值。显然，只有那些能够可靠地为客户创造拟定价值的商业模式，才是可取的。商业模式的可靠性评价，也是商业模式的风险评价。相应地，既需要搞清特定商业模式的系统风险和非系统风险，还需要搞清各种具体风险的程度大小。只有搞清了各种可能的风险，才能称之为对特定商业模式的可靠性进行了较为充分的评价。

（三）客户价值实现的效率

如果估计特定商业模式能够较为可靠地为客户提供拟定的价值，还需要进一步关注该商业模式为客户创造和传递价值的效率。在商业模式的顶层要素中，价值创造方式和价值传递方式两者共同决定客户价值的实现效率，创业者评价客户价值的实现效率，一是需要评价特定商业模式为客户创造价值的效率；二是需要评价特定商业模式为客户传递价值的效率。最终效率的形成，则是价值创造和价值传递两个效率的"乘积"，而不是两个效率的"相加"。换言之，只有特定商业模式的价值创造效率和价值传递效率都很高时，创业者才可能以较高的效率为客户提供价值；反之，如果其中任何一个环节的效率较低，都可能下拉创业者为客户提供价值的效率。

课堂训练 2

免费真的能增值吗？

据国外媒体报道，瑞格斯·里尼瓦桑（Rags Srinivasan）是一名管理专家，精通产品策略和策略营销学。目前，他正在致力于大数据产品的开发。以下是他关于免费增值商业模式的一篇文章。

"免费增值模式正走向消亡，这种模式一般是先允许用户免费注册，然后通过向上营销的方式向顾客推销其他产品或服务以获得利润。" 来自博尔德市的SurveyGizmo CEO 克里斯蒂安·瓦尼克（Christian Vanek）在最近一次电话会议中说道。

"即使拥有 650 万独立用户也没有想象中那么好。我想要的不是点击量，而是一门真正的生意。"Stormpulse 创始人兼 CEO 马特·文辛（Matt Wensing）在接受Mixergy 的采访中说道。

"你得打造一款吸引用户付费的产品。"Instapaper 创始人马可·阿蒙特（Marco Arment）在接受 Planet Money 采访时说道。

这3句话也不能完全说明免费增值商业模式正在没落。Dropbox，Evernote和RememberTheMilk也不是支持这种商业模式的完美案例。但是，这3条引言在一定程度上反映了营销正在向原位回归，即一开始就应该着眼于客户需求，选择你想要满足的客户需求，然后获取你应得的那部分价值。

两组不同零售价的好时和费列罗巧克力，然后让测试者作出选择，如图5.2所示（腾讯科技配图）。

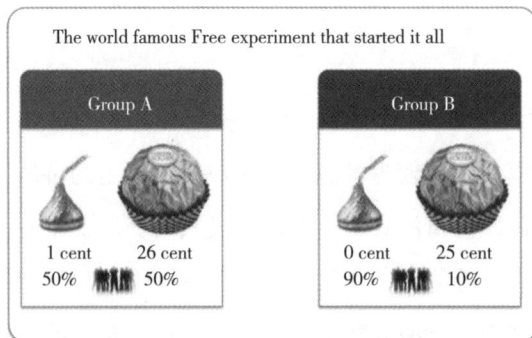

图5.2 两组不同零售价的巧克力

关于免费增值商业模式，好时巧克力的试验是一个经常被引用的案例，这次试验由一群来自MIT对免费增值商业模式着迷的行为经济学家组织，测试内容是分别提供两组不同零售价的好时和费列罗巧克力，然后让测试者作出选择。在第一组中，分别是1美分的好时巧克力和26美分的费列罗巧克力。在第二组中，则是免费的好时巧克力和25美分的费列罗巧克力。在这两者中，90%的参与者都选择了免费的好时巧克力。在这里，免费似乎有一种吸引用户的魔力。这次测验结果也成为支持免费增值商业模式学派的基石——免费是免费营销。首先，商家可采用免费版本来赢得用户使用产品，建立广大的客户基础，然后，基于既存的用户基础群，通过向上营销加售付费版本和其他配套服务得以盈利。

90%确实是一个令人印象深刻的数字，也是支持免费升值商业模式一个有力的证据。不过，对想要赚钱的企业，你必须得回答以下5个基本问题：

1. 你了解目标客户吗？

2. 你的免费和付费版本能够满足这些目标客户的迫切需求吗？

3. 这些产品能够在未来一直对顾客保持相关性吗？

4. 如果有50%的卖家也和你一样出售免费的好时巧克力，那么你的市场份额能占到多少？

5. 作为初创公司创始人，在有限的资源下，你会集中开发哪类顾客？

以上5个问题涉及最为关键的市场营销原理。不幸的是，采用免费增值商业模式并不能帮助回答这些问题。更糟的是，这些答案误导了很多创业者，让他们过于关注产品而非更加重要的客户需求。Stormpulse 是一家天气风险管理网络平台，认为免费会吸引到错误的顾客。公司 CEO 马特文辛表示，"免费为我们带来了一些只为消遣的浅度用户，而那些真正了解我们服务价值的用户往往是企业客户。"

此外还有一些替代方案，它们和免费增值模式不同，但也不是很新或目前很热门。

一开始就要着眼于客户，而非产品。产品可能是新的，但是客户却不需要这些。无论是无成本的虚拟产品还是有成本的实体产品，顾客需求要摆在第一位。事实上，除非你确认有一定数量用户需求被它满足且愿意为之付费，否则不能称之为产品。

自行选择 Stormpulse 和在线调查平台 SurveyGizmo 都明白这样一个道理，即成功的商业策略与选择有关。两家都不是盲目发展每一位愿意尝试产品的用户，而是选择发展企业客户，因为这些客户不仅懂得产品的价值，而且也愿意为之付费。让 90% 的顾客免费拿到好时巧克力，然后希望他们购买更多周边产品或者付费升级，这不是他们的商业策略。事实上，免费产品的存在会拖垮顾客的预期价值。这也是 SurveyGizmo 忽视免费模式的另一个原因。

获得你创造的那部分价值。正如 Instapaper 创始人马可阿蒙特所说，对产品收费仍然是最为简单的商业模式。产品创新并不意味着商业模式的创新。如果你的产品为客户带来了很大的价值，那么对产品收费是合情合理的，因为你创造了价值，然后获得了应得的部分。你没有必要为获取利润感到难为情。

当你拥有大量用户群后，即使只有一小部分愿意掏钱，但是还是一个巨大的数字。不过，你的公司能够撑到转化率提高的时候吗？免费增值模式给我们这样的希望，那就是非付费用户爱上你的产品，之后会愿意为之付费。这就像是你射出无数的免费子弹，然后希望一些能射中目标，这是一种突击销售法。你应该认真考虑用户需求，采用定向销售法。正如克里斯蒂安·瓦尼克访谈中所说，"收起你的猎枪，突击销售法是时候归隐了。"

资料来源：腾讯网。

分析问题：请分析免费商业模式的有效性。

第三节　商业模式创新的逻辑与方法

商业模式创新涉及要素的新组合关系或新要素的增加。企业所处的价值系统面临着各种各样的变化，如技术变革、顾客需求、法律环境、社会环境和竞争压力变化等，企业必须不断对自身所处的价值系统的不同环节进行整合，或者改变某些环节，或者改变它们的组合方式，以实现商业模式变革。只有这样，企业才能够始终领先于模仿者，使自己处于更有利的地位。

在价值系统中，企业可以通过改变价值主张、目标顾客、分销渠道、顾客关系、核心能力、价值结构、伙伴承诺、收入流和成本结构等因素来激发商业模式的变革。

许多国外学者在定义企业商业模式的时候，或多或少地提及企业的价值链。Rappa 认为，商业模式突出了公司在价值链中的位置，并指导其如何赚钱。他进一步指出，商业模式明确了一个公司开展什么样的活动来创造价值、在价值链中如何选择上游和下游伙伴中的位置以及与客户达成产生收益的安排类型。Thomas 认为，商业模式是开办一项有利可图的业务所涉及的流程、客户、供应商、渠道、资源和能力的总体构造。Dubosson 等认为，商业模式是企业为了进行价值制造、价值营销和价值提供所形成的企业结构及其合作伙伴网络，以及产生有利可图且得以维持收入流的客户关系资本。这些对企业商业模式的界定或论述对我们使用相关的价值链理论解释企业商业模式创新有着重大的启示作用。

按照波特的"价值链分析法"，企业的价值活动可以分为基本活动和辅助活动两类。其中，基本活动包括内部后勤、生产作业、外部后勤、市场营销和销售、服务 5 个部分；辅助活动包括企业基础设施、人力资源管理、技术开发和采购 4 个部分。

上述 9 种企业价值活动中又包含了多种细分的价值活动和价值元素，从广义上讲，波特定义的企业价值链囊括了所有能够为企业创造价值的活动和因素，还包括了企业组织结构、制度安排、价值理念和企业文化等。波特同时指出，供应商价值链、企业价值链、渠道价值链和买方价值链构成了整个价值体系，如图 5.3 所示。

图 5.3 商业模式创新的价值链分析

企业价值链同时与上游的供应商价值链、下游的渠道价值链和顾客价值链相连，构成一条完整的产业价值链，如图 5.4 所示。

图 5.4　产业视角的商业价值链

价值链理论是以企业基本价值链（波特定义的经典价值链）为基础，运用其在整条产业价值链上的不同变动方式及其自身基础价值活动的创新来解释企业如何实现商业模式的创新。

由于产业价值链涵盖了企业能够涉及的所有价值活动，因此，这种基于价值链的创新能够直观、清晰、全面地对企业商业模式创新进行理论解释。企业可以通过对价值链上价值活动进行细分，清晰地识别出自身价值活动的优劣势，然后对其内外部价值活动进行优化重组、整合及创新，最终实现有效的企业商业模式创新。

从本质上讲，企业商业模式是通过对企业全部价值活动进行优化选择，并对某些核心价值活动进行创新，然后再重新排列、优化整合而成。

一、商业模式创新的逻辑

关于企业商业模式创新的动力，学者们更偏爱经济学理论的经典解释。在微观经济学的假设前提下，企业的最终目标是追求利润最大化，企业的任何行为都是实现其终极目标的铺路石。国内有学者认为，企业商业模式创新行为的内外在驱动力是获得企业经济租金，他们还通过对经济租金的挖掘，论证了"S 租金"和"L 租金"对企业商业模式创新的重要驱动作用。

"S 租金"，即熊彼特租金，是指企业通过新商业、新技术、新供应源和新的组织模式的创新来获得的企业经济租金。"L 租金"是指由企业及其员工系统地运用知识创造新知识的能力或能力要素所获得的一种经济租金，它具有不可模仿、不易转移和集中在特定领域的特征。从"S 租金"的定义可以清楚地看出，"S 租金"恰恰是通过基于价值链创新的企业商业模式创新来实现和获得的。企业进行新商业、新技术、新供应源、新渠道、新营销和组织结构的创新，这正是价值链创新的一部分内容，也可以说是企业商业模式创新的部分内容。事实上，企业商业模式创新的终极目标就是追求经济租金。

企业商业模式可能在一段时间内保持相对稳定，但在经济租金的驱动下，在外部经济、政治、文化和技术环境的影响下，企业商业模式创新会不断地演进。

由产业结构、产业吸引力和产业的进入退出壁垒等因素构成的企业外部竞争环境（经济环境）发生对企业不利的变化，企业将会面临更大的竞争压力。许多企业都希望通过商业模式的创新将其市场竞争的相对劣势转化为相对优势，以重新取得有利的竞争地位。

技术环境的变化对企业商业模式创新也有着重大影响。科技的进步，特别是信息技术革命，为企业商业模式创新提供了强大的技术支持。例如，互联网技术的产生使 B2B，B2C 等电子商务模式成为可能，从而为企业商业模式创新搭建了必要的技术平台。

企业外部的政治环境、文化环境的变化也会对企业商业模式的创新产生一定影响。一国政策的改变，一个地区或民族的文化、风俗习惯、观念等的冲突，都会制约企业固有的商业模式，特别是那些进行跨国经营的企业。企业必须根据政治、文化环境的改变进行适当的企业商业模式创新。

如图 5.5 所示，当外部环境（经济环境、技术环境、社会环境、文化环境）发生新的对企业有影响（正、负两种影响）的变化时，在顾客价值的强力驱动下，企业开始寻求商业模式创新。

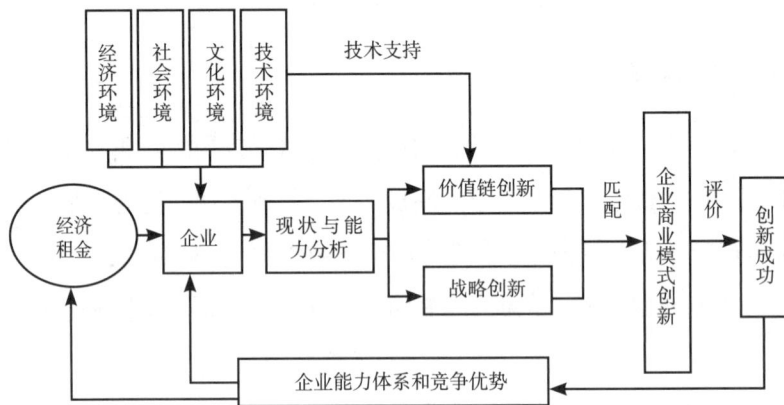

图 5.5　企业商业模式创新演进过程

资料来源：高闯，关鑫. 企业商业模式创新的实现方式与演进机理——一种基于价值链创新的理论解释 [J]. 中国工业经济，2006（11）:83-90.

企业首先对自身现状和能力进行科学、全面、客观的分析，在权衡内外因素的基础上对竞争策略（短期战略）进行调整，而这种策略调整又恰好体现在价值链创新上，如企业的并购或剥离、目标市场的再细分和产品的核心多元化等。企业再对其价值活动进行优化整合，努力寻求一种最优的组合方式，这就促成了有效的企业商业模式创新的实现（这是一个不断进行评价和调整的复杂过程）。企业通过商业模式的创新能够进一步巩固自身的核心能力体系，增强企业的市场竞争优势，进而实现企业的战略发展目标。同时，也实现企业为顾客创造价值的经营宗旨。当内外部条件再次发生关键性变化时，企业又开始进入新一轮的商业模式创新。通过这样周而复始的循环就形成了企业商业模式创新的不断演进。

二、商业模式创新的方法

（一）价值链延展型创新

这种商业模式创新是在原有价值链的基础上，通过延长其两端的价值活动（按战略管理的说法是纵向一体化），即向行业价值链两端的供应商价值链、渠道价值链和顾客价值链延伸，或者在某些价值活动的横截面上延展同类价值活动（水平一体化或横向一体化）使企业价值链涵盖更多的价值活动，如并购同类企业以实现产品的相关多元化，从而获得成本领先和差异化优势。

延展型商业模式创新可分为纵向延展型商业模式创新、横向延展型商业模式创新和混合延展型商业模式创新。

1. 纵向延展型商业模式创新

纵向延展型商业模式创新中包含了两种典型的模式，即前向一体化商业模式和后向一体化商业模式。

（1）前向一体化商业模式创新

前向一体化商业模式创新是将渠道价值链和顾客价值链上的价值活动纳入企业价值链，成为企业从事的价值活动的一部分，消灭了中间商（企业外部的物流、代理商和零售商等），企业直接面对消费者组织销售，并将中间利润与消费者分享。

（2）后向一体化商业模式创新

后向一体化商业模式创新是将供应商价值链纳入企业价值体系中，实现企业原材料的自给自足，这可以节省大量的交易费用和采购成本，从而增强企业的成本优势和盈利能力。

2. 横向延展型商业模式创新

在横向延展型商业模式创新中最具代表的是以产品相关多元化为基础，通过对相关价值活动进行优化整合而形成的企业商业模式。

3. 混合延展型商业模式创新

混合延展型商业模式创新兼具纵向延展型商业模式创新和横向延展型商业模式创新的特点，既包含了价值活动的纵向延伸，又包括了价值活动的横向扩展。

混合延展型商业模式创新将原本在企业外部的价值活动纳入企业经营范围内，这不仅增加了企业的价值活动，还扩大了企业与各利益方的关系网络，包括网络化价值链下企业间的合作关系，通过对其有效的制度安排和关系整合可以节省大量的交易费用（如信息搜寻成本、谈判成本等），提高企业的整体反应效率，进而增强企业的整体竞争实力和盈利能力。

（二）价值链分拆型商业模式创新

价值链分拆型商业模式创新是将企业的基础性价值活动进行分拆、剥离、外包，使企业价值链缩短（价值活动减少），企业只保留那些核心价值活动（那些具有核心竞争力且难以被模仿的价值活动）和相对优势价值活动，并在此基础上对价值活动的各利益方尤其是伙伴关系进行重新整合，形成有效的制度安排。

这种商业模式创新遵循的基本原则是企业从事基础价值活动所产生的总成本高于其通过价值链分拆、职能外包所产生的新的总成本。企业通过职能外包，可以与其伙伴企业实现资源、要素和能力的优势互补，从而降低总成本，提高企业的敏捷性和柔韧性，增加企业超额利润。在价值链分拆型商业模式创新中，最具代表性的就是 OEM（Original Equipments Manufacture）模式，即通常所说的贴牌生产，企业只保留品牌、设计、财务等关键价值活动，而将生产活动外包给具有比较优势（特别是低成本）的其他企业。

（三）价值创新型商业模式创新

这种商业模式创新与前面两种模式不同，它并不延长或缩短企业价值链，而是只针对基础价值链上的价值活动进行创新，从而形成其他企业难以学习和模仿的核心能力。价值创新一般是在几种价值活动间协同进行的，既包括技术层面的创新，又包括组织结构、制度安排、价值理念和企业文化层面的创新，这是其他企业很难模仿的。这种通过价值创新形成的商业模式可以产生很强的协同效应，不仅提高企业的运营效率，而且降低企业的运营成本，增强企业的核心竞争力。

价值创新型商业模式创新中较为常见的是通过技术创新实现产品的核心多元化和生产成本的节约，进而形成的新商业模式。这虽然与横向延展型商业模式创新中的产品多元化商业模式有着相似的组织模式或制度安排，但两者的形成机制与核心价值活动却有着本质的区别，这种创新型核心多元化企业商业模式是通过核心技术创新实现的，而后者只是通过购并同类企业并对其产品和业务进行整合来实现，不存在自身核心技术的创新，不能将两者混为一谈。

（四）价值链延展与分拆相结合的商业模式创新

价值链延展与分拆相结合的商业模式创新实际是第一类和第二类企业商业模式创新的

混合体。这种企业商业模式创新既对企业基础价值活动进行分拆外包，又把企业以外的其他价值活动纳入企业价值体系中，然后对价值活动、利益方关系进行优化整合，采用有效的组织方式和制度安排。它兼具了前两类商业模式创新的优点。一方面，通过价值链延展，新创企业可以获得成本优势、协同优势和范围优势；另一方面，通过价值链分拆，可以提高新创企业的敏捷性和柔韧性，实现资源和能力的优势互补，从而在很大程度上提高新创企业的整体竞争优势。在实践中，这种企业商业模式的成功运作非常复杂，它要求企业首先必须十分慎重地识别出自身基础价值链中的优势价值活动和劣势价值活动，然后对其进行分拆，同时还要求企业将自身以外的价值活动纳入企业价值链中，并对其进行整合优化，以实现整体的协同效应。

（五）混合创新型商业模式创新

混合创新型商业模式创新是通过把创新活动引入第一类、第二类、第四类商业模式创新而形成的。它可以细分为延展创新型、分拆创新型和延展与分拆混合创新型3类企业商业模式。

延展创新型是在企业价值链延展的基础上对其价值活动进行创新而形成的；分拆创新型是通过对分拆后企业保留的优势价值活动进行创新而形成的；延展与分拆混合创新型是在对企业价值链进行延展与分拆的基础上，对组合后的价值活动进行创新并优化整合而形成的，包括了价值链的延展与分拆、技术创新、制度创新、组织方式创新和文化创新等，是所有商业模式创新中最复杂、最具竞争活力而且又最难被模仿的一类。

混合创新型是现实中存在数量最多、最常见的一类商业模式创新，新创企业要想在激烈的市场竞争中长期保持一定的竞争优势，必须不断地根据自身优势进行创新。一方面，通过价值链的延展、分拆，获得成本领先和管理协同，实现优势互补和灵活反应；另一方面，通过价值活动的创新，增强企业核心竞争力，提高企业差异化经营能力，为企业和顾客创造更多的价值。

商业模式本质上是若干因素构成的一组盈利逻辑关系的链条。商业模式是商业战略生成的基础，商业战略是在商业模式基础上的行为选择。商业模式的价值主张、价值网络和价值实现等要素之间的不同组合方式形成了不同的商业模式。商业模式设计是创业机会开发环节的一个不断试错、修正和反复的过程。商业模式设计是分解企业价值链条和价值要素的过程，涉及要素的新组合关系或新要素的增加。

课堂训练 3

商业模式案例分析

案例分析 1：

联想集团在发展过程中，其商业模式经历了几次转变。起初，联想的商业模式是"技＋工＋贸"，但企业成长遇到了较大的困难。后来将商业模式切换为"贸＋工＋技"，没几年，联想得到了长足的发展，这才有了今天的联想。

请将联想商业模式的分析结果填入表 5.4 中。

表 5.4　联想商业模式分析表

商业模式	技＋工＋贸	贸＋工＋技	教师评价
经营内容 目标客户 盈利方式			
分析联想 商业模式 转换原因			
如果不转换 会有什么后果			

案例分析 2：

康柏和戴尔的竞争是商业模式决定企业经营业绩的另一个典型。美国的康柏公司成立于 1982 年，当年即生产出了第一台与 IBM 兼容的个人计算机。1992—1999 年，随着全球个人计算机市场的发展，康柏销售额连年高速增长，年均增长率超过 30%。康柏在全世界各地广布营销网点，仅北美就有 11 万家批发商、零售商和其他销售伙伴。通过分销使自己有 30% 以上的利润率。戴尔公司崛起于 1994 年，比康柏晚了 12 年，采取的是直销模式。当戴尔年销售为 35 亿美元时，康柏已接近 150 亿美元。但数年后发生了奇迹般的"角色置换"。到 2001 年，戴尔已将康柏远远抛到了后面。2000年第 3 季度至 2001 年第 3 季度一年时间里，康柏的全球市场占有率下滑了近 3%，与此同时戴尔上升了同样的幅度。

为什么会发生这样的"角色置换"？

请将你的分析结果填入表 5.5。

表 5.5　商业模式案例分析表

商业模式	康柏	戴尔	教师点评
经营内容 目标客户 盈利方式			

续表

商业模式	康　柏	戴　尔	教师点评
为什么会发生这样的"角色置换"			
他们的商业模式有何不同			
初创企业选择商业模式需要考虑哪些问题			

资料来源：李肖鸣.创业基础慕课学习评价手册［M］.北京：清华大学出版社.2015：31-32.

拓展阅读

十种常见的商业模式

1.B2B 电子商务模式

代表：阿里巴巴

关键词：在线贸易、信用分析、商务平台

模式概述：阿里巴巴被誉为全球最大的网上贸易市场，不仅推动了中国商业信用的建立，也为广大的中小企业在激烈的国际竞争中带来更多的可能性。阿里巴巴汇聚了大量的市场供求信息，同时通过增值服务为会员提供市场服务。

难题：中国电子商务整体环境始终困扰着 B2B 电子商务模式的发展，信用管理问题也同样突出。

2. 娱乐经济新模式

代表：湖南卫视"超级女声"

关键词：娱乐营销、整合营销、事件营销

模式概述：超级女声构筑了独特的价值链条和品牌内涵。从 2004 年起，超级女声通过全国海选的方式吸引能歌善舞、渴望创新的女孩参赛，突破了原有电视节目单纯依靠收视率和广告赢利的商业模式，植入了网络投票、短信、声讯台电话投票等多个盈利点，并整合了大量媒体资源。赞助商、电信厂商和组织机构成为最大赢家。在节目结束后，电视台所属的经纪公司又开始对超女进行系列的包装、运作，进行品牌延伸营销。

难题：如同所有电视节目的规律一样，海选节目很容易进入疲劳期。消费者喜好的转移和市场的千变万化，是这类商业模式的"死穴"。

3. 新直销模式

代表：玫琳凯

关键词：多层次直销

模式概述：多层次人力直销网络是直销模式的根基，这张庞大的销售网上的每一个节点——每一个直销员，都具备经销商和消费者的双重身份。与面向终端消费者、以产品消费价值招徕顾客的常规企业不同，这种销售是面向小型投资主体——个人与家庭，招募他们为经销商，加入直销大军。

难题：政策约束和道德风险，是直销企业在中国发展的主要瓶颈。

4. 国美模式

代表：国美

关键词：资本运作、专业连锁、低价取胜

模式概述：家电在中国是成长性较好的商品之一，低价连锁的销售模式深得消费者的青睐。国美依靠资金的高周转率，以惊人的速度扩张，至今国美电器在多个城市拥有几百家直营门店。国美的扩张速度是世界知名的家电连锁巨擘百思买公司的4倍，利润主要来自供应商的返利和通道费。

难题：低价之外还需要更多的精细化管理，而凭借供应商的应收账款维持高速运转，不是长久之计。

5. C2C 电子商务模式

代表：淘宝网、易趣网

关键词：网上支付、安全交易、免费模式、网络营销

模式概述：淘宝网以连续数年免费的模式，将最大的竞争对手置于被动地位，并吸引了众多网上交易的爱好者到淘宝开店。淘宝网还打造了国内先进的网上支付平台"支付宝"，其实质是以支付宝为信用中介，在买家确认收到商品前，由支付宝替买卖双方暂时保管货款的一种增值服务。

难题：易趣网被淘宝网的免费战略打败，说明中国的消费环境尚不成熟。另外，网络支付的安全性也是挑战。

6. 分众模式

代表：分众传媒

关键词：新媒体、新蓝海、眼球经济

模式概述：其商业价值来源于让等电梯的写字楼白领观看液晶屏广告，给广告主提供准确投递广告的新媒体。IZO企业电视台有效地结合了网络、电视、视频通话技术，可谓最先进的技术手段相互融合造就的高品质的即时互动多媒体整合平台，是架构在企业网站上最新的媒体广告方式。它能够在企业网站上将宣传片等内容透过视频

窗口在线播放，让企业可以轻松透过声音、影像及文字随时随地享受与世界互动互通。网民通过搜索引擎寻找到企业网站，并观看企业电视，了解企业文化、产品介绍等资讯，受众完全是自主选择的，不带有任何强制性，这样的主动寻求而非被动接受使得受众更易产生兴趣及购买欲望。无论是对政府网站、城市门户网站还是数以千万的企业网站，IZO企业电视都是一种极佳的广告宣传方式。IZO企业电视台被业内认为是唯一有望超越分众的网络新媒体。

7. 虚拟经营模式

代表：耐克

关键词：虚拟经营、外包

模式概述：美国耐克公司是服装业虚拟经营的典范。耐克公司把精力主要放在设计上，具体生产则承包给劳动力成本低廉的国家和地区的厂家，以此降低生产成本。这种虚拟制造模式使耐克得以迅速在全球拓展市场。近年来，耐克试图转变既有的产品驱动型的商业模式，进而发展成为通过全球核心业务部门的品类管理、推动利润增长的、以客户为中心的组织。

难题：中国各地OEM厂商产能有限，供货商队伍过于庞大分散，引起了品牌企业的经营和管理成本上升，对创业企业的管理能力提出了挑战。

8. 经济型连锁酒店模式

代表：如家

关键词：酒店连锁、低价

模式概述：如家未必是中国经济型酒店的"第一人"，却是迅速地将连锁业态的模式运用于经济型酒店的革命者。由于快速地加盟、复制、扩张，如家快捷酒店及时地占据了区位优势，在众多的同行业竞争者中率先赢得华尔街的青睐，于2006年10月26日成功登陆纳斯达克。

难题：中国的不同城市差异巨大，如何在维持低成本运作的前提下，以相对统一的服务品质，保证在各个城市均获得成功是个难题，而众多的加盟店管理不善也会影响品牌形象。

9. 网络游戏模式

代表：盛大

关键词：免费模式、互动娱乐

模式概述：盛大独自开创了在线游戏的商业模式。2005年12月，盛大主动宣布转变商业模式，将自己创造的按时间收费的点卡收费模式，改为实施道具增值服务的计费模式。盛大希望以一种有效的运转模式发现和满足用户需求，延长游戏的生命期，并为公司的互动娱乐战略提供更持久的现金流。

难题：无论收费还是免费，只有依靠好的游戏产品，才能在市场上长期立足。

10.网络搜索模式

代表：百度

关键词：竞价排名、网络广告、搜索营销

模式概述：搜索引擎已彻底改变了人们的生活方式，其中竞价排名是搜索最主要的收入来源。百度的收入对竞价排名的依赖程度很高，实质类似于做广告，即客户通过购买关键词搜索排名来推广自己的网页，并按点击量进行付费。网页左右两边都包含有竞价排名的结果，搜索者很难清晰地辨别哪些搜索结果是付费的。

难题：单一搜索门户所采用的竞价排名商业模式，很容易影响搜索结果的客观性，造成用户的忠诚度下降。另外，如何识别无效点击或欺骗性点击的技术，也是竞价排名搜索模式需要解决的问题。

参考文献

［1］亚历山大·奥斯特瓦德，伊芙·皮尼厄.商业模式新生代［M］.机械工业出版社，2000年.

［2］张玉华，王周伟.创业基础［M］.清华大学出版社，2014年.

［3］罗珉，李亮宇.互联网时代的商业模式创新：价值创造视角［J］.中国工业经济，2015（01）:95-107.

［4］原磊.国外商业模式理论研究评介［J］.外国经济与管理，2007（10）:17-25.

［5］罗珉，曾涛，周思伟.企业商业模式创新：基于租金理论的解释［J］.中国工业经济，2005（07）:73-81.

［6］原磊.商业模式体系重构［J］.中国工业经济，2007（06）:70-79.

［7］魏炜，朱武祥，林桂平.基于利益相关者交易结构的商业模式理论［J］.管理世界，2012（12）:125-131.

［8］郑志来.共享经济的成因、内涵与商业模式研究［J］.现代经济探讨，2016（03）:32-36.

［9］王伟毅，李乾文.创业视角下的商业模式研究［J］.外国经济与管理，2005（11）:34-42，50.

［10］程愚，孙建国.商业模式的理论模型：要素及其关系［J］.中国工业经济，2013（01）:141-153.

［11］张敬伟，王迎军.基于价值三角形逻辑的商业模式概念模型研究［J］.外国经济与管理，2010，32（06）:1-8.

［12］ 成文，王迎军，高嘉勇，等．商业模式理论演化述评［J］．管理学报，2014，11
（03）:462-468.

［13］ 项国鹏，周鹏杰．商业模式创新：国外文献综述及分析框架构建［J］．商业研究，
2011（04）:84-89.

［14］ 陈晓红，蔡莉，王重鸣，等．创新驱动的重大创业理论与关键科学问题［J］．中国
科学基金，2020，34（02）:228-236.

［15］ 龚丽敏，魏江，董忆，等．商业模式研究现状和流派识别：基于1997—2010年
SSCI引用情况的分析［J］．管理评论，2013，25（06）:131-140.

［16］ 马君，郭敏，张昊民．大学生创业模式及其动态演化路径［J］．教育发展研究，
2012，32（03）:59-64.

［17］ 云乐鑫，杨俊，张玉利．基于海归创业企业创新型商业模式原型的生成机制［J］．
管理学报，2014，11（03）:367-375.

［18］张洁，安立仁，张宸璐．开放式创新环境下创业企业商业模式的构建与形成研究［J］.
中国科技论坛，2013（10）:81-86.

［19］云乐鑫，薛红志，杨俊．创业企业商业模式调整研究述评与展望[J]．外国经济与管理，
2013，35（11）:21-28.

［20］余来文．创业型企业商业模式的构成要素研究［J］．当代财经，2011（12）:74-80.

知识框架图

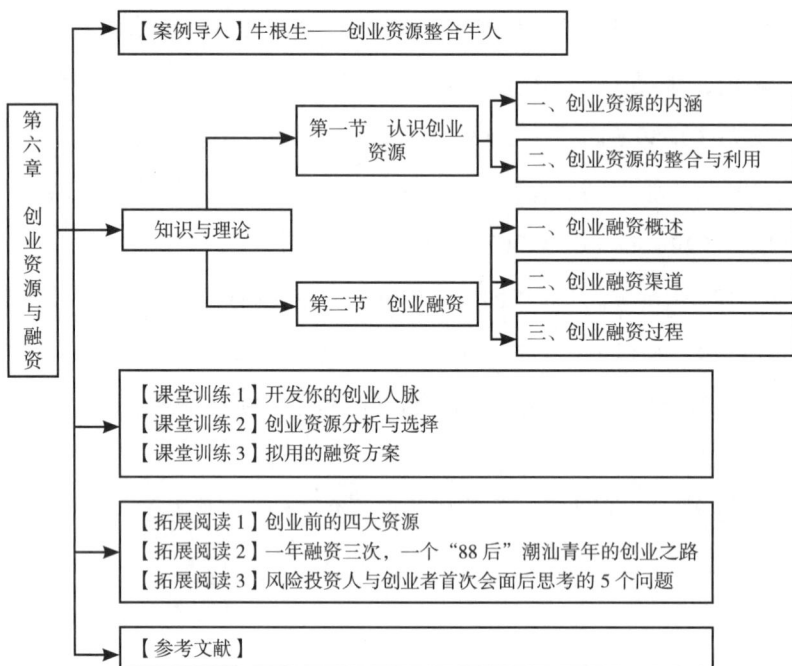

▶▶▶ 案例导入

牛根生——创业资源整合牛人

没有任何资源，难道就不能做事情，不能创业吗？我们不能被眼前的困难吓倒，要明白一个道理，资源可以整合，没有工厂，可以借别人的工厂生产，没有品牌，就先做别人的品牌，然后积累了一定基础后，做自己的品牌，同时也可以整合其他品牌资源。基本上企业的任何资源都可以整合。

现在这个时代，靠一个企业独立经营，单打独斗，力量是十分有限的，一定要整合各方面的资源才能把一个企业做大。

牛根生是这方面的牛人。牛根生刚开始只是伊利的一个洗碗工，凭着自己的勤奋和聪明做到生产部门的总经理，后来被伊利辞退了。他那个时候都40多岁了，去北京找工作，人家嫌弃他年纪大。他回到呼和浩特，邀请原来伊利的几个同事一起创业，人有了，但是现在面对的，没有奶源，没有工厂，没有品牌，每一项都是致命的。

牛根生开始资源整合了，他通过人脉关系找到哈尔滨一家乳制品公司，这家公司设备都是新的，但是生产的乳制品质量有问题，同时营销渠道这一块又没有打通，产品一直滞销。牛根生对这家公司的老板说："你来帮我们生产，我们这边都是伊利技术高层，负责技术把关，牛奶的销售铺货我们也承包了。"这位老板一听，马上答应下来。牛根生和一起出来创业的伙伴有了落脚的地方，解决了生存的问题。

没有品牌怎么办？在乳制品这个行业，没有品牌很难销售，因为品牌代表着安全、可靠。借势，整合，打出口号："蒙牛甘居第二，向老大哥伊利学习"，口号一出，让伊利哭笑不得。一个不知名的品牌马上挤入全国前列。牛根生不只是盯着伊利，还把自己和内蒙古的几个知名品牌联系起来，他说："伊利、鄂尔多斯、宁城老窖、蒙牛为内蒙古喝彩！"前3个都是内蒙古著名品牌，自己放在最后，给人感觉就是内蒙古的第四品牌。牛根生整合品牌资源，让蒙牛没有花一分钱而成为知名的品牌。

没有奶源怎么解决？自己买牛养，牛很贵，也没有那么多人员去照顾，蒙牛整合了3个方面的资源：第一是农户；第二是农村信用社；第三是奶站的资源。用信用社的钱借给奶农，蒙牛担保，并且承诺包销路。奶牛生产出来的奶由奶站接收，蒙牛又找到奶站。蒙牛定时把信用社的钱还了，把利润给了奶农，趁机喊出一个口号：一年养10头牛，过的日子比蒙牛的老板还牛。

很多事情，不是自己能做就可以做的，有的事情，自己做很难做好，而且会花费太多的人力物力。这个时候，就要整合资源，发挥自己的长处，整合别人的优势，用更少的成本创业，或者说零成本创业都有可能。

资料来源：豆瓣网。

知识与理论

第一节　认识创业资源

一、创业资源的内涵

（一）创业资源的概念

创业的前提条件之一就是创业者拥有或者能够支配一定的资源。所谓资源，依据目前战略管理中很有影响的资源基础理论（resource-based theory，RBT）的观点，企业是一组异质性资源的组合，而资源就是企业在向社会提供产品或服务的过程中，能够拥有或者能够支配的各种要素以及要素组合。创业资源，简单地说，就是创业者所需具备的一些创业条件。如果创业者获取不到创业所需的资源，创业机会对于创业者而言则毫无意义。

1. 创业资源的定义

林强以及林嵩曾对创业资源给出了学术定义，他们认为创业资源是企业创立以及成长过程中所需要的各种生产要素和支撑条件，不仅包括在创业前、创业中，还包括企业在创立后投入和利用的资源。对于创业者而言，只要是对其创业项目和新创企业发展有所帮助的要素，都可归入创业资源的范畴。

创业资源对于创业活动的重要意义不只局限在单纯的量的积累上，创业过程实质上是各类创业资源重新整合，支持企业获取竞争优势的过程。从这一角度看，创业活动本身是一种资源的重新整合。

创业资源是新创企业在创造价值的过程中需要的特定资产，包括有形资产和无形资产，主要表现为创业人才、创业资本、创业机会、创业技术和创业管理等方面。对于创业企业来说，创业者是其独特的资源，也是无法用钱买到的资源。

2. 创业资源与一般商业资源的异同

从管理学的角度来说，商业资源是企业作为一个经济实体，在向社会提供产品或服务的过程中，所拥有或者所能够支配的能够实现公司战略目标的各种要素以及要素组合。创业资源是一种特殊的商业资源，与一般商业资源既有相同点，也有一定的差别。

从广义上看，创业资源与一般商业资源的基本内容大致相近，都包括人力资源、社会资源、财务资源、物质资源等。倘若一个人想要创业或者从事某种商业活动，则必须具备一定的条件，而拥有这些资源在某种程度上就是获得了许可证。在创业过程中，除自有资源外，创业者往往通过市场交易手段将一般商业资源转换为创业资源。

从狭义上看，创业资源与一般商业资源的差异表现为以下3个方面：

第一，创业资源与创业过程相伴而生，是一项事业、一个企业或组织从无到有、从小到大的创建过程中所依赖的各种要素和支持条件。对于创业活动而言，不确定性强是初创期的主要特征，创业者所拥有或者可以利用的资源数量少、规模小。一般商业资源往往泛指事业、企业或组织所具备的生产要素和支持条件，其数量多、规模大。

第二，创业资源的范围往往小于商业资源。尽管创业资源与商业资源的基本内容相近，但并不是所有的商业资源都是创业资源，只有创业者能够拥有或者可以获得、利用的资源才是创业资源。在创业的过程中，创业机会只有与相应的创业资源进行匹配，才能形成现实的创业行为。否则，即使出现了大好的创业机会，创业者也难以迅速利用这个机会，只能眼睁睁地看着机会从身边溜走。

第三，有的学者认为，创业资源更多表现为无形资源，一般商业资源则更多表现为有形资源。创业资源的独特性更强，创业者的个人能力和社会网络资源是其中最为关键的资源，在一般商业资源中，规范的管理和制度则是企业成功的基础资源。

（二）创业资源的分类

资源基础理论将企业描述成一组异质性资源的组合，创业可以看成整合异质性资源的过程，对资源的分类有助于理解资源整合的过程。对创业资源的分类有很多种，尽管学术界对创业资源类型界定尚未有统一标准，但是目前对创业资源的多视角分类有助于人们理解创业资源的来源、构成以及资源的获取与整合。

目前，学术界对创业资源的分类大致有以下4种类型：

1. 创业资源按其来源分类

创业资源按其来源可以分为自有资源和外部资源。

自有资源是指创业者或创业团队自身所拥有的可用于创业的资源，如自有资金、技术、创业机会信息等。外部资源是指创业者从外部获取的各种资源，包括从朋友、亲戚、商务伙伴或其他投资者筹集到的投资资金、经营空间、设备或其他原材料等。自有资源的拥有状况（特别是技术和人力资源）会影响外部资源的获得和运用。

2. 创业资源按其存在形态分类

创业资源按其存在形态可以分为有形资源和无形资源。

有形资源是指具有物质形态的、价值可用货币度量的资源，如组织赖以存在的自然资源以及建筑物、机器设备、原材料、产品、资金等。无形资源是指具有非物质形态的、价值难以用货币精确度量的资源，如信息资源、人力资源、政策资源以及企业的信誉、形象等。无形资源往往是撬动有形资源的重要手段。

3. 创业资源按其性质分类

张玉利在《创业管理》一书中，根据资源的性质，将创业资源分为人力资源、社会资源、财务资源、物质资源、技术资源和组织资源。

（1）人力资源

人力资源包括创业者与创业团队的知识、训练、经验，也包括组织及其成员的专业智慧、判断力、视野、愿景，甚至是创业者、创业团队的人际关系网络。创业者是新创企业中最重要的人力资源，因为创业者能从混乱中看到市场机会。创业者的价值观和信念是新创企业的基石。合适的员工也是创业人力资源的重要部分，高素质人才——技术人员、销售人才和生产工人等的获取和开发，是企业可持续发展的关键因素。

（2）社会资源

社会资源主要指由人际和社会关系网络而形成的关系资源。社会资源可以是人力资源的一部分，或者说是特殊的人力资源。社会资源对创业活动非常重要，因为社会资源能使创业者有机会接触大量的外部资源，有助于透过网络关系降低潜在的风险，加强合作者之间的信任和声誉。开发社会资源是创业者的重要使命。

（3）财务资源

财务资源包括资金、资产、股票等。对于创业者来说，财务资源主要来自个人、家庭成员和朋友。缺乏抵押物等，原因使创业者从外部获取大量财务资源比较困难。

（4）物质资源

物质资源是指创业和经营活动所需要的有形资产，如厂房、土地、设备等。有时也包括一些自然资源，如矿山、森林等。

（5）技术资源

技术资源包括关键技术、制造流程、作业系统、专用生产设备等。通常，技术资源包含3个层次：一是根据自然科学和生产实践经验而发展成的各种工艺流程、加工方法、劳动技能和诀窍等；二是将这些流程、方法、技能和诀窍等付诸实现的相应的生产工具和其他物资设备；三是适应现代劳动分工和生产规模等要求的对生产系统中所有资源进行有效组织和管理的知识、经验和方法。技术资源与智慧等人力资源的区别在于，后者主要存在于个人身上，随着人员的流动会流失，技术资源大多与物质资源结合，可以通过法律手段予以保护，形成组织的无形资产。

（6）组织资源

组织资源包括组织结构、作业流程、工作规范和质量系统。组织资源通常指组织内部的正式管理系统，包括信息沟通、决策系统以及组织内正式和非正式的计划活动等。一般来说，人力资源需要在组织资源的支持下才能更好地发挥作用，企业文化也需要在良好的组织环境中培养。组织资源来自创业者或其团队对新创企业的最初设计和不断调整，同时包括对环境的适应和对成功经验的学习。由于创业过程通常被解释成组织的形成过程，所以对于创业企业来说组织资源是具有标志性意义的一类资源。

4. 创业资源按其对企业战略规划过程的参与程度分类

林强、林嵩、姜彦福等人根据创业资源对企业战略规划过程的参与程度，将创业资源分为直接资源和间接资源。

财务资源、经营管理资源、市场资源、人才资源是直接参与企业战略规划的资源要素，可以把它们归为直接资源；政策资源、信息资源、科技资源这3类资源要素对创业成长的影响更多的是提供便利和支持，而非直接参与创业战略的制订和执行，对创业战略的规划是一种间接作用，可以把它们归为间接资源（图6.1）。

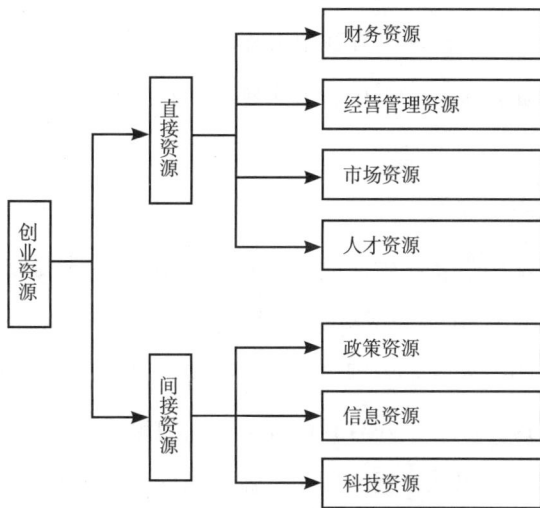

图 6.1 林强等人的创业资源细分图

要从事活动，需要从创业资源方面考虑以下的这些问题。财务资源：是否有足够的启动资金？是否有资金支持创业最初几个月的亏损？经营管理资源：凭什么找到客户？凭什么应对变化？凭什么确保企业运营所需能够及时足量地得到？凭什么让创业企业内部能有效地按照最初设想运转起来？人才资源：是否有合适的专业人才来完成所有的任务？市场资源（包括营销网络与客户资源、行业经验资源、人脉关系）：凭什么进入这个行业？这个行业的特点是什么？盈利模式是什么？是否有起码的商业人脉？市场和客户在哪里？销售的途径有哪些？政策资源：可不可以有一个"助推器"或"孵化器"推进创业？如某些准入政策、鼓励政策、扶持政策或者优惠政策等。信息资源：依靠什么来进行决策？从哪里获得决策所需的信息？从哪里获得有关创业资源的信息？科技资源：创业的企业凭什么在市场上去竞争？为社会提供什么样的产品和服务？

另外，还有学者将创业资源按其对生产过程的作用分为生产型资源和工具型资源。生产型资源直接用于生产过程或用于开发其他资源，如物质资源，像机器、汽车或办公室，被认为直接用于生产产品或提供服务；工具型资源则被专门用于获得其他资源，如财务资源。将创业资源按其在创业过程中的作用分为两类：一类是运营性资源，主要包括人力资源、技术资源、资金资源、物质资源、组织资源和市场订单等资源；另一类是对新企业生存和发展具有关键作用的战略性资源，主要指知识资源。

（三）创业资源的作用

社会资本、资金、技术以及专业人才这些资源都是创业必不可少的关键要素。创业活动的本质，是创业者围绕潜在机会来调动和整合一切可能获得的资源以创造商业价值的过程，创业者所拥有或者能够支配的资源在很大程度上决定了创业方向、创业的成败。

李家华等人在《创业基础》一书中，分别阐述了社会资本、资金、技术以及专业人才在创业中的作用。

1. 社会资本在创业中的作用

社会资本的概念是法国学者布尔迪厄（Pierre Bourdieu）于 20 世纪 70 年代提出来的，其代表著作 *Distinction* 于 1984 年译成英文。科尔曼（James Coleman）1988 年在《美国社会学学刊》发表的《作为人力资本发展条件的社会资本》一文，在美国社会学界第一次明确使用了"社会资本"这一概念，并对其进行了深入的论述。

自布尔迪厄和科尔曼提出社会资本以来，比较有代表性的社会资本概念，是指个人通过社会联系获取稀缺资源并由此获益的能力。这里指的稀缺资源包括权力、地位、财富、资金、学识、机会、信息等。当这些资源在特定的社会环境中变得稀缺时，行为者可以通过两种社会联系获取：第一种社会联系是个人作为社会团体或组织的成员与这些团体和组织所建立起来的稳定的联系，个人可以通过这种稳定的联系从社会团体和组织获取稀缺资源。第二种社会联系是人际社会网络。与社会成员关系不同，进入人际社会网络没有成员资格问题，无须任何正式的团体或组织仪式，它是由人们之间的接触、交流、交往、交换等互动过程而发生和发展的。

在创业研究方面，社会资本是基于人际和社会关系网络形成的资源。这种资源可以是人力资源的一部分，或者说是特殊的人力资源。社会资本能使创业者有机会接触大量的外部资源，有助于通过网络关系降低潜在的风险，加强合作者之间的信任与信誉。有学者通过研究发现：虽然个人的财务资源与其是否成为创业者没有显著关系，但是从创业者个体来看，其获取资源的能力决定了创业活动能否成功启动；创业者常常通过社会网络获取所需的信息和资源，而那些拥有丰富社会资本的创业者往往可借此得到较难获取的资源，或以低于市场的价格购买取得。

有调查数据显示，社会交往面广、交往对象趋于多样化、与高社会地位个体之间关系密切的创业者，更容易发现创新性更强的创业机会。

课堂训练 1

开发你的创业人脉

（1）绘制你的人脉地图

参考表 6.1，用尽可能大的纸张写下所有你认识的人，要尽可能多地想到和写下来。

表 6.1　开发你的创业人脉

同学：	家人：	朋友：
老师：	我	朋友的朋友：
校友：	同事：	陌生人：

（2）标记重要的人

观察这个表，认真且反复思考以下问题，得出答案后，在表中对应的名字旁边做个标记，如▲●★等。

谁是你最信任的人？

谁是你最崇拜的人？

谁是你成功时最想一起分享喜悦的人？

谁是你失败时最先想到的避风港？

谁是和你最志同道合的人？

谁是你在创业路上必不可少的支持力量？

谁有可能为你的创业带来帮助？

谁有可能成为你的创业伙伴？

谁有可能成为你的项目投资？

谁有可能为你提供创业的关键资源？

谁有可能为你提供创业的技术支持？

谁有可能为你提供创业的管理支持？

谁是市场营销或公关的高手？

谁善于化解危机，处理问题？

谁善于创新研发，能给你带来很多新点子？

谁善于沟通交际，能帮你认识很多新朋友？

谁有可能成为你未来的合作者？

谁是你的潜在客户？

还可以就其他你认为重要的问题进行思考和标记。

注意：陌生人也是不可忽略的重要人力资源！

（3）观察与反思

观察标记后的人脉图，哪些人被标记了很多次？

同学们认识的人会越来越多，自己可以经常做这个练习，尽量不要漏掉"重要的人"，找到他们，并及时与他们交流，得到必要和可能的帮助。

同学们还可以按自己创业所需要的资源，设计更多的问题。

同学们慢慢会发现，其实自己拥有丰富的人力资源，他们都可能帮助自己走进创业的梦想，不要小看人脉地图，不要低估他们对创业的影响。

同学们更不要忘记：自己也是非常宝贵的创业人力资源！

2. 资金在创业中的作用

资金是创业者资源整合的重要媒介。从产生创意、发现创业机会到构建商业模式，创业者或创业团队都绕不开资金这个话题。换言之，创业过程的每项活动都会发生成本，都需要进行成本补偿。比如，对于新创企业来说，无论是进行产品研发还是生产销售，都需要大量的资金，如何有效地吸收资金资源是每个创业者都极为关注的问题。

很多创业者在创业之前，没有正确看待创业资金的重要性，认为企业一开始投入就能盈利，能够弥补创业过程中的资金短缺问题。事实上没那么简单，很多时候一个创业项目在起步后的相当一段时间内是没有收入的，或者收入不会像预期的那么容易。在创业之前必须做好资金问题的思想准备，以备不时之需，尽可能避免因一时的资金问题让创业团队陷入困境。

大学生创业的最大困难就是缺乏资金。即便已经建立若干年的企业，资金链的断裂也是企业致命的威胁。据国外文献记载，倒闭破产的企业中有85%是盈利情况非常好的企业，而这些企业倒闭的主要原因是资金链的断裂。企业可能不会由于经营亏损而破产清算，却常常会因资金断流而倒闭。虽然资金在创业过程中起着至关重要的作用，但融资数量并非多多益善，要考虑企业实际的资金需求量。

3. 技术在创业中的作用

技术资源能回答这样的问题：我们能提供什么样的产品或者服务？它能满足或者说实现人们什么样的需求？谁会需要我们提供的产品或者服务？对于制造类型或提供基于技术

服务的新创企业而言，技术资源是企业存在和发展的基石，是生产活动和生产流程稳定的根本，其成功的关键是寻找成功的创业技术，原因有以下 3 个：一是创业技术是决定创业产品的市场竞争力和获利能力的根本因素。在创业初期，创业资金需求基本满足的情况下，创业技术是关键的资源。二是创业是否拥有技术核心决定了所需创业资本的大小。对于在技术上非根本创新的创业企业来说，创业资本只要保持较小的规模便可维持企业的正常运营。三是从创业阶段来说，由于企业规模较小，因此管理及对人才的需求度不像成长期那样高，创业者的企业家意识和素质是创业阶段最为关键的创业人才资源和创业管理资源。

技术资源的主要来源是人才资源，重视技术资源的整合同时也就是注重人才资源的整合。技术资源的整合，不仅要整合、积聚企业内部的技术资源，还要整合外部的可以利用的技术资源，如积极寻找、引进有商业价值的科技成果，加强和高校科研院所的产学研合作等。整合技术资源只是起点，技术资源整合是为了技术的不断创新、自主研发并拥有自主知识产权，保持技术的领先，提高新创企业的核心竞争力。

4. 专业人才在创业中的作用

组织资源观认为，塑造以知识为基础的核心能力是组织获取持续竞争优势的有效策略。这种核心能力具有独特价值，是不可模仿和难以转移的，它需要组织内部的长期开发。专业人才在创业过程中的作用可以从创业者、创业团队、管理团队以及骨干员工的角度体现出来。

创业活动的本质，是创业者围绕潜在机会来调动和整合一切可能获得的资源来创造商业价值的过程，这些资源包括创业者自身的物质资本、人力资本以及不容忽视的社会资本。影响创业者人力资本的直接因素主要包括教育经历、产业工作经历和相关的创业经历；影响创业者社会资本的直接因素主要包括创业者的家庭背景、生活的地缘环境、拥有的社会关系以及创业团队所具有的其他特征等。创业者是新创企业的核心，其所具有的人力资本、社会资本对新创企业的创建和后续发展具有非常关键的作用。

随着知识经济的兴起、高科技产业发展，人们发现单靠个人力量越来越难以成功创业，创业团队的重要性更加凸显。大量的实证研究表明，团队创办的企业在存活率和成长性两个方面都显著高于个人创办的企业，这是因为团队创业通常具有更多样化的技能和竞争力基础，可以形成更广阔的社会和企业网络，有利于获取额外的资源。创业投资家也经常把新企业创业团队的素质作为其投资与否的最重要的决策依据之一。当然，创业者的人力资本和社会资本对创业团队的组建也有重要作用：一方面，优秀的创业领导人更有可能吸引优秀的人才来共同创业；另一方面，创业者的社会资本对创业团队的组建和持续性发挥着不可忽视的作用。

管理团队也是创业过程中重要的人力资源。随着新创企业发展到一定阶段，管理体系逐渐健全，各项规章制度逐步完善，组织架构也日益明晰，公司需要从外部引进一些专业管理人才，这些专业人士能够为企业带来有益的建议和革命性的管理思路。需要提及的是，正是专业人士具有外来性，管理风格和理念可能与原本创业团队中的核心成员不同，甚至可能有矛盾冲突。

此外，在创业过程中还有其他可供利用的人力资源，如管理咨询公司、银行、风险投资者、律师事务所、高校等机构的专业人士。对于大学生创业者来说，在对企业运作中某项业务不太熟悉的情况下，可以充分利用外部专业人士的帮助，积极与知名的行业专家和学者建立紧密联系，以获得专业知识和建议，整合各方面的资源，提高创业成功率。

二、创业资源的整合与利用

（一）影响创业资源获取的因素

1. 创业者资源禀赋

创业者资源禀赋是指创业者所具有的与创业相关的自身素质和外在关系的总和，主要包括创业者的经济资本、社会资本和人力资本，它们能够为创业行为和新创企业的生存与成长提供有价值的资源。

2. 创业者资源整合能力

创业者不仅要有敏锐的识别商机的头脑，还要有善于整合资源的能力，只有这样才能在市场竞争中占有优势，进而取得成功。资源整合能力是指在创业过程中，以人为载体，在资源整合过程中所表现出的对资源的识别、获取、配置和利用的主体能力。

资源整合能力在创业的各个阶段发挥着极为重要的作用。在创业起步阶段，资源整合能力影响并决定了创业者对创业机会的评估、识别与开发，同时帮助创业者摆脱资源约束，取得所需资源；生存与成长阶段是新创企业的快速发展期，这一阶段新创企业需要筹措更多的资源来满足自身的发展，创业者资源整合能力会对新创企业成长过程的战略决策与运营能力产生重要影响，资源整合的深度与广度将保障组织运作的持续性，进而影响创业绩效。

3. 创业者信息获取能力

信息获取能力是指创业者在社会生活或创业过程中捕捉、吸收和利用信息的一种潜在能力，包括信息接收、捕捉、判断、选择、加工、传递、吸收、利用、搜集与检索能力。

创业需要资源，从广义来看，即从创业企业的内外部条件来看，创业资源包括创业者、人才、技术、资本、信息、市场、营销渠道甚至关系网络；从狭义来看，即从创业企业的内部条件来看，创业资源包括人力资源、财力资源、技术资源、信息资源等。信息获取能力本身有助于对丰富的、高质量的信息资源的获取与利用。由于新创企业在资源获取过程中的信息不对称，信息资源作为一种特殊的战略性资源在新创企业资源获取过程中发挥重要的杠杆作用，因此，信息获取能力在相当程度上影响着创业者对其他创业关键资源的获取，直接影响并决定新创企业的创业绩效。

4. 创业团队

新创企业把创意变成产品／服务，把产品／服务市场化、产业化是一个艰苦的过程，必须组建好一个富有凝聚力和创新精神的创业团队，这是获取各项创业资源的重要前提，也是创业成功的一个基本保障。团队创业较个人创业能产生更好的绩效，团队创业的成功率要远远高于个人独自创业，其内在逻辑在于创业团队是一个特殊的群体，群体能够建立在各个成员不同的资源和能力基础之上，贡献并且整合差异化的知识、技能、能力、资金及关系等各类资源，这些资源以及群体协作、集体创新、知识共享与风险共担产生的乘数效应，能够帮助新创企业更好地克服创新的风险和资源的约束。此外，创业团队的价值观、对商机的识别能力、对资源的获取与整合、领导能力等都是极其重要的战略资源，会为企业带来持久的竞争优势。

5. 外部环境条件和政府政策支持

创业环境的承载主体主要包括大学及科研机构、关联企业、融资机构、中介机构及政府。事实上，创业水平和创业资源受到外部环境因素的影响极大，尤其是政府的法规政策。创业环境好的地方一般会呈现较高的创业活动水平，而政府创业政策作为创业环境的重要内容是直接影响一个国家和地区创业活动水平的重要手段。比如，改革开放以来我国的创业活动进入一轮又一轮的新高潮，这是政府政策开放的结果，而浙江、苏南、广东等地的创业活动踊跃和区域良好的创业环境密切相关。

政府可以采取直接介入的方式来促进创业活动，如直接干预创业资源的市场配置，包括提供技术服务、增加资金供给、设立大学科技园区以及创业孵化器等；也可以间接地致力于营造良好的创业环境，如加强基础设施包括交通、通信、生活等设施建设，构建良好的教育系统和社会信用体系，建设包括法律、金融、财税、保险等在内的创业制度环境和政策保障体系，营造公平、公正的市场环境。另外，要特别重视和强化对已有的创业激励措施和各项政策的执行到位，尽可能避免制度的多变，为创业者的创业选择、创业资源的筹集提供稳定的预期。对于创业者／创业团队而言，尽管创业资源的获取需要良好的外部环境，但在一定时期内、既定的外部环境中，创业企业应及时调整自身战略目标，主动地去适应环境，并积极主动地创造适合自身需要的"和谐环境"。

（二）创业资源获取的途径

创业所需的资源有两个来源：一是自有资源；二是外部资源。与此相对应，创业者获取资源的途径有两个战略：一个是依靠自有资源战略，其核心在于对资源进行排队和最小化处理；另一个是运用他人资源战略，也就是获取外部资源。

1. 自有资源获取的途径

自有资源是创业者自身所拥有的可用于创业的资源，如创业者自身拥有的可用于创业的自有资金、自己拥有的技术、自己所获得的创业机会信息、自建的营销网络、控制的物质资源或管理才能等，甚至在有的时候，创业者所发现的创业机会就是其所拥有的唯一创业资源。

获取自有资源的途径主要是依靠自有资源战略，其核心在于对资源进行排队和最小化处理。自有资源战略是指由于缺乏资源密集度，分多个阶段投入资源并且在每个阶段或决策点投入最少的资源。为了让公司坚持下去，创业者在每个阶段都会问自己，他们怎样才能用更少的资源来获得更多的利益，并把握住这个商机。

2. 外部资源获取的途径

外部资源可以包括如朋友、亲戚、商务伙伴或其他投资者、投资人资金，或者包括借到的人、空间、设备或其他原材料（有时是由客户或供应商免费或廉价提供的），或通过提供未来服务、机会等换取到的。实际上，使用他们的资源有时可能十分简单，如利用社会团体或政府资助的管理帮助计划。

获取外部资源的途径主要是运用他人资源战略，这是一种非常重要的方法，其关键在于具有资源的使用权并能够控制或影响资源部署。对于创业者而言，如何走出利用他人资源的第一步呢？"你必须做两件看起来相悖的事情：寻找最好的顾问，如高素质的董事、律师、银行家、会计师与其他专业人士，并让他们在更早的阶段更深入地参与公司活动。"同时，"加强人与人之间的接触除了可以建立家庭、朋友、同学和顾问的人际网络，还可以增强创业者和企业顾问之间的关系。"成功的创业者能比其他人更加系统地计划和监督人际网络的活动，并采取有利于增加其网络密度和多样性的行动。

在走出利用他人资源的第一步的同时，创业者必须了解获取外部资源的各种途径，从而为运用他人资源战略提供方向。

（1）获取创业计划的途径

有望成功的创业计划对于创业而言是一个重要的资源。实践表明，创业者可通过以下途径来获取创业计划：吸引他人以创业计划作为知识产权资本，加入自己的创业团队，成为未来新创企业的一个股东；购买他人已有的创业计划，但应注意要进行理性甄别，并借助专家力量对该计划进行完善；构思自己的创意，委托专业机构研究、编制创业计划。

（2）获取外部资金资源的途径

外部资金的获取一般可通过以下4种途径获得：依靠亲朋好友筹集资金，双方形成债权债务关系；抵押、银行贷款或企业贷款；争取政府某个计划的资金支持；所有权融资，包括吸引新的拥有资金的创业同盟者加入创业团队，吸引现有企业以股东身份向新创企业投资、参与创业活动，以及吸引企业孵化器或创业投资者的股权资金投入等。

（3）获取起步项目所依赖的技术或人才的途径

新创企业需要项目起步所依赖的技术或人才，其获取方式有：吸引技术持有者加入创业团队；购买他人的成熟技术，并进行技术市场寿命分析等；购买他人的前景型技术，再通过后续的完善开发，使之达到商业化要求；同时购买技术和技术持有者等。

（4）获取技术、市场与政策信息的途径

一般来说，获取技术、市场及政策信息的途径主要有政府机构、同行创业者或同行企业、专业信息机构、图书馆、大学、研究机构、新闻媒体、会议及互联网等。对这些信息的获得，创业者可以根据自己的实际情况与各种方式的特点，选择一种或多种方式，尽可能获取有效的需要的信息。

（三）创业资源的整合原则与利用技巧

1. 创业资源的整合原则

创业者能否做到资源的真正整合，是决定新创企业能否生存和发展的关键。创业者在整合资源时，可以参照以下资源整合原则：

（1）识别利益相关者及其利益

该原则提示创业者，整合资源一定要关注有利益关系的组织和个人，要把这些利益相关者一一识别出来，要尽可能多地搜寻出利益相关者，把他们之间的利益关系辨析出来，甚至有时候还要把利益创造出来。一般来说，寻找利益相关者就是要寻找那些具有共同点的人，同时也需要寻找可以互补的人。

（2）管理好能够促进企业持续成长的人力资源

企业持续成长需要大量的人力资源作为支撑，保持企业持续成长对人力资源管理提出更高的要求。高素质的人力资源是企业持续成长的根本，管理好人力资源是企业持续成长的重要保证。

（3）构建共赢机制

共赢机制是指创业者在进行资源整合时，一定要兼顾资源提供者的利益，使资源提供与使用的双方均能获益。在与外部的资源所有者合作时，创业者还要构建一套各方利益真正实现共赢的机制，给资源提供者以一定的回报，同时尽可能替对方考虑如何规避风险。

（4）维持信任长期合作

资源整合以利益为基础，需要以沟通和信任来维持。沟通是产生信任的前提，信任是社会资本的重要因素。同时，创业者要尽快从人际信任过渡到制度信任，从而建立更广泛的信任关系，以获取更大的社会资本。

2. 创业资源的整合与利用技巧

创业者能否成功地开发出创业机会，进而推动创业活动向前发展，通常取决于他们掌握和能整合到的资源，以及对资源的利用能力。许多创业者早期所能获取与利用的资源都相当匮乏，而优秀的创业者在创业过程中所体现出的卓越创业技能之一，就是创造性地整合和利用资源，尤其是那种能够创造竞争优势，并带来持续竞争优势的战略资源。对于创业者而言，一方面要借助自身的创造性，用有限的资源创造尽可能大的价值；另一方面更要设法获取和整合各类战略资源。

（1）技巧性地整合利用资源

多数创业者受到可用资源的限制而寻找创造性的方式开发机会创建企业，并促使企业成长。为了确保企业持续发展，创业者在每个阶段都要问自己，怎样才能用有限的资源获得更多的价值创造？这就需要创业者善于技巧性地整合利用资源。

①学会拼凑。很多创业者都是拼凑高手，通过加入一些新元素，与已有的元素重新组合，形成在资源利用方面的创新行为，进而可能带来意想不到的惊喜。创业者通常利用身边能够找到的一切资源进行创业活动，有些资源对他人来说也许是无用的、废弃的，但创业者可以通过自己独有的经验和技巧，加以整合创造。例如，很多高新技术企业的创业者并不是专业科班出身，可能是出于兴趣或其他原因，对某个领域的技术略知一二，却凭借这个略知的"一二"敏锐地发现了机会，并迅速实现了相关资源的整合。

整合已有的资源，快速应对新情况，是创业的利器之一。拼凑者善于用发现的眼光，洞悉身边各种资源的属性，将它们创造性地整合起来。这种整合很多时候甚至不是事前计划好的，而是具体情况具体分析、"摸着石头过河"的产物。这也正体现了创业的不确定性特性，并考验创业者的资源整合能力。

②步步为营。创业者分多个阶段投入资源并在每个阶段投入最有限的资源，这种做法称为"步步为营"。步步为营的策略首先表现为节俭，设法降低资源的使用量，降低管理成本。但过分强调降低成本，会影响产品和服务质量，甚至会制约企业发展。例如，为了求生存和发展，有的创业者不注重环境保护，或者盗用别人的知识产权，甚至以次充好。这样的创业活动尽管短期可能赚取利润，但长期而言，发展潜力有限。需要"有原则地保持节俭"。

步步为营策略表现为自力更生，减少对外部资源的依赖，目的是降低经营风险，加强对所创事业的控制。很多时候，步步为营不仅是一种做事最经济的方法，也是创业者在资源受限的情况下寻找实现企业理想目的和目标的途径，更是在有限资源的约束下获取满意收益的方法。习惯于步步为营的创业者会形成一种审慎控制和管理的价值理念，这对创业型企业的成长和向稳健成熟发展期的过渡尤其重要。

（2）发挥杠杆资源效应

杠杆资源效应就是以尽可能少的付出获取尽可能多的收获。杠杆资源效应的发挥是一个创造性产生的过程。美国著名的投资银行家罗伯特·库恩说过：一个创业者要具有发现价值和创造价值的能力，要具有在沙子里面找到钻石的功夫，识别一种没有被完全利用的资源。杠杆资源效应体现在以下方面：能比别人更加延长地使用资源；更充分地利用别人没有意识到的资源；利用他人或者别的企业的资源来完成自己创业的目的；将一种资源补足另一种资源，产生更高的复合价值；利用一种资源获得其他资源。

对于创业者来说，容易产生杠杆效应的资源，主要包括人力资本和社会资本等非物质资源。创业者的人力资本由一般人力资本和特殊人力资本构成，一般人力资本包括受教育背景、以往的工作经验及个性品质特征等，特殊人力资本包括产业人力资本（与特定产业相关的知识、技能和经验）和创业人力资本（如先前的创业经验或创业背景）。调查显示，特殊人力资本会直接作用于资源获取，有产业相关经验和先前创业经验的创业者能够更快地整合资源，更快地实施市场交易行为。而一般人力资本使创业者具有知识、技能、资格认证、名誉等资源，也提供了同窗、校友、老师以及其他连带的社会资本。

相比之下，社会资本有别于物质资本和人力资本，它是社会成员从各种不同的社会结构中获得的利益，是一种根植于社会关系网络的优势。在个体分析层面，社会资本是嵌入、来自并浮现在个体关系网络之中的真实或潜在资源的总和，它有助于个体开展目的性行动，并为个体带来行为优势。外部联系人之间社会交往频繁的创业者所获得的相关商业信息更加丰富，从而有助于提升创业者对待特定商业活动的深入认识和理解，使创业者更容易识别出常规商业活动中难以被其他人发现的顾客需求，进而更容易获得财务和物质资源——这正是其杠杆作用所在。

（3）设置合理利益机制

资源通常与利益相关，创业者之所以能够从家庭成员那里获得支持，是因为家庭成员之间不仅是利益相关者，更是利益整体。既然资源与利益相关，创业者在整合资源时，就一定要设计好有助于资源整合的利益机制，借助利益机制把包括潜在的和非直接的资源提供者整合起来，借力发展。整合资源需要关注有利益关系的组织或个人，要尽可能多地找到利益相关者。同时分析清楚这些组织或个体和自己以及自己想做的事情有利益关系，利益关系越强、越直接，整合资源的可能性就越大，这是资源整合的基本前提。

利益关系者之间的利益关系有时是直接的，有时是间接的，有时是显性的，有时是隐性的，有时甚至还需要在没有的情况下创造出来。另外，有利益关系也并不意味着能够实现资源整合，还需要找到或发展共同的利益，或者说利益共同点。为此，识别到利益相关者后，逐一认真分析每一个利益相关者所关注的利益非常重要，多数情况下，将相对弱的利益关系变强，更有利于资源整合。

然而，有了共同的利益或利益共同点，并不意味着就可以顺利实现资源整合。资源整合是多方面的合作，合作需要有各方面利益真正能够实现的预期加以保证，这就要求寻找和设计出多方共赢的机制。对长期合作中获益、彼此建立起信任关系的合作，双赢和共赢的机制已经形成，进一步的合作并不很难。但对首次合作，建立共赢机制尤其需要智慧，要让对方看到潜在的利益，为了获取收益而愿意投入资源。创业者在设计共赢机制时，既要帮助对方扩大收益，也要帮助对方降低风险，降低风险本身也是扩大收益。在此基础上，还需要考虑如何建立稳定的信任关系，并加以维护管理。

（4）充分利用已经拥有的创业资源

高校大学生创业存在甚至是严重存在信息不对称的问题。有不少身边的创业资源，还没有被大学生知晓、了解，更谈不上加以运用了。目前高校系统聚集了大量的可以帮助大学生创业的资源。有创业意愿的大学生应该留意这些身边的资源，加以充分利用，不但能更好地提高自己创业判断分析和把握机遇的能力，而且也可能孕育着很好的机会。

①高校创业教育与创业指导。各个高校几乎均有创业课程、创业者协会、科技和发明

协会以及讨论或者实践创业的学生社团、沙龙、论坛和讲座等。在这些团队里有规章，有固定的活动时间，学生们可以和志同道合的朋友交谈，甚至有时候可能会有向成功企业家请教的机会。记学分的创业创新课题不仅由学校的老师来讲，也会邀请校外企业家授课，采取大班讲座、小班操练、案例剖析、创业比赛、专家辅导、实战模拟等一系列创新的教育方法和手段，帮助同学们对创业要素、创业过程，以及创业者所涉及的问题有更为透彻全面的了解。

②创业基金。为鼓励创业，政府出台了一系列支持计划，不同部门设置了不同的大学生创业基金。各地也先后出台了有关计划或者设置相应的基金。其政策措施以及计划、基金切实地帮助了很大一部分青年大学生的创业。另外，很多高校或者学团组织也设置有大学生创业基金。

（5）有限资源的创造性利用

①资源的利用效率。经营活动的效率，就是对各种资源的利用效率，但是资源的利用效率总是达不到百分之百，即企业内部总是存在未利用的资源。资源利用效率是指投入资源与产出与效益之比较指标。资源的利用效率最终体现在财务收入上，很多财务指标可以用于衡量资源的利用效率，如单位总资产与净资产的销售收入和销售利润、劳动生产率（人均收入或人均利润）、存货周转率与应收账款周转率等。

②资源的重复利用。资源的重复利用包括技术资源、品牌资源、制造资源、营销网络资源、管理资源的重复利用。

a.技术资源的重复利用。特定技能或技术的使用次数越多，表示资源杠杆运用越充分，资源的利用效率高。

b.品牌资源的重复利用。再生利用并不限于科技基础的竞争力。品牌可以再生利用，利用高知名度的"企业名称"推出全新的产品，至少可以让顾客"考虑购买"大牌制造商制造的产品，与其他默默无闻的同期新产品比，高知名度已经占有一项竞争优势了。

c.制造资源的重复利用。保持制造资源的充分弹性，即迅速调整生产线改为制造另一种产品的能力是制造资源重复利用的前提条件。在网络经济下通过把高度分散的制造能力组合成必要的制造资源以响应市场机遇的协作式伙伴关系将迅速发展。当市场机遇消失时，这些资源将同样迅速地解散。创业企业保持资源的弹性，保持资源的重复利用非常重要。

d.营销网络资源的重复利用。多系列产品的中小企业共用一个销售网络，可以降低营销成本，充分利用营销网络资源。但当产品差异化比较大时，特别在售后服务环节存在巨大差异时，存在不同产品对营销网络资源有差异化的要求时，实现营销网络资源的重复利用有一定障碍。

e.管理资源的重复利用。转移工厂的作业改善经验应用于其他工厂；同一系统应用于同一产品系列；迅速广泛应用一线员工的良好构想，以改善对顾客的服务，以及暂调有经验的主管赴供应商处驻厂指导等均是管理资源的重复利用。

③资源的快速回收。加快资源回收是资源杠杆运用的重要领域，公司赚钱越快，回收的资源就越快，就越能再加以利用。如果投入的资源相同，甲公司回收利润的时间只是乙公司的一半，则表示甲公司享有两倍于乙公司的杠杆运用优势。

④资源的融合。通过融合不同种类的资源，各种资源的价值将随之提升。抢先进入一个科技领域，并得到领导地位固然重要，但公司如拙于调和这些科技，使既有科技能力不能持续扩充，就是没有进行资源杠杆运用。因此，就算公司在许多单项科技领域领先，也无多大实质意义。只有培养出一批通才，有效整合不同技能、科技与功能，才能建立真正的竞争优势。

课堂训练 2

创业资源分析与选择

如果你要成立一家培训公司，表 6.2 中有 12 种资源可供选择，请选出 4 种并排序，说明选择的理由。

表 6.2　创业资源分析与选择

资源名称	排序序号
投资 50 万元，需占 50% 股份	
资深运营总监	
与教育主管部门合作的机会	
获得一套完善的网络培训平台	
与知名师范大学合作的机会	
较偏远、租金低、面积大的场地	
获得一套专业的培训课程	
资深培训专家	
银行有息（7%）贷款 10 万元	
资深培训顾问	
与某知名培训集团合作的机会	
市中心租金高面积小的场地	

第二节 创业融资

一、创业融资概述

（一）创业融资的概念

融资，是指资金的融通。狭义的融资，主要是指资金的融入，也就是通常意义的资金来源，具体是指通过一定的渠道、采用一定的方法、以一定的经济利益付出为代价，从资金持有者手中筹集资金，组织对资金使用者的资金供应，满足资金使用者在经济活动中对资金需要的一种经济行为。广义的融资，不仅包括资金的融入，还包括资金的运用，即包括狭义融资和投资两个方面。

创业融资是指创业者为了将某种创意转化为商业现实，通过不同渠道、采用不同方式筹集资金以建立企业的过程。创业者应该根据新创企业在不同发展阶段的资本需求特征，结合创业计划以及企业发展战略，合理确定资本结构以及资本需求数量。

（二）创业融资的困境

创业者在创业过程中面临的最大问题是什么？广州青年企业家协会的一项专题调查显示：45％的被调查者认为创业遇到的最大问题是"缺乏资金"，32％的人认为"缺乏项目"。创业者，尤其是那些处于并不吸引人的行业或刚刚起步的创业者，可能只有一个好的创意，还没有形成产品，由于存在较大的技术风险和不确定性，融资渠道的选择面很窄，寻找外部资金支持的确比较困难。

1. 创业融资难的原因

研究显示，企业规模与贷款申请被拒绝次数呈负相关关系，同样，企业年龄与贷款被拒绝次数的比例也呈负相关关系。与既有企业相比，新创企业在融资条件上具有明显的劣势。

首先，新创企业缺少甚至没有资产。既有企业在获得银行贷款资金时，可以用企业的资产作为抵押，而新创企业的资产以无形资产为主，几乎没有可以提供抵押的资产，哪家银行会把钱借给一个身无分文的人呢？

其次，新创企业没有可供参考的经营业绩。即便身无分文，但如果有过辉煌的业绩，也很容易筹集到资金。投资者要在将来的某个时点收回资金并获得回报，新创企业未来的经营情况关系投资者投入资金的安全。对于既有企业来说，可以通过分析其已有的盈利能力来预测未来的经营情况，银行或其他投资人在向企业提供资金时也会对企业的财务报表进行分析。而新创企业创建时间短，规模小，既缺少资产，也没有以往的经营业绩，所能提供的资料不过是一份商业计划书、一个创业团队，抗风险能力差而创业成功率低，未来的经营业绩具有很大的不确定性。

最后，新创企业的融资金额数量一般较小。当新创企业向银行申请借款时，其金额往往比既有企业要小，而银行做一次业务的成本相差不大，使得新创企业的单位融资成本远远高于既有企业。新创企业贷款的管理成本平均为大型企业的 5 倍或以上，银行理所当然地愿意向大企业而不是新创企业贷款，这加剧了创业企业融资的难度。

2.创业融资难的理论解释

不确定性和信息不对称是创业融资难的影响因素。创业融资难源于创业活动的高风险性。这种风险包含了两部分：一部分来自创业活动本身固有的风险，即新创企业的不确定性；另一部分来自外部投资人对创业活动风险的感觉，即信息不对称。

（1）不确定性

不确定性，是经济学中关于风险管理的概念，是指经济主体对未来的经济状况（尤其是收益和损失）的分布范围和状态不能确知，经济行为者在事先不能准确地知道自己的某种决策的结果，或者说，只要经济行为者的一种决策的可能结果不止一种，就会产生不确定性。

在具体的商业情境中，人们对未来的情况有所了解，但往往不具有与此相关的完全信息，不能确定什么样的投入能够带来什么样的产出。其结果是，人们很难进行投入产出的理性分析和决策，而要依靠经验和直觉进行判断。商业情境的不确定性越高，经验直觉判断的作用就越明显。与此相对应，创业资源获取也就遇到了特殊困难：既然创业者连自己的投入能否取得财务收益都不能确定，又怎么证明他人的投入能够取得财务收益呢？如果不能证明创业投入能够取得财务收益，又怎么能说服他人进行创业资源投入呢？融资理论在这里遇到了障碍。由此得到的结论是，创业资源获取的根本困难在于创业活动具有不确定性。

新创企业是处于发展早期阶段的小微型企业，这些企业存在较多风险因素。创业活动本身面临非常大的不确定性，从技术酝酿到实验室样品，再到粗糙的样品形成产品，这一阶段技术上本身还存在着许多不确定的因素，产品还没有推向市场，企业也刚刚创建，投资的技术风险、市场风险和管理风险都很突出。尽管既有企业面临环境的不确定性，但新创企业的不确定性比既有企业的不确定性要高得多。新创企业缺少既有企业所具备的应付环境不确定性的经验，尚未发展出以组织形式显现的组织竞争能力。对新创企业的投资是长期投资，投资回收期一般为 4~7 年，而且资金的流动性也很差。创业投资有时需要连续投资，资金需求量可能很大，在投资初期很难估计。

这种不确定性的存在，使理性分析方法无法解释创业资源获取问题，尤其无法解释白手起家的创业者如何进行资源获取，这种情况在现实生活中比比皆是。

（2）信息不对称

信息不对称是指交易中的各方拥有的信息不同。在社会政治、经济等活动中，一些成员拥有其他成员无法拥有的信息，造成信息不对称。在市场经济活动中，各类人员对有关信息的了解是有差异的。掌握信息比较充分的人员，往往处于比较有利的地位，而信息贫乏的人员，则处于比较不利的地位。信息不对称可能导致逆向选择。

一般来讲，企业在起步阶段与投资者、债权人信息不对称，创业者比投资者和债权人更了解自己、企业的产品和企业的创新能力，处于信息优势地位，而投资者和债权人则处于相对信息劣势地位。那些素质不高、技术上有缺陷、经营管理不善的新创企业可能从包装上下功夫，将各项数据和材料做得很漂亮，而真正优秀、未来收益好的企业有可能没做好这方面的工作。信息不对称导致投资人难以了解新创企业的真实情况而不会轻易投资。

投资后也存在信息不对称，创业者往往既是大股东又是经营管理者，被投资后可能侵害投资者的利益，如股权稀释、关联交易、滥用资金、给自己订立过高的报酬等，投资后的信息不对称导致投资者对创业者的行为很难监控，加大了道德风险。

（3）创业融资难思路的误区

考察融资难理论研究的思路，可以看到两个默认前提：第一，资源投入的目的是获得财务收益；第二，理性分析是提高财务收益的基本方法。问题在于这两个前提不能完全概括实际情况。首先，资源投入的目的仅仅是为了获得财务收益吗？回答是否定的。在现实生活中，人们在不确定情境下进行资源投入，可能不是为了获取财务收益，而是为了满足其他方式难以满足的特殊需要。在这种情况下，创业资源投入的目的不是资源价值增长，而是资源使用价值开发。其次，理性计算是人们进行投入产出比较的唯一方法吗？答案也是否定的。理性计算以一定的效用期望为依据，而这种期望本身并不来自理性分析，而是来自经验感受。对使用价值的感受和期望，是比理性计算更为本源的心理活动和比较方法。

也就是说，资源投入的动因，并非仅仅对财务收益的理性计算，也可能来自对某种使用价值的效用期望。这一分析思路，为解释不确定性和信息不对称情况下的创业资源获取提供了新的视角。创业融资难是普遍存在的问题，但创业者在融资方面也存在有利因素甚至优势：他们所拥有的创新性强的创意，以及他们所识别甚至创造出来的创业机会，本身就是在创造价值；创业融资难是因为未来的不确定性，但不确定性本身就是机会；潜在成长性是创业者融资的最大优势。

（三）创业融资的特点

了解创业融资的特点有助于创业者化解融资难题。创业融资的特点表现在创业融资需求的阶段性和创业融资的资金来源性质不同两个方面。

1. 创业融资需求的阶段性

新创企业成长的不同阶段具有不同的融资侧重点和要求，创业融资表现出鲜明的阶段性特点。

（1）种子期的融资需求特点

在种子期，创业企业尚处于孕育阶段，需要投入资金进行开发研究，以验证商业创意的可行性。此时，对资金的需求主要体现在企业的开办费用、可行性调研费用、部分技术研发费用等。总体而言，资金需求较少，同时，企业没有任何收入记录，资金来源有限，面临技术、市场、财务以及创业团队不稳定等风险。以盈利为目的的外部资本一般不会介入，只能依靠自我融资或亲戚朋友的支持。

（2）创业期的融资需求特点

创业期资金量需求逐步增大，主要用于购置生产设备、产品开发及产品营销费用等。市场处于拓展阶段，市场占有率低，企业资产规模小，无赢利记录，缺少抵押、担保能力，企业仍面临较大的风险。传统的投资机构和金融机构很难提供足够的资金支持。此时，创业者应根据企业的实际修正商业计划书，充实相应的企业战略规划，调整组织机构，完善企业营销策略，规划未来销售收入和现金流量。

（3）成长期的融资需求特点

在成长期初期，收入仍然少于开支，企业现金流为负，现金需求量增大。此时，企业的市场风险和管理风险尚未解除，未能形成足够的抵押资产以及建立较好的市场信誉。在成长期中期，企业销售迅速扩大，收入大幅增加，收支趋向平衡，并出现正的现金流，但资金需求量急剧增加，需要大量资本投入生产营运。在成长期后期，实现规模效益的欲求使企业迫切需要吸纳外部资本。对资金的需求主要表现在企业的规模营运资金，如扩大固定资产投资、扩大流动资金、增大营销的投放等。此时，企业表现出高度的成长性，形成较好的市场声誉，且具有一定的资产规模，现金流处于较好状态，但为了提高市场占有率，扩大企业规模，仍然需要大量资金。

（4）成熟期的融资需求特点

在成熟期，企业在产品生产、营销服务和内部管理方面已经成熟，创业企业的管理与运作处于较优状态，企业进入稳定发展轨道，风险显著下降，资本需求量稳定且筹资较前面任一阶段都更加容易。在此阶段，尽管现金流能够满足现有业务的发展需要，但新的机会不断出现，企业仍需外部资金来实现高速增长，资本扩张成为这一时期企业发展的内在需要。规模扩大成为此阶段融资需求的重要特点。

总之，新创企业在不同的发展时期，表现出不同的融资需求特点。一般来说，随着新创企业生命周期的扩展，从孕育期到成熟期资金需求量越来越大，而风险则相对越来越小，资金来源供给和需求的矛盾伴随着整个创业过程。

2. 创业融资的资金来源性质不同

创业融资的资金来源按其性质主要有债权性资金和股权性资金两种。

（1）债权性资金

债权性资金是借款性质的资金，资金所有人提供资金给资金使用人，在约定的时间收回资金（本金）并获得预先约定的固定的报酬（利息），资金所有人不过问企业的经营情况，不承担企业的经营风险，所获得的利息也不因企业经营情况的好坏而变化。

（2）股权性资金

股权性资金是投资性质的资金，资金提供者占有企业的股份，按照提供资金的比例享有企业的控制权，参与企业的重大决策，承担企业的经营风险，一般不能从企业抽回资金，其获得的报酬根据企业经营情况而变化。

（3）融资方式选择的影响因素

通过对债权融资与股权融资优缺点的比较，创业者可以对融资方式作出决策。但创业融资不仅仅是筹集创业的启动资金，还包括整个创业过程的所有融资活动，而不同性质的资金对企业的经营有不同的影响。合理的融资结构至关重要，创业者要合理均衡债权融资与股权融资之间的比例。通常创业者融资决策会受到创业所处阶段、新创企业特征、融资成本以及创业者对控制权的态度等因素影响。

①创业所处阶段。创业融资需求具有阶段性特征，不同阶段的资金需求量和风险程度存在差异，不同的融资渠道所能提供的资金数量和要求的风险程度也不相同，创业者在融资时必须将不同阶段的融资需求与融资渠道进行匹配，才能高效地开展融资工作，获得创

业活动所需的资金，化解融资难题。

在种子期和启动期，企业处在高度的不确定中，只能依靠自我融资或亲戚朋友的支持，以及从外部投资者处获取"天使资本"。创业投资很少在此时介入，而从商业银行获得贷款支持的难度更大，建立在血缘和信任关系基础上的个人资金是此阶段融资的主要渠道。

企业进入成长期后，已经有了前期的经营基础，发展潜力逐渐显现，资金需求量也比以前增大。成长期前期，在企业获得正的现金流之前，创业者获得债权融资的难度较大，即使获得，也很难支付预定的利息，这时创业者往往倾向于通过股权融资这种不要求他们以固定偿付的方式来筹集资金。成长期后期，企业表现出较好的成长性，且具有一定的资产规模，可以寻求银行贷款、商业信用等债权融资方式。

企业进入成熟期后，债券、股票等资本市场可以为企业提供丰富的资金来源。如果创业者选择不再继续经营企业，则可以选择公开上市、管理层收购或其他股权转让方式退出企业，收获自己的成果。

②新创企业特征。创业活动千差万别，所涉足的行业、初始资源禀赋、面临的风险、预期收益都有较大的差异，不同行业面临不同的竞争环境、行业集中度及经营战略等，新创企业的资本结构是不同的，不同的资本结构产生了不同的融资要求。对从事高科技产业或有独特商业创意的企业，经营风险较大，预期收益也较高，创业者有良好的相关背景，可考虑股权融资的方式；对从事传统产业类，经营风险较小，预期收益较易预测，可主要考虑债权融资的方式。

实践中，大部分新创企业不具备银行或投资者所要求的特征，在风险和预期收益方面均处于不利情况，这时只能依赖个人资金、向亲朋好友融资等自力更生的方式，直到能够证明自己的产品和创意可以在市场上立足，才能获得债权融资和股权融资。

③融资成本。债权融资和股权融资的融资成本不同。债权融资成本是使用债权资金所需要支付的利息，一般来说，支付周期较短，支付金额固定。在债权融资中应实现各种融资渠道之间的取长补短，将各种具体的债权资金搭配使用、相互配合，最大限度地降低资金成本。在股权融资中，投资者获得企业部分股权，其未来潜在的收益是不受限制的，虽然不需要像利息那样无条件定期支付，但会影响创业者对企业的控制权，许多创业投资公司会要求一系列保护投资方利益的否决权，介入企业的经营管理中。

过高的融资成本对于创业企业来说是一个沉重的负担，而且会抵消创业企业的成长效应。即使初期的资金很难获得，创业企业仍要寻求一个较低的综合资金成本的融资组合，在投资收益率和资金成本权衡中作选择。

④创业者对控制权的态度。创业者对控制权的态度会影响融资渠道的选择。一些创业者不愿意将自己费尽心血所创立企业的部分所有权与投资者共同拥有，希望保持对企业的控制权，更多地选择债权融资。另一些投资者更看重企业是否可以迅速扩大，取得跳跃式发展，获得渴望的财富，为此他们愿意引入外来投资，甚至让位给他人管理企业。

二、创业融资渠道

对于创业者而言，所有可以获得资金的途径都可以成为创业资金的来源，创业者需要挖掘一切可能的融资渠道。具体分析，目前我国创业融资渠道主要包括私人资本融资、机构融资、风险投资、政府扶持基金、知识产权融资等。

（一）私人资本融资

私人资本融资是指创业者向个人融资。私人资本包括创业者个人积蓄、亲友资金、天使投资等。根据世界银行所属的国际金融公司（IFC）对北京、成都、顺德、温州4个地区的私营企业的调查：我国的私营中小企业在初始创业阶段几乎完全依靠自筹资金，90%以上的初始资金都是由主要的业主、创业团队成员及家庭提供的，而银行、其他金融机构贷款所占的比重很小，私人资本在创业融资中具有不可替代的作用。

1. 个人积蓄

创业者应将个人积蓄的大部分投入新创的企业中。从资金成本或企业控制权的角度来说，个人资金成本最为低廉，而且创业者在试图引入外部资金时，外部投资者一般都要求企业必须有创业者的个人资金投入其中。个人积蓄是创业融资最根本的渠道，几乎所有的创业者都向他们新创办的企业投入了个人积蓄。

个人积蓄的投入对于创业企业来说具有非常重要的意义：首先，创业者个人积蓄的投入，表明了创业者对项目前景的看法，只有当创业者对未来的项目充满信心时，他才会毫无保留地向企业投入自己的积蓄；其次，将个人积蓄投入企业，是创业者日后继续向企业投入时间和精力的保证，投入企业的积蓄越多，创业者越会在日后的生产经营过程中对企业更加关注；再次，个人积蓄的投入是对债权人债权的保障，在企业破产清算时，债权人的权益优于投资者的权益，企业能够融到的债权资金一般以投资者的投入为限，创业者投入企业的初始资金是对债权人债权的基本保障；最后，个人积蓄的投入有利于创业者分享投资成功的喜悦。准备创业的人，应从自我做起，较早地将自己收入的一部分储蓄起来，作为创业储备资金。

创业者可以通过转让部分股权的方式从合伙人那里取得创业资金，创办合伙企业，或通过公开或私募股权的方式，从更多的投资者那里获得创业资金，成立公司制企业。将个人合伙人或个人股东纳入自己的创业团队，利用团队成员的个人积蓄是创业者常用的筹资方式之一。就我国的现状来说，家庭作为市场经济的三大主体之一，在创业中起到重要的支持作用。以家庭为中心，形成的亲缘、地缘、商缘等为经纬的社会网络关系，对包括创业融资在内的许多创业活动产生重要影响，创业者及其团队成员的家庭储蓄一般归入个人积蓄的范畴。对于许多创业者来说，个人积蓄的投入虽然是新企业融资的一种途径，但并不是根本性的解决方案。一般来说，创业者的个人积蓄对于新创企业而言，总是十分有限的，特别是对于新创办的大规模企业或资本密集型的企业来说，几乎是杯水车薪。

2. 亲友资金

对于新创企业来说，除了个人积蓄之外，身边亲朋好友的资金是最常见的资金来源。亲朋好友由于与创业者个人的关系而愿意向创业企业投入资金，因此，亲友资金是创业者经常采用的融资方式之一。

在向亲友融资时，创业者必须用现代市场经济的游戏规则、契约原则和法律形式来规范融资行为，保障各方利益，减少不必要的纠纷。创业者一定要明确所融集资金的性质，据此确定彼此的权利和义务。若融集的资金属于亲友对企业的投资，则属于股权融资的范畴；若融集的资金属于亲友借给创业者或创业企业的，则属于债权融资。创业者对亲友投入的资金可以不用承诺日后的分红比例和具体的分红时间；对从亲友处借入的款项，一定要明确约定借款的利率和具体的还款时间。无论是借款还是投资款项，创业者最好能够通过书面的方式将事情确定下来，以避免引起将来可能的矛盾。

除此之外，创业者向亲友融资之前，要仔细考虑这一行为对亲友关系的影响，尤其是创业失败后的艰难困苦。要将日后可能产生的有利和不利方面告诉亲友，尤其是创业风险，以便将来出现问题时把对亲友的不利影响降到最低。

3. 天使投资

天使投资（Angel investment）是指个人出资协助具有专门技术或独特概念而缺少自有资金的创业家进行创业，并承担创业中的高风险和享受创业成功后的高收益，或者说是自由投资者或非正式风险投资机构对原创项目构思或小型初创企业进行的前期投资，是一种非组织化的创业投资形式。

"天使投资"一词源于纽约百老汇，特指富人出资资助一些具有社会意义演出的公益行为。对于那些充满理想的演员来说，这些赞助者就像天使一样从天而降，使他们的美好理想变为现实。后来，天使投资被引申为一种对高风险、高收益的新兴企业的早期投资。天使资本主要有 3 个来源：曾经的创业者、传统意义上的富翁、大型高科技公司或跨国公司的高级管理者。在部分经济发展良好的国家中，政府也扮演着天使投资人的角色。

天使投资的特征：直接向企业进行权益投资；不仅提供现金，还提供专业知识和社会资源方面的支持；程序简单，短时期内资金就可到位。

（二）机构融资

机构融资是指创业企业向相关机构融资。与私人资本融资相比，机构拥有的资金数量较大，挑选被投资对象的程序比较正规，获得机构融资一般会提升企业的社会地位，给人以企业很正规的印象。机构融资的途径有银行贷款、非银行金融机构贷款、交易信贷和租赁、从其他企业融资等。

1. 银行贷款

向银行贷款是企业最常见的一种融资方式，创业者可以通过银行贷款补充创业资金的不足。比较适合创业者的银行贷款形式主要有抵押贷款和担保贷款两种。缺乏经营历史和信用积累的创业者，比较难获得银行的信用贷款。

（1）抵押贷款

抵押贷款是指借款人以其所拥有的财产作抵押，作为获得银行贷款的担保。在抵押期间，借款人可以继续使用其用于抵押的财产。抵押贷款有以下 3 种：①不动产抵押贷款，是指创业者可以用土地、房屋等不动产作抵押，从银行获取贷款；②动产抵押贷款，是指创业者可以用机器设备、股票、债券、定期存单等银行承认的有价证券，以及金银珠宝首饰等动产作抵押，从银行获取贷款；③无形资产抵押贷款，是一种创新的抵押贷款形式，适用于拥有专利技术、专利产品的创业者，创业者可以用专利权、著作权等无形资产向银行作抵押或质押获取贷款。

（2）担保贷款

担保贷款是指借款方向银行提供符合法定条件的第三方保证人作为还款保证的借款方式。当借款方不能履约还款时，银行有权按照约定要求保证人履行或承担清偿贷款连带责任。其中较适合创业者的担保贷款形式有：①自然人担保贷款，是指经由自然人担保提供的贷款。可采取抵押、权利质押、抵押加保证 3 种方式。②专业担保公司担保贷款，目前各地有许多由政府或民间组织的专业担保公司，可以为包括初创企业在内的中小企业提供融资担保。这些担保机构大多属于公共服务性非营利组织，创业者可以通过申请，由这些机构担保向银行借款。

（3）信用卡透支贷款

创业者可以采用两种方式取得信用卡透支贷款：一种方式是信用卡取现；另一种方式是透支消费。信用卡取现是银行为持卡人提供的小额现金贷款，在创业者急需资金时可以帮助其解决临时的融资困难。创业者还可以利用信用卡进行透支消费，购置企业急需的财产物资。

（4）政府无偿贷款担保

根据国家及地方政府的有关规定，很多地方政府都为当地的创业人员提供无偿贷款担保。如上海、青岛、南昌、合肥等地的应届大学毕业生创业可享受无偿贷款担保的优惠政策，自主创业的大学生向银行申请开业贷款的担保额度最高可为100万元，并享受贷款贴息；江苏省镇江市润州区创业农民可通过区农民创业担保基金中心，获取最高5万元贷款，并由政府为其无偿担保；湖南省各级财政安排一定的再就业资金，用于下岗失业人员小额贷款担保基金及贴息等；浙江省对持《再就业优惠证》的人员和城镇复员转业退役军人，从事个体经营自筹资金不足的，由政府提供小额担保贷款。

（5）中小企业间的互助机构贷款

中小企业间的互助机构是指中小企业在向银行融通资金的过程中，根据合同约定，由依法设立的担保机构以保证的方式为债务人提供担保，当债务人不能依约履行债务时，由担保机构承担合同约定的偿还责任，从而保障银行债权实现的一种金融支持制度。信用担保可以为中小企业的创业和融资提供便利，分散金融机构的信贷风险，推进银企合作。

从20世纪20年代起，许多国家为支持中小企业发展，先后成立了为中小企业提供融资担保的信用机构。目前，全世界已有48%的国家和地区建立了中小企业信用担保体系。我国从1999年开始，形成了以中小企业信用担保为主体的担保业和多层次中小企业信用担保体系，各类担保机构资本金稳步增长。

（6）其他贷款

创业者可以灵活地将个人消费贷款用于创业，若创业需要购置沿街商业房，可以用拟购置房作抵押，向银行申请商用房贷款；若创业需要购置轿车、卡车、客车、微型车等，可以办理汽车消费贷款。除此之外，可供创业者选择的银行贷款方式还有托管担保贷款、买方贷款、项目开发贷款、出口创汇贷款、票据贴现贷款等。尽管银行贷款需要创业者提供相关的抵押、担保或保证，对于白手起家的创业者来说条件有些苛刻，但如果创业者能够提供银行规定的资料，能提供合适的抵押，得到贷款并不困难。

2. 非银行金融机构贷款

非银行金融机构是指以发行股票和债券、接受信用委托、提供保险等形式筹集资金，并将所筹资金运用于长期性投资的金融机构。根据法律规定，非银行金融机构包括经中国银行监督管理委员会批准设立的信托公司、企业集团财务公司、金融租赁公司、汽车金融公司、货币经纪公司、境外非银行金融机构驻华代表处、农村和城市信用合作社、典当行、保险公司、小额贷款公司等机构。创业者除了从银行等金融机构融资外，还可以从这些非银行金融机构取得借款，筹集生产经营所需资金。

（1）保单质押贷款

保险公司为了提高竞争力，为投保人提供保单质押贷款。保单质押贷款最高限额不超过保单保费积累的70%，贷款利率按同档次银行贷款利率计息。例如，中国人寿保险公司的"国寿千禧理财两全保险"就具有保单质押贷款的功能：只要投保人缴付保险费满两年，且保险期已满两年，就可以凭保单以书面形式向保险公司申请质押贷款。

（2）实物质押典当贷款

当前，有许多典当行推出了个人典当贷款业务。借款人只要将有较高价值的物品质押在典当行就能取得一定数额的贷款。典当费率尽管要高于银行同期贷款利率，但对于急于筹集资金的创业者来说，不失为一个比较方便的筹资渠道。典当行的质押放款额一般是质押品价值的50%~80%。

（3）小额贷款公司

小额贷款公司是指由自然人、企业法人与其他社会组织投资设立，不吸收公众存款，经营小额贷款业务的有限责任公司或股份有限公司，发放贷款坚持"小额、分散"的原则。小额贷款公司发放贷款时手续简单，办理便捷，当天申请基本当天就可放款，可以快速地解决新创企业的资金需求。

3. 交易信贷和租赁

交易信贷是指企业在正常的经营活动和商品交易中由于延期付款或预收货款所形成的企业间常见的信贷关系。企业在筹办期以及生产经营过程中，均可以通过商业信用的方式筹集部分资金。例如，企业在购置设备或原材料、商品过程中，可以通过延期付款的方式，在一定期间内免费使用供应商提供的部分资金；在销售商品或服务时采用预收账款的方式，免费使用客户的资金等。

创业者也可以通过融资租赁的方式筹集购置设备等长期性资产所急需的资金。融资租赁是指实质上转移与资产所有权有关的全部或绝大部分风险和报酬的租赁。资产的所有权最终可以转移，也可以不转移。融资租赁是集融资与融物、贸易与技术更新于一体的新型金融业务。由于其融资与融物相结合的特点，出现问题时租赁公司可以回收、处理租赁物，而在办理融资时对企业资信和担保的要求不高，所以非常适合中小企业融资。此外，融资租赁属于表外融资，不体现在企业财务报表的负债项目中，不影响企业的资信状况，对需要多渠道融资的中小企业非常有利。据统计，西方发达国家 25% 的固定资产几乎都来自租赁。企业在筹建期，通过融资租赁的方式取得急需设备的使用权，解决部分资金需求，获得相当于租赁资产全部价值的债务信用，可以使企业按期开业，顺利开始生产经营活动，又可以解决创业初期资金紧张的局面，节约创业初期的资金支出，将用于购买设备的资金用于主营业务的经营，提高企业现金流量的创造能力。同时，融资租赁分期付款的性质可以使企业保持较高的偿付能力，维持财务信誉。

4. 从其他企业融资

尽管在大多数情况下，企业是资金的需求者而不是提供者，但是对不同行业的企业，或者在企业发展的不同时期，部分企业还是会有暂时的闲置资金可以对外提供，尤其是一些从事公用事业业务的企业，或者已经发展到成熟期的企业，现金流一般比较充足，甚至会有大量资金需要通过对外投资的方式实现较高收益。对有闲置资金的企业，创业者既可以吸收其资金作为股权资本，也可以向这些企业借款，形成债权资本。

（三）风险投资

1. 风险投资的概念

根据美国风险投资协会的定义，风险投资是指职业的金融家投入新兴的、迅速发展的、有巨大竞争潜力的企业中的股权资本。在我国，对风险投资尚未形成统一的看法，比较普遍的观点是：风险投资是由专业机构提供的投资于极具增长潜力的创业企业并参与其管理的权益资本。从定义上可以看出，中美关于风险投资的界定有所不同，其投资对象有一定的差别。中国是一个发展中国家，很多行业方兴未艾，传统行业如零售、农产品之类，虽然没有技术含量，但拥有一个广阔的、快速发展的市场，使得这些传统行业的市场增长速度和回报率并不低于高科技行业。中国的风险投资不仅投资高科技项目，也对传统领域，如教育、医疗保健这样的项目感兴趣。

2. 风险投资的特点

（1）以股权方式投资

风险资本的投资对象是处于创业期的未上市新兴中小型企业，尤其是新兴高科技企业，而且常常采取渐进投资的方式，选择灵活的投资工具进行投资，在投资企业建立适应创业内在需要的"共担风险、共享收益"的机制。

（2）积极参与所投资企业的创业过程

许多风险投资家本身也是经营老手，一般对其所投资的领域有丰富的经验，经常会积极参与投资企业的生产经营过程，弥补所投资企业在创业管理经验上的不足，同时控制创业投资的高风险。

（3）以整个创业企业作为经营对象

风险投资不经营具体的产品，而是通过支持创建企业并在适当时机转让所持股权，获得未来资本增值的收益。与企业投资家相比，风险投资虽然对企业有部分介入，但其最终目的是监控而非独占，他们看重的是转让后的股权升值而非整体持有的百分比。

（4）看重"人"的因素

风险投资家在进行项目选择时，更加看重"人"的因素。正如美国最早的风险投资公司——美国研究开发公司（America Research and Development Corporation，ARD）的创始人之一乔治·多利奥特（George Doriot）所言："宁要一流的人才和二流的创意，也不要一流的创意和二流的人才。"阿里巴巴集团董事局原主席马云也曾说过："我宁愿选择一流的团队和三流的方案，也不愿意选择三流的团队和一流的方案"。

（5）高风险、高收益

据统计，美国由风险投资所支持的企业，只有5%~10%的创业可获得成功，风险投资的高风险可见一斑，与此相对应的是风险投资对被投资方高收益的预期。一位风险投资家一般会希望在5年内将其资金翻6倍，相当于每年的投资回报率（ROI）大约为44.8%。

（6）是一种组合投资

风险投资的对象是处于创业时期的高新技术领域的中小企业，几乎没有盈利的历史可作参考，失败率也很高。风险投资要取得高回报，必须实行组合投资的策略，投资一系列的项目群，坚持长期运作，通过将成功的项目出售或上市回收的价值来弥补其他失败项目的损失，并获得较高收益。

3. 创业者寻求风险投资的步骤

一般来说，创业者寻求风险投资需要经过10个步骤，如图6.2所示。

4. 创业者获得风险投资的渠道

创业者获得风险投资的渠道主要有给投资人发邮件、参加相关行业的会议或创业训练营、请朋友帮忙介绍以及借助融资顾问的帮助等。

```
┌─────────────────────────────┐
│    创业者了解自身资金需求       │
└─────────────────────────────┘
              ↓
┌─────────────────────────────┐
│  了解、分析创业投资市场和相应机构 │
└─────────────────────────────┘
              ↓
┌─────────────────────────────┐
│    确定寻求创业投资的可能性      │
│    初步确定寻求融资的目标创业    │
│         投资机构              │
└─────────────────────────────┘
              ↓
┌─────────────────────────────┐
│       准备创业计划            │
└─────────────────────────────┘
              ↓
┌─────────────────────────────┐
│   联系接洽创业投资机构         │
│   提交创业计划执行总结         │
└─────────────────────────────┘
              ↓
┌─────────────────────────────┐
│     最终确定关键的创业         │
└─────────────────────────────┘
              ↓
┌─────────────────────────────┐
│   接受创业投资机构的尽职调查    │
└─────────────────────────────┘
              ↓
┌─────────────────────────────┐
│     就企业价值和投资的        │
│     股权架构进行谈判          │
└─────────────────────────────┘
              ↓
┌─────────────────────────────┐
│     确定最终投资协议          │
└─────────────────────────────┘
              ↓
┌─────────────────────────────┐
│    获得创业投资、投资          │
│    方参与企业发展            │
└─────────────────────────────┘
```

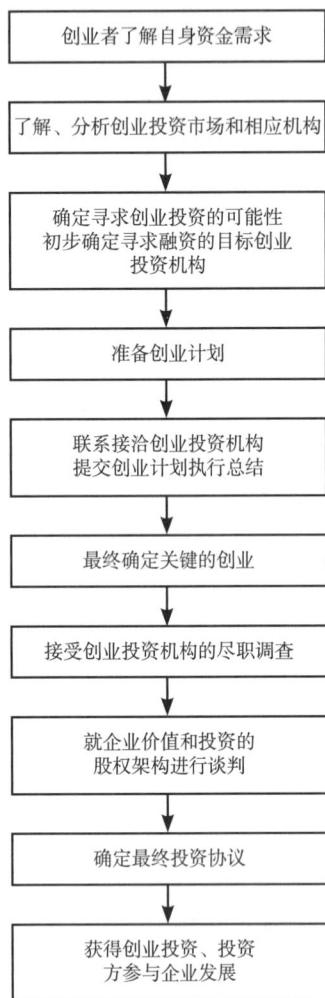

图 6.2　创业者寻求创业投资的步骤

（1）给投资人发邮件

想获得风险投资最简单的方法就是给投资人发邮件，一般的风险投资都有自己的网站，上面公布有自己的邮箱，创业者可以将自己的创业想法或者商业计划书发到公开的邮箱中，期待能够得到投资者的关注，并最终获得投资。采用这种方式的成本最低，但效率也最低。虽然风险投资者会关注投到邮箱的邮件，但是那些递交给投资机构的商业计划书，成功融资的只有1%。

（2）参加相关行业的会议或创业训练营

相关行业会议上或创业训练营上会有很多投资人，创业者可以利用茶歇或者休息的时间尽可能接触较多的风险投资者，或者接触自己感兴趣的投资者。这种方式的优点是在短时间内能够见到很多的投资者，但时间短，不一定有机会认识或结识他们。另外，这种场合对创业者的说服能力要求较高。

（3）请朋友帮忙介绍

如果有朋友做过融资，或者已经得到风险投资的，可以请他们帮忙介绍，这种方式较前两者成功的概率稍大，毕竟接受过风险投资并且取得经营成功的人的介绍本身就是一张名片，投资者可以借由介绍人的介绍对创业者或创业项目有一定了解，通过对介绍人的了解对创业者给以初步的肯定。但是，这种方式接触的面可能较窄，朋友认识的投资者可能并不是创业者需要的类型，而真正适合的人未必是朋友认识的人。

（4）借助融资顾问的帮助

通过借助投行或融资中介等融资顾问的帮助寻找风险投资的成功率较高，一是它们对中国活跃的投资人很了解，能够帮助创业者和投资者进行沟通；二是信誉高的投行本身就为创业者的项目成功性增加了砝码；三是投行会运用自己的经验帮助创业者挑选更合适的投资人。但是采用这种方式的成本也较高。

（四）政府扶持基金

创业者还可以利用政府扶持政策，从政府方面获得融资支持。政府的资金支持是中小企业资金来源的一个重要组成部分。综合世界各国的情况，政府的资金支持一般能占到中小企业外来资金的 10% 左右，资金支持方式主要包括税收优惠、财政补贴、贷款援助、风险投资和开辟直接融资渠道等。

随着我国经济实力的增强，政府对创业的支持力度，无论从产业的覆盖面还是从政府对创业者的支持额度都有了很大进展，由政府提供的扶持基金也在逐步增加，如专门针对科技型企业的科技型中小企业技术创新基金，专门为中小企业"走出去"准备的中小企业国际市场开拓资金，还有众多的地方性优惠政策等。创业者应善于利用相关政策的扶持，以达到事半功倍的效果。

1. 再就业小额担保贷款

根据中发〔2002〕12 号文件精神，为帮助下岗失业人员自谋职业、自主创业和组织起来就业，对诚实守信、有劳动能力和就业愿望的下岗失业人员，针对他们在创业过程中缺乏启动资金和信用担保，难以获得银行贷款的实际困难，由政府设立再担保基金。通过再就业担保机构承诺担保，可向银行申请专项再就业小额贷款。该政策从 2003 年年初起陆续在全国推行，并不断扩大小额担保贷款的范围。目前再就业小额担保贷款的适用范围包括年龄在指定范围内（一般为 60 岁以内，地方政策可能有所不同），有创业愿望和劳动能力，诚实守信，有《下岗证》或者《再就业优惠证》的国企、城镇企业下岗职工；退役军人；农民工；外出务工返乡创业人员；吸纳下岗失业人员达到地方规定的小企业、合伙经营实体或劳动密集型企业；大中（技）专毕业生；残疾人员；失地农民等符合条件的人员。

2. 科技型中小企业技术创新基金

科技型中小企业技术创新基金是 1999 年经国务院批准设立的，为扶持、促进科技型中小企业技术创新，用于支持科技型中小企业技术创新项目的政府专项基金，由科技部科技型中小企业技术创新基金管理中心实施。创新基金重点支持产业化初期（种子期和初创期）、技术含量高、市场前景好、风险较大、商业性资金进入尚不具备条件、最需要由政府支持的科技型中小企业项目，并为其进入产业化扩张和商业性资本的介入起到铺垫和引导作用。创新基金以创新和产业化为宗旨，以市场为导向，上联"863""攻关"等国家指令性研究发展计划和科技人员的创新成果，下接"火炬"等高技术产业化指导性计划和商业性创业投资者。根据中小企业和项目的不同特点，创新基金通过无偿拨款、贷款贴息和资本金投入等方式扶持和引导科技型中小企业的技术创新活动促进科技成果的转化。

3. 中小企业国际市场开拓资金

中小企业国际市场开拓资金是由中央财政和地方财政共同安排的专门用于支持中小企业开拓国际市场的专项资金。市场开拓资金用于支持中小企业和为中小企业服务的企业、社会团体和事业单位（以下简称项目组织单位）组织中小企业开拓国际市场的活动。该资金的主要支持内容包括举办或参加境外展览会；质量管理体系、环境管理体系、软件出口企业和各类产品的认证；国际市场宣传推介；开拓新兴市场；组织培训与研讨会；境外投（议）标等方面。市场开拓资金支持比例原则上不超过支持项目所需金额的50%，对西部地区的中小企业以及符合条件的市场开拓活动，支持比例可提高到70%。

4. 天使基金

政府有关部门和社会各界有识之士纷纷出资，设立了鼓励和帮助大学生自主创业、灵活就业的一些天使基金。例如，北京青年科技创业投资基金是由北京科技风险投资股份有限公司出资设立，与共青团北京市委、北京市青年联合会和北京市工商局共同管理的一项基金。其特点之一是以个人为投资主体，孵化科技项目的快速成长，凡在电子信息产业、新材料、生物医药工程及生命科学领域拥有新技术成果，45岁以下的自然人均可申请创投基金，资金投资区域为北京地区。

5. 其他基金

科技部的"863"计划、火炬计划等，连同科技型中小企业技术创新基金一起，每年都有数十亿元资金用于科技型中小企业的研发、技术创新和成果转化；财政部设有利用高新技术更新改造项目贴息基金、国家重点新产品补助基金；国家发展和改革委员会设有产业技术进步资金资助计划、各省市等为支持当地创业型经济的发展，也纷纷出台政策支持创业，主要有人力资源和社会保障部设立的开业贷款担保政策、小企业担保基金专项贷款、中小企业贷款信用担保、开业贷款担保、大学生科技创业基金等。创业者应结合自身情况，利用好相关政策，获得更多的政府基金支持，降低融资成本。

（五）知识产权融资

知识产权融资是创业者值得关注的融资方式，在国内外已有诸多成功案例。知识产权融资可以采用知识产权作价入股、知识产权抵押贷款、知识产权信托、知识产权资产证券化等方式。

课堂训练 3

拟用的融资方案

分组讨论：根据本组实际情况，本组准备怎么融资？

（1）外部融资还是内部融资？

（2）股权融资还是债权融资？

（3）具体渠道是什么？为什么采用这些渠道？

三、创业融资过程

创业过程中风险较大，创业融资相对困难，创业者想要获得创业融资，必须了解创业融资的一般过程，即融资前的准备、测算资本需求量、编写创业计划书、确定融资来源、融资谈判等。

（一）融资前的准备

在现实生活中，有些人有很好的创意，但融不到资金；有些人虽然自己没资金，但凭借自己的专业、信息和技术优势，凭借自己的个人信任和人脉关系，总能一次次幸运地找到资金实现自己的创业梦想，成就自己的财富人生。"机会总是眷顾有准备的人"。创业融资不只是一个技术问题，还是一个社会问题。在创业前或融资前做好以下工作，有助于创业融资的成功。

1.建立个人信用

市场经济是一种信用经济。信用对国家、对企业、对个人都是一种珍贵的资源。在创业融资中，信用有很重要的作用。人都生活在一定的社群中，创业者也不例外。创业者具有创业精神、创新意识，可能在思维方法和行为方式上会有不同之处，显示异质型人才资本的特征。但信用是一种市场规则，若谁违背了，则该信息会在社群内通过口碑传播。创业最初的融资往往来自自己的亲人、朋友和同事中，如果口碑太差，信任度太低，融资难度会加大。个人信用不是在创业融资时速成的，需要创业者平时注重自己的道德修养，培养良好的信用意识。诚实守信一度是中华民族的优良传统，是中国各个商帮兴旺发达的基础。但由于缺乏有效约束机制和惩罚机制，在市场经济改革的进程中，人们会丢失这种传统。勿以恶小而为之，勿以善小而不为，创业者一定要注意建立和维护个人良好的信用。

2. 积累人脉资源

斯坦福大学研究中心发表了一份调查报告：一个人赚的钱，12.5% 来自知识，87.5% 来自关系。梁漱溟认为，比之于西方，中国社会不是个人本位，也不是社会本位，而是一个关系本位的社会。费孝通用"差序格局"来解释中国社会以个人为中心的社会关系网络。他认为，社会关系网络以自身为中心，以血缘、亲缘、地缘、学缘、业缘 5 缘为纽带，就像把一块石头丢在水面上所产生的一圈一圈的波纹一样，不断扩展。

创业者的关系网络形成了新企业的社会资本。边燕杰等认为，企业社会资本是指企业通过社会关系获取稀缺资源（资金）并由此获益的能力。许多研究表明，创业者的人脉关系对创业融资和创业绩效有直接的促进作用。我们不应该把人脉关系等同于所谓的"拉关系""走关系"等寻租行为，而是基于正常的社会经历建立的诸如师生、同学、朋友、同事等的人际关系，这些关系在创业过程中会带来有用的信息和资源。在校的大学生要善于建立良好的同学关系和师生关系，勤于参加社团活动和社会实践，广结善缘，建立健康、有益的人脉关系，创造和积累基于同事关系、师生关系和亲友关系的社会资本，为创富人生、实现自我奠定好基础。

（二）测算资本需求量

每一个创业者在融资前都需要明确资本需求量，换言之，资本需求量的测算是融资的基础。对于创业者来说，需要清楚创业所需资本的用途。任何企业的经营都需要一定的资产，资产以各种形式存在，包括现金、材料、产品、设备、厂房等，创业所筹集的资金就是用来购买企业经营所需要的这些资产，同时还要有足够的资金来支付企业的营运开支，如员工工资、水电费等。从资本的形式来看，资本可以分为固定资本和营运资本。固定资本包括用于购买设备、建造厂房等固定资产的资本，这些资本被长期占用，不能在短期内收回。在筹集这类资本时，要考虑资本的长期性，不能依靠短期资金来解决，以免日后陷入拆东墙补西墙的境地。营运资本包括用于购买材料、支付工资、各种日常支出的资本，这些资本在一个营运周期内就能收回，可以通过短期资金解决。此外，创业企业还要面临成长的问题。在成长阶段，单靠初始的启动资本和企业赢利，不能满足成长的需要，还要从外部筹集用于扩大再生产的资本，即发展资本。

1. 估算启动资金

企业开始运营，要有启动资金，启动资金用于购买企业运营所需的资产及支付日常开支。对启动资金进行估算，需要具备足够的企业经营的经验，以及对市场行情的充分了解。创业者在估算启动资金时，既要足以保证企业运营，也要想方设法节省开支，以减少启动资金的花费。在满足经营要求的情况下，可以采用租赁厂房、采购二手设备等方法节约资金。

2.测算营业收入、营业成本、利润

对于新创企业来说，预估营业收入是制订财务计划与财务报表的第一步。为此，需要立足于市场研究、行业营业状况以及试销经验，利用购买动机调查、推销人员意见综合分析、专家咨询、时间序列分析等多种预测技巧，估计每年的营业收入。之后，要对营业成本、营业费用以及一般费用和管理费用等进行估计。由于新创企业起步阶段在市场上默默无闻，市场推广成本大，营业收入与推动营业收入增长所付出的成本不可能成比例增加，因此，对第一年的全部经营费用都要按月估计，每一笔支出都不可遗漏。在预估第二年及第三年的经营成本时，应该关注那些长期保持稳定的支出，如果第二、三年销售量的预估比较明确，则可以根据营业百分比法，即根据预估净营业量按固定百分比计算折旧、库存、租金、保险费、利息等项目的数值。在完成上述项目的预估后，就可以按月估算出税前利润、税后利润、净利润以及第一年的利润表的内容，然后进入预计财务报表过程。

3.编制预计财务报表

新创企业可以采用营业百分比法预估财务报表。这一方法的优点是，能够比较便捷地预测出相关项目在营业额中所占的比率，预测出相关项目的资本需求量。但是，由于相关项目在营业额中所占比率往往会随着市场状况、企业管理等因素发生变化，因此，必须根据实际情况及时调整有关比率，否则会对企业经营造成负面影响。

预计利润表是应用营业百分比法的原理预测可留用利润的一种报表，通过提供预计利润表，可以预测留用利润这种内部筹资方式的数额，也可为预测外部筹资额提供依据。

预计资产负债表是应用营业百分比法的原则预测外部融资额的一种报表。通过提供预计资产负债表，可预测资产和负债表及留用利润有关项目的数额，进而预测企业需要外部融资的数额。

大量的事实证明，现金流量是新创企业面临的主要问题之一。一个可以赢利的企业也会因为现金的短缺而破产，因此，对于新创企业来说，逐月预估现金流量是非常重要的。与预估利润表一样，如何精确地算出现金流量表中的项目是一个难题。为此，在预计财务

报表时需要考虑各种情境，如最乐观的估计、最悲观的估计以及现实情况估计。这样的预测既有助于潜在投资者更好地了解创业者，也能使创业者熟悉经营的各种因素，防止企业陷入可能的灾难。

4. 结合企业发展规划预测融资需求量

上述财务指标及报表的预估是创业者必须了解的财务知识，即使企业有专门的财务人员，创业者也应该大致掌握这些方法。需要指出的是，融资需求量的确定不是一个简单的财务测算问题，而是一个将现实与未来综合考虑的决策过程，需要在财务数据的基础上，全面考察企业经营环境、市场状况、创业计划以及内外部资源条件等因素。

（三）编写创业计划书

创业计划书是融资的重要工具，创业计划书的作用之一就是吸引借款人和投资者。证据表明，无论企业的规模大小，有计划的企业比没有计划的企业表现得好。创业计划书是融资的重要工具，这在前面已经论述过了。当代创业家，如张朝阳（搜狐）、陈天桥（盛大网络）、沈南鹏（携程）、李彦宏（百度），他们的致富和成功，都得到了创业资本的支持，而提供一份有说服力的、体现创业前景的创业计划书，都曾是他们及其团队的重要工作。

（四）确定融资来源

测算融资的需求后，要确定资金的来源，即融资的渠道和融资的对象。此时，创业者需要对自己的人脉关系进行一次详尽的排查，初步确定可以成为资金来源的各种关系。同时，需要搜集各方面的信息，以获得包括银行、政府、担保机构、行业协会、旧货市场、拍卖行等各种能够提供资金支持的资料。政府出台了很多支持创业的政策，但一些创业者不了解，失去了获得有关政策支持的机会。同时，创业者也应对企业股权和债权的比例安排进行考虑。

（五）融资谈判

无论创业计划书写得有多好，在与资金提供者谈判时表现糟糕的创业者很难完成交易。要做好充分准备，事先想想对方可能提到的问题；要表现出信心；陈述时抓住重点，条理清楚；记住资金提供者关心的是让他们投资有什么好处。这些原则对融资至关重要。此外，咨询有谈判经验的人士，翻阅关于谈判技巧的书籍，对谈判的成功都有帮助。

拓展阅读 1

创业前的四大资源

如今想创业当老板的人越来越多，如何能在千万创业大军中成功地经营自己的事业。专家指出，自身的知识、技术、人际、经济等方面的资源是创业的起点也是创业成功的关键。据权威部门统计，个人创业的成功率不到 15%，60% 的个人创业者处于不赢利、不亏本的消耗人生、磨炼自己的状态，25% 的个人创业者彻底做不下去宣告失败。如何才能创业成功呢？专业机构总结出个人创业成功应从以下几个方面着手：

1. 知识圈子（20 分，以所在的圈子专家级别标准为 100 分折算）

一些大学教授、培训教师、记者、演员、作家，他们绝大部分是从自己的知识圈子走向创业成功的，成龙、周星驰等人都是从自己大半生的演艺生涯成功地步入了导演的创业道路。有一些大学教授、培训师是根据自己在专业知识行业里的地位和影响力成功地走向了职业培训业的创业道路，陈安之就是个很好的例子。类似创业成功的案例还很多，当然也有很多创业失败的，在演艺圈里有不少人依仗自己充裕的资金开创了餐饮公司，虽然在很大程度上名气起到了招揽客户的作用，但与自己的知识圈跨越太大，不能有效管理而导致血本无归的大有人在。

2. 技术圈子（30 分，以所在的圈子专家级别标准为 100 分折算）

20 世纪 90 年代初，中国开始大力鼓励个人创业，一大批专业技术人员从稳定的技术岗位走向了创业的道路，沿海一带这样的例子更是数不胜数。开广告公司的基本个个成功，那时候广告业刚刚兴起，而市场的需求远远高于市场的供应。而现在步入广告行业创业的新企业成功率还不到 20%。类似的行业如房产行业、建筑行业、网络行业、餐饮行业、服装行业、职业中介行业等。现在在这些热门行业有一技之长的朋友要创业需要认真地考量一下自己的其他圈子的资源，只有在几个圈子拥有多元化的优势才能有成功的创业机会。

3. 人际圈子（30 分，以可利用关系 80 人计 100 分折算）

这类圈子里创业的人成功率一般比较高，而且比较轻松。据统计，所谓的暴发户中有很多属于这类圈子创业成功的案例。有很多人利用自己的家族地位、关系等的优势结合自己的简单创业而走向成功。

4. 经济圈子（20 分，以所创业的行业及拟订规模的最大需要投资款数为 100 分折算）

没钱的人用身体和脑子赚钱，有钱的人用钱赚钱。要做一名成功的商人一定要学会用钱赚钱。经济圈子创业成功率非常高，但是这个圈子走向创业的却不是很多，因为很多人在创业的问题上把这个圈子作为附属条件总是捆绑在其他的圈子上，重点依附于其他的圈子创业，结果导致失败的比比皆是。现在有很多的社会金融投资渠道，如股票、资金、国债、高利贷、黄金、房产等，有很多人利用自己的经济优势抓住正确的投资信息而发家。研究分析发现，利用自有资金投资成功的渠道基本上有两种：第一种是自己创业，利用其他的圈子优势，有足够的资金优势作为互补，锦上添花，自然成功率很高。这种创业的人一定要把握好投资比例，就是自己其他圈子的能力与你投入资金的比例是否吻合。第二种就是利用自己的资金优势参与金融投资，找理财行家帮助理财投资，或者嫁接于别人的投资事业从事融资投资。现在有很多风险投资公司，也有很多风险投资个人就成功做到了这点。

资料来源：人民网。

拓展阅读 2

一年融资三次，一个"88 后"潮汕青年的创业之路

雷雨交加，深圳机场飞往北京的航班大面积延误取消。刘逸洵独自坐在机场，内心一遍遍预演着如果第二天融资再不成功，该如何向一起创业的兄弟们交待。

2015 年年初，他带着十几个同学一起创办了互联网巴士出行平台嘟嘟巴士并担任 CEO，刚开始几个月公司顺风顺水，但 2015 年 7 月滴滴突然宣布进入这一领域，原本已经拿到的投资意向突然全部没有了回应。"所有的人都开始不接你电话，而前面的钱已经花出去了，前不着村后不着店，那时候就很慌了。"刘逸洵说。

公司命悬一线。此番飞往北京，他要去见的投资人——联创策源创始合伙人冯波第二天晚些时候就要飞去国外，这几乎是最后一根救命稻草。虽然刘逸洵内心早已背负如山的压力，但他离开深圳办公室时看起来依然意气风发，还给小伙伴们鼓劲，"准备跟滴滴大干一场"，转身就独自带着包赶往机场，连平时一起融资的副总裁也没有带。他不敢告诉别人自己背负的压力，"我最怕别人失望地看着我，无论怎样在别人面前我始终都是满怀憧憬、满怀希望。"刘逸洵说。

出生于 1988 年的刘逸洵在大学读书时，就拉着自己的潮汕同乡和同学多次尝试过创业。现如今，他的创业团队中有三十多个自己小学至大学的同学。大面积取消的航班将刘逸洵困在了机场，他甚至不能确定能否及时赶到北京，赶到了之后，能否拿到钱同样也是未知数。整个前半夜，他都被负面的想法所占据，直到后半夜，刘逸洵才把注意力放在了第二天如何面对投资人，以及该如何回答投资人关切的问题。"以前从来没有人问过滴滴进来怎么办，那天晚上我把所有能遇到的，跟滴滴打架的战略地图、对策方法全部都想清楚了。"他回忆起自己当时的思考，"我站在投资人的角度问了自己几十个问题，然后想清楚怎么去回答，全部预演了一遍。"

第二天一早，刘逸洵幸运地改签到了最早飞北京的航班，中午 12 点，他坐在了冯

波的面前。接下来 20 多分钟的时间里，面对冯波抛过来的七八个问题，刘逸洵很快都给出了答案。后来联创策源一位投资经理告诉他，冯波挺意外刘逸洵回答问题时的清晰与逻辑性。"因为我给自己准备了三四十个问题。"刘逸洵说道。

2015 年 9 月，嘟嘟巴士完成联创策源领投的 5 200 万元 A 轮融资，刘逸洵也跨过了创业后第一道生死关，以及"这几年最艰难的一个晚上"。之后，嘟嘟巴士在 2016 年 5 月宣布完成了 B 轮 1 亿元融资，并且在嘟嘟巴士之下，孵化出了共享汽车公司——PonyCar 马上用车。2017 年 12 月 4 日，PonyCar 宣布获得 2.5 亿元 C 轮融资，由知合出行领投，这是一年内完成的第三轮融资，三轮融资总额约 4.5 亿元。

根据 PonyCar 公布的数据，目前已投放的新能源电动车数量超过 3 000 辆，从深圳开始，已相继进入广州、北京、西安 4 座城市。值得注意的是，PonyCar 对外表示，不到一年就实现了单城盈利的目标，毛利达到 20%。与之相伴的，是共享汽车行业正变得越来越热闹，多家公司宣布获得新的融资，满怀豪情的新玩家陆续入局，知名风险投资基金开始加入，但也有公司在这样乐观的空气中仓促倒下。已身在跑道的刘逸洵信心满满，在他看来，2018 年上半年将会有更多玩家和资本进入，巨头也将会加快布局，而"只要行业能起来，PonyCar 就一定能起来"。

战斗

时间回到 2015 年 7 月 16 日，这一天滴滴正式在北京和深圳上线巴士业务，29 日又宣布将投入 5 亿元发展"滴滴巴士"，并计划年内将服务范围拓展至全国 30 多个城市。巨头的突然降临让刘逸洵措手不及，彼时滴滴刚刚合并"快的"后不久，又陆续上线快车、顺风车、代驾等业务，已经被公认为是互联网出行领域的绝对霸主。一家小公司与行业霸主之间如果发生战斗，很少有人愿意把赌注押在小公司这一边。

暴跌的股市也给资本市场带来重重一拳。双重打击之时，恰逢嘟嘟巴士正在进行 A 轮融资之际，一个直接的影响是，滴滴进来后嘟嘟巴士的估值一下被砍掉一半。运营的压力陡增。滴滴宣布巨额投入之后，所有供应端车辆都开始涨价，本来此前 800 元一天的车租，滴滴给到 1 000 元，不断有车队撕毁与嘟嘟巴士的合同，"供应端一度很紧张。"滴滴同样用起了屡试不爽的高补贴武器，滴滴巴士上线第一周时，其推出"1 分钱"体验活动，深圳所有用户乘坐滴滴巴士只需要 1 分钱。"我们第一次感受到原来资本的力量是这么大。"刘逸洵说。当务之急是寻找资本的支持，"当时过得并不轻松。"刘逸洵甚至曾在短短 3 天对接了 30 多个投资机构。前文所述他赶赴北京拜访冯波就在此时。

而在与车队的合作上，他们也开始采取灵活变通的思路，虽然没有像竞争对手一样把 800 元的车租提高，但在原来车租基础上跟车队达成分成协议，从这辆车赚的钱中按比例分成，给了车队增长的预期。他们同时免费将车辆管理系统等提供给车队，留住了一部分车辆，又开拓了一部分新能源客车车源，这才保住了车辆资源。在客户这一端，嘟嘟巴士拿出了几个关键性策略。第一个就是在滴滴正式进来之前，将用户按次数付费调整到月票制，鼓励用户预充值，充多少送多少，但是不能退，从而将用户进行了相对锁定。第二个就是对用户进行社群化经营，激发社群效应，除了用户一起上班的出行场景，嘟嘟巴士还推出一起购物、周末拼团旅游等增值服务，建立情感连接，"用户也就没那么容易流失掉。"大大小小的调整以及9月份A轮融资的完成，嘟嘟巴士终于度过了危若累卵的时刻。也有互联网巴士公司此时走向了迥异的命运。同样成立于2015年3月的考拉班车在当年9月11日宣布停止运营，由滴滴巴士接管，易到巴士在2015年年中上线百天后就选择关闭。

这一行业的确有难以解决的痛点。刘逸洵在运营中发现，最难的就是把足够多的人凑到一辆车上，一条线路要想实现盈利需要很长的培育周期。"前期推广会亏损，你总要跑一个月、两个月，或许到第三个月上座率才能到80%，才可能有好的盈利。"刘逸洵说，"这要很长时间培育，互联网快速复制的效应不够明显，而且护城河也不够深。"他和团队决定从嘟嘟巴士上孵化出一些不同的玩法，如直通车、周末游、自主包车等。2016年年中开始，他和团队又同时做起了共享汽车等产品的孵化。几个产品下来，团队发现共享汽车的数据更好，而且在刘逸洵看来，未来随着电动汽车的普及，需要有运营公司等中介平台解决电动汽车与消费者之间存在的鸿沟，自动驾驶的普及也将降低线下运营成本。"这两个拉动力将会对行业产生极大的变量，有变数才有机会，那我们就要杀进去。"

打磨

作为嘟嘟巴士联合创始人、PonyCar项目的负责人，林钟杰一直记得一句话，那是2016年11月内部孵化共享汽车项目时一个新员工的请求，"林总，我加入公司这么长时间了，还不知道总部是啥样，我能不能去总部看一下？"当时为了节省成本，林钟杰和几个员工在远离公司的一个地下车库工作，一辆车一辆车地安装调试软硬件，已经入秋的天气再加上地下车库本身的寒冷常常冻得他们打哆嗦，根本没有时间回公司。

11月中旬，PonyCar第一批5辆车被放在深圳市腾讯大厦附近，这栋大楼及附近的互联网从业者们被认为是PonyCar的目标用户。短短几天，"数据就呈现快速增长态势。"林钟杰此前接受媒体采访时表示，PonyCar上线第一周注册用户就已过万，复购率达到50%左右。上线第10天，林钟杰发现每一辆车的订单数已经趋于稳定，用户开始反馈订不到车，他马上又投入了30台车，点位也不再限于腾讯大厦附近。

经过近一年的摸索，PonyCar目前在深圳、广州、北京、西安4地投入了3 000多辆车，其中深圳市运营的车辆达到2 000多辆。据林钟杰提供的数据，深圳一辆车一天可以实现5~8单，两座车型一天可以实现收入150多元钱，毛利率达到20%左右，基本实现深圳单城盈利。"多数投资人会认为这个市场是烧钱的，他们在听到PonyCar毛利接近20%的时候就会有质疑。"长期为嘟嘟巴士和PonyCar提供FA服务的华峰资本说。在不少共享汽车陷于亏损之时，PonyCar在深圳的表现称得上亮眼。另据林钟杰透露，在深圳一个运营维护人员可以服务20辆车，这一数据也远超过不少一个员工只能运维八九辆车的公司。能够实现这样的高效，林钟杰将其归结为3个方面：车、停车场以及人。

与市场上绝大多数玩家类似的是，PonyCar也选择了电动汽车。刘逸洵用倒推的方式表达了选择的逻辑，"共享汽车切中的是打车跟公交车中间的人群，他们对价格敏感同时又需要驾驶快感，一定要打车价格的一半左右才是舒服的价位，算下来只有5万~8万元的电动车能做到，它的所有费用加起来可以实现1 km1元左右的成本。"另一个重要的因素就是牌照，北京等地已经对燃油车的牌照限量，而未来如果要在一个城市实现几万甚至10万辆车的运营，很难获得如此多的有牌照的燃油车，"只有一个通道，电动车"。

从一开始PonyCar在深圳便大量采用了知豆D2S等微型电动车，在广州采用的是北汽EV160，而在北京投入的是宝马i3电动车。实现高效率运营的第二个要素是停车场资源。除了一些地标性、人流量大且处于核心地位的写字楼、购物中心等必须要拿下来，PonyCar在后台建立起了一套数据选点的方法，其中包括区域人口数量、用户数、订单数等数据，发现不错的网点后通过建立临时停车位进行试运行，订单数量得到验证后再签订长期合作。第三个要素就是人，也就是如何优化人员布局，调动人员积极性和运维的效率。这件事曾一度让林钟杰很头疼，到2016年年中，短短8个月时间里PonyCar的员工数量从几个人猛增到200人，公司的管理开始遇到问题，由此产生"非常大的挑战"。

当年6月份B轮投资方惠友进入后，给PonyCar带来了一套网格化管理的方法。"我们会把几个网组成网格，每一个网格由一个团队经营，把一个网格做精做透。如果一个网格做得很好，团队可以申请再开通新的网格，而当你管理的网格足够多，你会上升为区域负责人、城市负责人甚至大区负责人。"林钟杰介绍道，"这样一个非常标准的竞争方式，提速了整个公司的业务发展。"

在运营模式上，PonyCar采用的是A点借B点还的方式，这也是不少共享汽车公司采用的模式之一，它的好处显而易见，更低的运营维护成本，以及对城市交通尽可能低的干扰。但其劣势也非常明显，尤其是对运营车辆较少的公司，常常会出现用户想在A点借车，却发现目的地附近没有可以还车的网点，不得不选择放弃。就在PonyCar上线运营近一个月时，一家主打随处停放的共享汽车公司进入深圳，这种更接近摩拜的运营方式马上就引起了 PonyCar 的注意。

此时 PonyCar 的 A 到 B 的模式尚在验证之中，车辆较少使得这一模式的缺陷被放大，团队中间开始出现争论。在一场开至凌晨 1 点的高管会上，大家看法不一，"核心层的人都差点争执起来"，最终 PonyCar 还是决定坚持现有的模式不变。"到后期特别是现在反过来看，我觉得 A 到 B 的模式才是共享汽车的形态。"林钟杰表示。打磨了半年之后，PonyCar 在深圳运营的车辆超过 1 000 多辆，团队认为已经摸清了如何实现人、车和用户之间的链接，以及车型标准、停车位网点选择和运营方式的商业闭环。2017 年 7 月，PonyCar 正式进入广州，开始异地复制。

几个月后广州团队就交出了不错的数据。"在广州我们只花了两三个月时间，就达到了深圳的水平。"刘逸洵说。PonyCar 在各地攻城拔寨之际，嘟嘟巴士逐渐转型为华为等大公司提供企业用车的管理系统，尽管不像互联网巴士、共享汽车那样充满想象空间，但稳定的业务带来的是"好看的利润"。一个细节是，当刘逸洵决定转向后，他把之前投资了嘟嘟巴士项目的投资人全部带到了 PonyCar 项目上。

头狼

2017 年 11 月，PonyCar 进入北京市场后不久，刘逸洵就从深圳搬到了北京。新租的办公室位于西直门附近。采访当天，刘逸洵也是第一次坐在自己的北京办公室里，他看起来还算满意同事的安排。如果可以改进，他希望有一套喝功夫茶的茶具。不过眼下即便只有几个临时拼凑的茶壶茶杯，他依然颇为讲究地为来客泡茶。这是潮汕人最为人所知的爱好。在一些演讲中，刘逸洵常常会提起自己潮汕人的身份，以说明他"骨子里就有做生意的基因"。"我们家乡有句老话，宁肯睡地板，也要当老板。"刘逸洵曾说。创业后，刘逸洵走了一条与众不同的路子，其中最鲜明的就是他在融资上的快节奏。

2015 年 9 月之前的 4 个月，嘟嘟巴士连续完成了种子轮、天使轮、Pre-A 和 A 轮融资，2016 年 5 月又宣布拿到 B 轮融资。而在 PonyCar 项目上，从 2017 年 2 月拿到 A 轮融资，6 月获得 B 轮融资，到 2017 年 12 月 C 轮即告结束，一年不到就完成了三轮融资。作为合作的 FA，华峰资本解释这一节奏为"生于忧患死于安乐，在这个领域里必须要不断地思考和奔跑"。在刘逸洵看来，创业一定要利用好资本，放大商业模式。他曾向外界分享过自己的融资心得，核心内容包括拼速度，小步快走；不要在意估值；把握融资的风口；人民币优先；不要等待，资金到账之前一切皆有可能等。融资拼速度的确可以为发展带来充足的资金，但不利的因素是，会造成股权的大量稀释，这就要求在每一次融资时，都要给投资人一个更高的预期。刘逸洵给出的思路是，用三个点去说服投资人，即公司高速的增长、单体模型的盈利以及技术储备的展示。

获得知合出行领投的 C 轮融资后，刘逸洵为 PonyCar 引入了人工智能相关的概念，强调大数据分析、深度学习和 AI 在车辆调度中的作用。同时提出了基于用户用车生命周期管理为核心的共享汽车生态概念，从分时租赁延伸到长租、以租代购、汽车超市、汽车金融等领域。潮汕人爱抱团的性格也影响了刘逸洵，公司里有他三四十个来自潮汕的同学朋友。投资人曾担心，如果同学们能力跟不上怎么办？刘逸洵的回答是，会不断要求他们去学习，而不会随便处理掉，"我觉得我的成功，是要带着一群人成功，要让他们过不一样的人生。这几十个人代表的是几十个家庭、村庄或者社会关系，只要把他们带起来，他们的村子可能未来就有个楷模。"但他有明确的底线，如果谁犯下诸如贪腐等原则性错误，他就会"丝毫不退让，谁都不认。"

"每个合伙人之间分工明确，专注各自的业务，相互绝对信任。"华峰资本给了刘逸洵的团队这样的评价，也正因如此，刘逸洵把公司的不少具体业务都分给了合伙人管理，自己重点关注战略、财务、数据和用户体验。他绝大部分时间都放在了融资、公司战略规划以及和行业人士聊天，他很少接受采访，也很少应酬，"宁愿自己一个人喝功夫茶。"刘逸洵非常在意自己的认知边界，在他看来，和投资人、主机厂、经销商等行业人士聊天，可以看清整个市场的情况，提升自己的战略思考力，只有这样，才可以使自己更好地成为团队的"头狼"。

资料来源：青年创业网。

拓展阅读 3

风险投资人与创业者首次会面后思考的 5 个问题

（本文由企业家兼顾问 Chirag Kulkarni 撰写。他是企业战略咨询公司 C&M 集团的首席执行官。C&M 的服务对象从初创企业到财富 500 强，专注于企业成长和新产品创新。之前，他联合创立了 STR，一家 B2C 和 B2B 结合的球拍线公司，并在 2013 年出售了该公司。）

最近，我想出了一个让自己更多地参与全球创业社区的办法，这个办法就是办公时间。这是我认识聪明和有抱负的企业家最爱的方法之一。在跟许多聪明的创业者一起工作和相处的同时，我看到了很多人在离开雇主、打造自己的王国时所取得的巨大飞跃。尤其是那些认为风险资本是最佳路径的创业者，他们对风险资本有越来越多的疑问。他们会在短信或邮件中告诉我与风险资本的会面十分顺利。大多数创业者没有意识到，会后他们所想的未必就是那些潜在投资者的想法。下面是风险投资者在首次会面后考虑的 5 件事：

（1）这个想法行得通吗？

正如大多数风险资本和创业者所说："行动胜于空谈。"尽管每个企业都是从想法起步的，但无论投资是否促进企业向前发展，大多数风险资本都依靠牵引力和全面执行力。

（2）与此相关的风险是什么？

跟其他投资一样，平衡风险和收益是非常重要的。风险主要来自创始人的背景、现状和未来的预期等。投资人有不同的类型，有严格的财务投资人、"激情投资人"、天使投资人等。无论你瞄准何种投资人，他都看重投资回报，尤其当这个投资人来自一家投资公司。

（3）这是最好的团队吗？

对大多数风险投资来说，团队是第一个要考虑的因素。这不无道理，因为团队是你创业的唯一驱动力。尽管你会觉得你的团队是最佳的，但是很多投资人会认为你们缺乏经验、相关领域的专业知识、管理技能和承诺。减少该风险的最简便的方法就是选择有不同技能的联合创始人。例如，你有商业背景，想创立一家科技公司，那么你的联合创始人应该拥有技术背景，而不应是商业背景。这样的层次就大大降低了你们烧钱的速度，无须付钱寻求技术外包。

（4）如果我投资了这个项目，会不会错过更好的呢？

风险投资管理着投资者的钱，由于资金有限，投资人在选择项目时要具备战略眼光。投资人面临的最大问题是担心错过了像谷歌这样的好项目，而投资了一个未来价值小得多的公司。换句话说，无论你的公司有多棒，投资人也会觉得当时你的企业不值钱。不要放弃。一些伟大的公司被错过是因为投资人没有眼光。这很正常，也正是因为有成千上万的私人资本和风险投资支持的投资人，会给你带来比以往更多的选择。

（5）这是投资的好时机吗？

假如你的初创企业取得了不小的成绩，你的业绩连月增长，你也有合适的团队，一切都是非常积极的。很好！你得到风险投资的机会非常大！但是，你的风险投资可能会认为你会继续成长，现在还不需要风险投资资金，可能3年后你才用得上这笔钱。继续成长吧。

结论

获得与风险投资会面的机会值得庆贺。然而，以投资人的角度考虑问题十分重要，这样你就可以挑战他们的思维，增加得到投资的概率。风险投资在首次会面后会有什么问题呢？作为创业者，你又应该如何减小风险呢？

资料来源：青年创业网。

参考文献

[1] 朱恒源，余佳. 创业八讲 [M]. 北京：机械工业出版社，2016.

［2］李家华，张玉利，雷家骕 . 创业基础［M］.2 版 . 北京：清华大学出版社，2015.

［3］张玉利，薛红志，陈寒松，等 . 创业管理［M］.4 版 . 北京：机械工业出版社，2017.

［4］吕爽 . 大学生创新创业实务指导［M］. 北京：中国铁道出版社，2017.

［5］林嵩 . 创业学：原理与实践［M］. 上海：上海财经大学出版社，2008.

［6］雷家骕，葛建新，王华书，等 . 创新创业管理学导论［M］. 北京：清华大学出版社，2014.

［7］王艳茹 . 创业基础如何教：原理、方法与技巧［M］. 北京：清华大学出版社，2017.

［8］徐俊祥，徐焕然 . 创未来：大学生创业基础知能训练教程［M］.2 版 . 北京：现代教育出版社，2017.

［9］王国红，邢蕊，唐丽艳，等 . 创业与企业成长［M］.2 版 . 北京：清华大学出版社，2019.

［10］姚凤云，赵雅坦，郑郁 . 创新与创业管理［M］. 北京：清华大学出版社，2017.

［11］梅强 . 创业基础［M］.2 版 . 北京：清华大学出版社，2019.

［12］张玉华，王周伟 . 创业基础［M］. 北京：清华大学出版社，2014.

［13］张帏，姜彦福 . 创业管理学［M］.2 版 . 北京：清华大学出版社，2018.

［14］唐纳德·F. 库拉特科 . 创业学［M］. 薛志红，李静，译 .9 版 . 北京：中国人民大学出版社，2014.

［15］李时椿，常建坤 . 创新与创业管理：理论·实战·技能［M］.4 版 . 南京：南京大学出版社，2014.

［16］梁巧转，赵文红 . 创业管理［M］.2 版 . 北京：电子工业出版社，2013.

第七章
创业计划

知识框架图

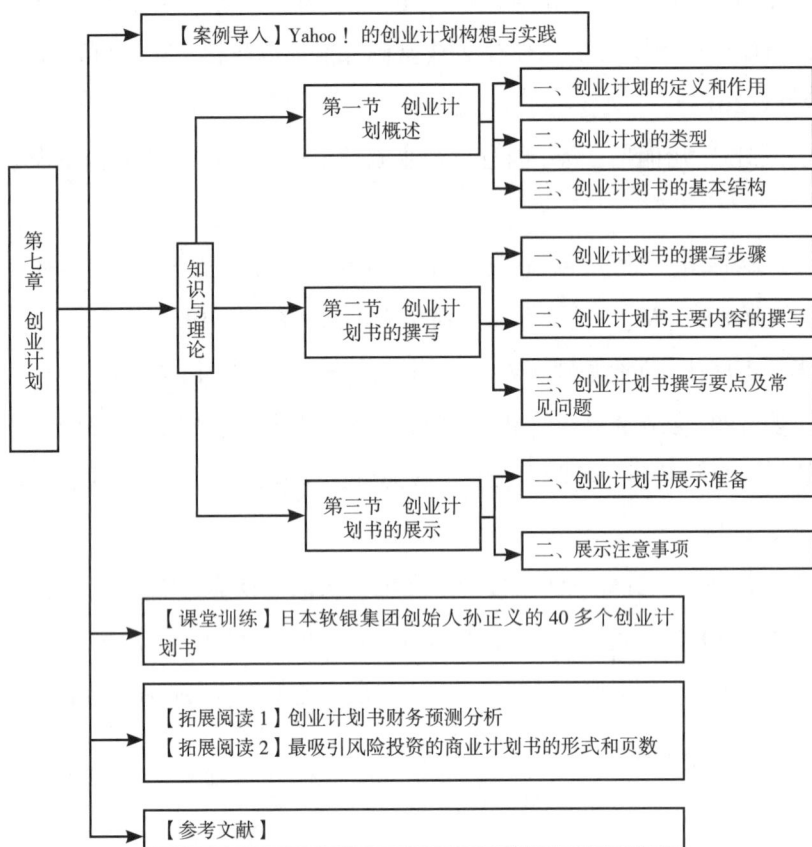

第七章 创业计划

【案例导入】Yahoo！的创业计划构想与实践

知识与理论

第一节 创业计划概述
- 一、创业计划的定义和作用
- 二、创业计划的类型
- 三、创业计划书的基本结构

第二节 创业计划书的撰写
- 一、创业计划书的撰写步骤
- 二、创业计划书主要内容的撰写
- 三、创业计划书撰写要点及常见问题

第三节 创业计划书的展示
- 一、创业计划书展示准备
- 二、展示注意事项

【课堂训练】日本软银集团创始人孙正义的40多个创业计划书

【拓展阅读1】创业计划书财务预测分析
【拓展阅读2】最吸引风险投资的商业计划书的形式和页数

【参考文献】

▶▶▶ 案例导入

Yahoo！的创业计划构想与实践

1995年上半年，杨致远和费罗开始与硅谷的风险投资公司接触。聪明的杨致远意识到自己必须制订一个周密的商业计划。杨致远找到自己正在哈佛商学院读书的老同学布拉狄，杨致远和布拉狄参考HotWired公司发布广告盈利的经验，迅速起草了一份商业计划书。带着这份商业计划书，他们到处寻找风险投资者。

他们一边维护日益膨胀的网络资源，一边寻找商机，每天只睡 4 小时。随后美国在线（America Online，AOL）找上门来，这家世界上最大的商业在线服务公司正好缺少一个搜索引擎，希望雅虎能担此重任。美国在线的用意是收购雅虎，使杨致远和费罗成为他们的雇员，保证可以让他们成为富翁。两个人担心把雅虎出售给 AOL，最终也会葬送雅虎，经过慎重考虑，他们拒绝了 AOL。随后杨致远又与 MCI、微软以及 CNet 谈判，但只能得到网景公司的资助。

最后，杨致远找到了红杉资本公司，红杉资本公司是硅谷最负盛名的风险投资公司，曾向苹果、Atari、奥拉克、Cisco 系统等公司投资。但红杉资本公司的莫里兹（Michael Moritz）起初有些犹豫，因为雅虎本身只是"在网上提供服务"，而且是免费的，其商业潜力在哪里呢？

莫里兹回忆起 1995 年 1 月走访 Yahoo! 最初的"办公室"的情景，"那里一片狼藉！杨致远和他的伙伴坐在狭小的房间里，服务器不停地散发热量，电话应答机每隔一分钟就响一下，比萨饼盒扔得满地都是，高尔夫球棒随随便便搁在角落里，电话机扔在地板上，整个屋子里连张椅子都没有，满屋子黑乎乎的，到处是脏衣服。"

不过，莫里兹并没有被吓跑，杨致远和费罗最终使他相信"这几个小子的确有眼力，抢占了网上的有利位置，如果发展顺利，其战略优势十分明显。这种新生事物之中蕴藏着巨大的商机！"1995 年 4 月，红杉投资雅虎近 200 万美元。它是雅虎的首家风险资本投资者，也是唯一的风险资本投资者。后来，红杉的股本已升值到了 34 亿美元。

红杉资本公司决定投资后，杨致远在 1995 年放弃即将完成的博士学位，成立 Yahoo！公司和 Yahoo！品牌；杨致远的名片上印着的头衔是：Yahoo！酋长（Chief Yahoo！）

资料来源：魏拴成，曹扬 . 技术创业学［M］. 北京：清华大学出版社，2014：242-243.

知识与理论

第一节　创业计划概述

一、创业计划的定义和作用

（一）创业计划的定义

创业活动是一个长期而复杂的过程，是一种理性行为，不能凭一时的热情而冲动。在创业之前和创业活动的过程中，要对创业活动作出合理和周密的计划，才能够提高创业活动的成功率。想要获得成功，做好创业计划是很多创业者在创业之前必做的事情。

创业计划又称商业计划（Business Plan，简称 BP），是指构建一个企业的基本思路以及企业各项活动的总体安排的文件。创业计划是引领创业的纲领性文件，是创业者在创业前预先的规划和行动方案，还是一份融资凭证。创业者在创业前准备的书面计划，详细说明创业者的创业构想，以及如何去实施这个构想。

（二）创业计划的作用

撰写创业计划的原因，恰好反映了创业计划书的重要作用。创业计划为创业团队进行创业提供了路线图。创业活动过程琐碎，事情繁杂，创业计划撰写时要收集信息、资料，进行市场调查，通过这些活动可以进一步厘清创业思路，确定创业构想价值所在，为创业活动提供行动方案。团队成员通过共同撰写创业计划，可增强团队凝聚力，积极开展工作。创业者想获得外部的支持，创业计划书是沟通的必然工具。创业计划属文字性的文本，创业者通过创业计划易于与外界，如投资者、商业合作伙伴、政府部门等进行沟通，获取他们的有力支持。

1. 验证创业构想的可行性

一个创意项目，存在很多方面的不确定性。在制订创业计划的过程中，创业者需要考虑各个方面，把计划写到纸上，可以使创业者的思考更加有效。例如，企业的目标顾客是谁，他们为什么会购买企业的产品和服务；企业真正的竞争对手是谁，他们有哪些优势和劣势；产品如何生产，怎样送达顾客手中；企业开办需要多少启动资金；预测成本与销售；企业是否可以盈利。这些都需要逐条去推敲，使创业者有更清晰的认识，验证创业构想是否可行。

2. 创业计划是创业者的行动纲领

通过撰写创业计划，迫使创业者能够系统地思考创业活动，帮助创业者厘清思路，准确定位。曾经有位著名的投资家说过"如果你想踏踏实实地做一份工作，那么去写一份创业计划，它能迫使你进行系统的思考，有些创业可能听起来很棒，但是当你把所有的细节和数据写下来的时候，你自己可能就崩溃了。"

创业计划书首先是给创业者自己看，应该以认真的态度对自己所有的资源、市场情况和竞争策略作详细的分析，并提出一个初步的方案。只有通过编写创业计划才能使创业者做到心中有数，首先要把计划中要创立的企业推销给创业者自己。制订创业计划，就是新创企业对自身的经营情况和能力的综合总结和展望，也是新创企业全方位的战略定位和战术执行能力的体现。

创业计划可以更好地帮助创业团队梳理思路，将创业的过程一步步变得清楚。通过创业计划的撰写，验证创业价值，将繁琐的创业所需做的事情梳理清晰，形成创业路线图，指导创业者的行动。

3. 有助于增强团队凝聚力

创业者有了自己的想法，需要去组建自己的团队。一份有效的创业计划，可以吸引潜在的团队成员。撰写创业计划需要创业团队系统周密地思考各个要素，梳理思路，把一切不可能的事情变为可能，迫使团队成员在一起努力工作，全力以赴解决各个问题。创业计划指明了今后努力的方向，明确了每位成员的作用和责任，成为成员间的沟通媒介，更是凝聚团队成员的重要手段。

企业的组建，需要去招兵买马，招聘员工。对企业员工，创业计划中的使命陈述、愿景规划和价值观可以帮助员工建立强烈的团队协作和团队精神。

创业计划针对企业内部使用者，创业团队成员需要明确创业目标以及目标实现的路径和实现目标的可行性方案。雇员需要了解创业目标，实现创业目标的具体方案，执行方案需做哪些具体的工作，完成工作可能获得哪些收益报酬。针对内部使用者，创业计划书需明确创业目标、实现创业目标的详细方案及措施。这就包括创业企业的产品和服务是什么；创意合理之处；解决顾客什么问题；顾客是谁；如何接触顾客；营销方案；如何开发生产产品和服务；市场竞争对手情况如何等。创业团队成员及雇员能够了解创业企业未来前景，对企业的发展有了解，能够进行预测。

4. 帮助企业融资

对于创业者来说，有了清晰的商业模式，准备创业，但资金不够，目前保证基本资金最稳妥的办法就是寻找投资人帮你完成梦想，也就是进行融资。融资不可避免地要涉及一个问题就是创业计划书。

创业计划可以作为推销性的文本向潜在的投资者、有投资意向的大型企业等介绍新创企业。创业计划是创业者用来吸引投资人的"敲门砖"和"通行证"，通过创业计划，可以让投资人了解企业的管理团队、产品或服务的独特性、市场竞争的能力等。结构完整的优秀的商业计划，让人感觉创业者的思路清晰，容易得到投资人的信任，有助于说服投资人，获取投资。

5. 争取政府机构的支持

各级政府相关部门出台了相应的扶持创业的政策，以各种方式支持创业，如免息贷款、奖励、免费公共办公场所等各种扶持。创业者若想获得政策相应支持，需借助完善的创业计划书，展示项目所具备的积极社会意义以获取支持。

在实践中创业者会更加看重创业计划的推销，目的是获得一份漂亮的创业计划书，自己并不用。这种方式虽然有可能得到融资，但创业者不一定能很好地利用资金，创业不一定能成功。创业者面对大量的不确定性内外环境的变化，需要认真面对计划。计划前对环境客观事实进行周密的分析，预测未来，化解不确定性以提高创业的成功率。

二、创业计划的类型

撰写商业计划，虽有一定的规范，但没有一种商业计划普遍适用所有的创业企业。创业企业所处行业、环境、目标、受众等不同，特别是计划书的阅读者不同，创业计划描述的内容就有不同的侧重。

（一）争取投资人投资的创业计划

很多创业项目都迫切需要投资人投资，以便能正常和更好地运作。面对投资人的创业计划在内容上要重点描述以下内容：

①行业与市场：新创企业所处行业及行业发展情况，市场潜力及市场的主要竞争对手，市场驱动力的分析。

②产品和服务：产品和服务的独特性，能够给顾客带来哪些利益和好处，目前的同类产品或类似功能的产品情况。

③创业团队：投资人更关注团队的能力，团队成员教育背景、专业背景，团队成员的资历、阅历、经历，以往的业绩，成员间在专业、能力上是否互补，成员的分工情况以及成员在团队中的角色。

④风险预测：投资人十分关心企业的风险管理，创业项目可能遇到哪些风险和困难，创业者将如何规避和应对这些风险。

⑤财务预测：向投资人介绍企业的财务计划，未来的成本情况，盈利能力，新创企业3年的收入预测、未来的销售业绩以及收益。

⑥投资人的投资与回报：重点突出企业拟筹的资金数目，筹集的时间，如何筹集，筹集的目的及筹集的资金如何使用。投资人投资后可以获得哪些回报（如相应的股份、经营

权），投资人退出的方式及策略，这部分内容要详细清晰。

（二）争取合伙人的创业计划

创业企业可能不具有某些核心资源，需要他人加入。这类计划除具有一般计划的内容外，更要重点描述以下内容：

①项目的商业价值：要足以吸引对方，才能够争取与他人合作。

②项目的产品和服务：有哪些特点，解决哪类群体的痛点，未来的市场潜力有多大。

③未来的收益：产品和服务能否占领市场，行业的市场规模情况。新企业将来要占领的市场份额、未来企业在市场中的收益。

④风险及对策：企业未来面临哪些风险，如何化解和规避风险。

⑤合伙人参与的方式及利益：对方参与合伙的方式，最好有可供选择的几种方案。明确团队成员的权、责、利的关系，成员在企业中各自所担任的角色。合伙人参与后能够带来的利益和好处（如可以获得的相应股权、匹配的职位），有待与合伙人共同探讨的问题，也应该在这部分一一列出。

（三）争取政府部门支持的创业计划

政府和公共部门看重项目的社会意义及经济价值，想要获取这类支持，需提供可行性的研究报告，一般以创业计划书的形式呈现。

①项目概要：对项目进行总体概述，重点谈项目对当地经济、社会的促进意义，项目目前进展情况，预期的效果及收益。

②技术产品情况：项目拥有的技术专利情况，技术产品与国内国际相比的优势，体现技术产品的创新与可靠。

③企业的实施方案：项目拟实施的各种方案，如生产方案、实施中的环境保护和劳动方案。

④项目的效益分析：项目的成本收益，估算预计的利润及纳税情况。项目产生的社会效益，能够缓解的就业压力，解决多少人的就业问题。对贫困或弱势群体的帮扶，如何解决环境保护、国家安全等事项要一一陈述清楚。

⑤希望政府具体支持：希望获得政府哪些方面的支持和扶助，这部分需要详细列出，如贴息贷款、资金支持、政策支持，以什么方式参股等。

三、创业计划书的基本结构

创业计划书通常包括封面、保密要求、目录、正文、附录等部分。

（一）封面

封面的主要内容包括企业或项目名称、地址、联系人、电话、传真、电子邮件、企业主页、网址、日期等。

企业或项目名称要明显体现经营内容和经营范围，可用醒目的字体来展示，可标示于创业计划书的标题。例如，《×××创业计划书》，如果企业已有自己的Logo，可以置于封面的上部。封面的背面或是次页附上保密要求或保密协议，提醒读者对计划书内容保密。一般创业计划都是未实现的商业活动，有较为详细的商业信息，属商业机密，需要阅读者和投资者妥善保管，不得随意向第三方公开。

一个好的封面会使阅读者产生好感，形成良好的第一印象，封面的设计要有审美观和艺术性。

（二）目录

大部分的计划书篇幅较长，需要在计划书里编制目录以便翻阅。目录是正文的索引，标明了各个部分的内容及页码，需注意各部分内容一定要与页码一致。

（三）正文

正文是计划书的主要内容，分别从执行概要、企业概况、创业团队、产品与服务、产品技术研发、行业及市场预测、营销策划、生产产品、融资、财务预算、风险预测、退出机制等方面进行撰写。要求既有翔实的数据资料，又要突出重点，实事求是。

（四）附录

附录是对主体部分的补充，由于篇幅的限制，计划书中涉及的一些数据资料、图片证明等不宜放正文，一般放在附录部分以供参考。附录主要包括附件、附表和附图。

附件主要有企业的营业执照、公司章程、产品说明书、授权专利证书、鉴定报告、重要合作意向书、荣誉证书、团队重要成员简介等。附图主要有组织结构图、生产流程图、实物产品、企业Logo等。附表主要包括市场调查表、财务报表、产品目录等。附件、附表、附图等可与创业计划书一起装订成册或单独装订，也可提供附录清单，当投资者有意向时再提供。

第二节　创业计划书的撰写

一、创业计划书的撰写步骤

撰写一份优秀的商业计划书，需要团队将创业构思逐步完善并转化为企业运营的方案。撰写计划书就是完成一个商业项目，需要花费大量的时间来思考、研讨。创业计划书的撰写一般由创始人和团队成员来完成，咨询公司和机构可以作为辅助，但要确保创始人全身心投入整个撰写过程中。

（一）将商业创意细化

创业构想关系创业能否成功，创始人和团队要冷静分析，慎重决策。撰写创业计划书，首先要明确创业的目的是什么。创业动机不同，目标各异，赚钱并不是唯一目标，创业者或是因创业兴趣，或是要解决生活、工作中的某一问题。其次要构建合适的商业模式，即赚钱的基本逻辑，涉及价值创造、价值传递、价值获取三个基本问题。有效地描述商业逻辑，生产什么或是提供什么服务，为谁生产为谁服务，如何生产如何服务，由此获得多少收益。最后要确定创业原则。创业过程艰辛，而且存在很多不确定性，创业不一定能成功。创始人和创业团队成员应确定共同的创业原则，促使成员坚持不懈地工作，凝聚团队力量。

（二）市场调研

创业团队可以通过互联网、公开出版物、竞争对手、关联方、会议展览、行业协会等渠道收集与项目相关的信息，如宏观环境、行业环境、竞争对手、用户需求等信息，需对企业所在行业、行业背景、发展趋势、政策法规等进行调研分析，以及开展竞争对手、客户调研。细致准确的调研是撰写创业计划书的基础。

（三）撰写创业计划书

在以上工作基础上确定创业计划书的总体框架，一般可按创业计划书的模板来确定，但要明确计划书的阅读者。读者不同侧重点不一样，可以在通用模板上进行删减。审查并确定计划书的大纲，完成计划书的日程安排。

合理的团队分工是撰写计划书有效的方式。团队成员根据分工，查找资料，实地调查，撰写初稿，由负责人进行统稿。在分工时确定工作标准、制度、完成时间，以便顺利完成计划书的撰写。

（四）创业计划书的修改、调整和完善

计划书初稿完成后，可以交给顾问团专业人士，如融资顾问，请他们从专业的角度审核计划书的有效性和完备性。修改后的计划书，可以采用模拟辩论方式，发现存在的问题。通过反复打磨，不断完善计划书。

二、创业计划书主要内容的撰写

创业计划书的正文是计划书的主体，也是核心内容，根据阅读对象不同，侧重点可以不同，主要从以下几个方面进行介绍。

（一）执行概要

执行概要又称执行摘要、执行总结，它是计划书正文的第一部分，是对整个计划书高度精练的概括，是计划书的精髓所在。投资人每天阅读计划书无数，首先翻阅的就是执行概要。如果执行概要能引起投资人的兴趣，投资人会继续翻阅。执行概要是计划书的浓缩，具有决定性的作用。执行概要依次介绍创业计划书的各部分要求，其顺序与章节顺序一致，宜用粗体字。

1. 执行概要的作用

执行概要的目的在于用最简练的语言，将计划书的核心要点、特色展现出来，吸引阅读者仔细阅读完全部文本，让阅读者有一个简短和全面的了解。

执行概要应向阅读者重点传达以下信息：

①创业团队的创业动机明确，思想理念正确。

②商业机会深思熟虑，有科学依据。

③企业提供的产品（服务）有相对独特的优势，在某些方面胜过竞争对手或是具备竞争对手没有的优势。

④创业团队有能力并能胜任创办管理企业的工作。

⑤目前项目正处于创业之窗最佳进入时期。

⑥财务分析基于的假设是可以成立的、真实的，投资者投入资金是可以获得丰厚回报的。

2. 执行概要的主要内容

（1）团队创意产生的背景

创业团队的创意是在什么情况下产生的，创业的动机是基于问题的解决，实现社会价

值、自我价值，有强烈的创业动机，让投资人对创业团队的创业理念有信心。

（2）产品或服务

企业提供的产品或服务也是企业的价值所在，企业为谁提供产品（服务），解决顾客的什么问题，可带来什么价值，与同类产品（服务）相比有何优势和独特之处。

（3）目标市场

企业目标市场在哪里，市场的容量有多大，分析并预测目标市场的容量、增长情况和发展态势。目标市场是企业存在的基础，对此进行分析和预测，规划企业发展战略，向利益相关者表明创业者是通过认真思考而作的决定。

（4）竞争优势

企业的竞争优势是体现在产品或服务的独特性，还是体现在成本领先或技术优势。能够抗衡竞争者的显著优势，不管哪种优势都能够给投资者带来收益。

（5）企业运营策略

简述企业在进入市场时机的选择、运营方式及今后产品与服务的升级替换，退出市场的策略等。

（6）创业团队

简述创业团队在专业技能、性格上的互补性，团队核心成员的教育背景、专业背景、工作经验、创业经历，体现团队的团结一致及执行能力。

（7）预计能获得的收益

介绍创业企业的资本结构、融资需求、资金使用规划，同时展示创业企业未来一段时间的财务状况及获利能力。

执行概要语言要精练，条理要清晰，对计划书的每个部分要进行提炼。阅读者不一定是行业专家，尽量少用专业术语，语言要浅显易懂，让阅读者了解创业计划书的主要内容。

从排版形式上看，执行概要排在正文的最前面，但在撰写过程中却是先撰写执行概要后面的正文所有内容，最后写执行概要，将除执行概要以外的正文每一部分内容进行提炼，形成执行概要。

（二）企业简介

这部分内容主要介绍企业和项目的基本情况，让投资者对企业有一个整体印象。如果还未成立企业，只是一个创意，可以重点介绍项目情况，突出商业创意产生的原因及产生的背景。

介绍企业团队主要成员的成长经历、专业背景，突出其个性特征、兴趣爱好、目标追求，体现成员之间的专业技能及性格上的互补。

如果企业已注册处于成长期，应简明扼要地介绍企业的发展过程、目前状况及未来的规划。企业简介通常包括以下内容：

1. 行业背景

企业所在行业背景情况主要介绍行业的发展现状、未来趋势，行业发展对企业的影响，给投资人尽可能多的行业信息。

2. 企业的一般描述

①企业概述主要介绍企业名称、企业成立的背景、企业使命。

②企业使命就是企业为什么而存活，企业存在的目的和意义。企业使命说明了企业与其他组织的不同，企业要解决什么问题。

例如，华为的企业使命：聚焦客户关注的挑战和压力，提供有竞争力的通信解决方案和服务，持续为客户创造最大价值。愿景：丰富人们的沟通和生活。

③已经注册成立的企业主要介绍企业经历的各个重要阶段，如创意的产生、何时开始生产产品、提供服务、何时开始销售等。

④企业的远景目标包括企业发展的重要里程碑以及里程碑计划，重要计划活动的时间表，说明企业现在及未来要做的事情，给投资人清晰的规划。

3. 主要业务

企业的主要业务，包括简单介绍企业的产品（服务）和主要服务的市场，如果已持有或者是将要申请专利和商标，可以进行详细介绍，通过专利和商标的描述体现企业的独特性。

4. 企业发展的历史及展望

①创业企业发展至今经历的各个阶段。主要介绍各阶段重要事件，如企业成立时间、产品或服务生产销售时间、现在所处的阶段、未来发展的计划、发展的重要里程碑等。

②财务状况。包括创业企业的资金来源。如果是已销售产品（服务），还包括销售情况及盈利情况。

③企业组织结构及性质。简单说明企业组织结构、法律形式及选择理由，对所有权情况进行简单说明。

（三）创业团队

投资者非常看重创业团队，往往看完执行概要后就直接浏览创业团队，评价其创办企业的实力。甚至有投资人表示：宁愿投资一流团队的二流创意，也不愿投资一流创意的二流团队。虽然有点夸张，但充分说明企业管理的好坏，会直接决定企业风险的大小，高素质的管理人员和合理的组织结构是管理好企业的重要保障。这部分内容主要介绍管理团队和组织结构。

1. 管理团队

新企业的管理团队通常是由创始人及关键的管理人员组成，主要介绍管理团队的人事安排、股权结构和激励约束机制。

（1）人事安排

重点介绍创始人及团队成员教育背景、工作经历、工作业绩和领导能力，以展现他们能胜任此项工作。一般新创企业最好拥有负责产品（服务）设计开发的技术团队、管理企业的团队、市场营销的团队、生产作业管理的团队、财务管理的团队。管理团队的结构合理，且能独当一面。

用表格和图表的形式，介绍管理团队成员，展示他们担任的职务、岗位及其工作任务，体现他们个人的知识结构、经验结构、能力结构、动力结构、年龄结构等方面的互补性，见表 7.1。如果重要岗位暂时空缺，要说明人力资源计划。

表 7.1　团队成员分析表

姓　名	行政职务	岗　位	教育背景	个人经历

（2）股权结构

在设计股权结构时，应考虑企业未来发展壮大对人才的需求，如高级职员、关键的雇员以及企业管理人员，应当留出一定股权比例给这些关键人物，见表 7.2。

表 7.2　团队成员股权结构

姓　名	职　务	投资额	所有权比例

（3）激励约束机制

介绍创业企业所采取的激励约束机制，如薪酬制度。公司成立后，关键人员在公司的收入情况，具体包括股权、股东收入、咨询费、红利、工资等。创业企业还可通过持股计划、职务升迁、企业文化等，说明创业企业能够充分利用激励约束机制，来实现创业目标。

2. 组织结构

新创企业组织结构在设计上要精简、高效、合理。组织结构的构建要使企业信息沟通顺畅，权责明晰。目前常见的组织结构有集权制、分权制、直线职能制，以及矩阵式的组织结构。

顾问团或顾问委员会也是新企业必不可少的组织，新企业运营涉及如法律、财务、专业技术等问题，可聘用法律、会计、技术等方面的顾问。在企业计划书中也可以分别介绍顾问团成员的个人经历，企业的智囊团可以给阅读者留下企业正在努力征求与业务有关的建议的印象，使其管理团队更加完美。

（四）产品（服务）分析

企业的产品（服务）是向投资者重点介绍的内容。投资者在进行评估时，不仅要知道创业企业生产销售什么产品（服务），还要对产品（服务）能否适应市场的要求作出评估。这些结果对投资者在投资决策时产生关键影响。

1. 产品（服务）的可行性总结

在创业机会形成阶段所作的调查和分析中，包括了消费者购买意愿，购买行为分析，购买产品的顾客和买主是谁，他们购买的目的是什么，为什么购买。在产品（服务）部分，将以上内容进行总结性阐述，以便让投资人了解创业产品（服务）的定位以及形成过程。

2. 产品（服务）的一般性介绍

重点介绍产品名称、特点及功能，企业提供的产品（服务）能在多大程度上解决顾客的问题，满足顾客需求。如果企业提供的产品（服务）是针对组织（企业用户）的，能在多大程度上帮助组织节约开支、降低成本、分摊风险、增加收入。

目前产品处于什么阶段，如已开发生产出来，可附产品图片；如产品还处于开发设计阶段，可以介绍设计方案。如果企业生产销售多个产品，介绍最重要的产品，其他产品作总体介绍。除介绍企业自身产品（服务）以外，还需对竞争对手的产品（服务）及潜在竞争对手的产品（服务）进行分析。

3. 产品（服务）定价

介绍产品（服务）是如何定价的，定价的依据是什么，在价格的基础上形成毛利和利润总额。重点说明价格的制订是通过科学分析，逻辑上是合理的。消费者能够接受该价格，该价格在市场上有竞争优势，同时还能确保企业有丰厚利润，如果企业产品（服务）有多个，或多类，最好分开进行价格说明。

4. 产品（服务）的独特性和竞争优势

投资人之所以选择投资，是因为企业具有一定的独特优势，如技术、产品（服务）、创业团队、商业模式，其中产品（服务）优势是企业与市场上的竞争对手及潜在的竞争对手相比，产品（服务）在价格、性能、功能上的突出优势。产品（服务）为什么受顾客青睐，原因是什么？能给顾客带来更多功能体验，还是节约了顾客更多成本，充分体现了顾客的个性化需求等。

（五）行业、市场分析

1. 行业分析

行业是指具有高度相似性和竞争性的企业群。目前行业环境对企业有何影响，可以帮助企业作一些适当的判断。行业分析部分的主要内容，是针对创业者进入行业的市场全貌及重要影响因素进行分析。

①行业现状。新创企业拟进入的行业现状包括行业发展情况及发展动态、行业总销售额及总收益、行业中的企业数量及就业人数以及行业的主要盈利模式等。

②行业发展趋势及存在的问题。包括行业的发展方向和行业环境的状况，可以引用权威人士和权威机构对行业发展趋势的预测。行业发展中存在哪些问题，这部分说明可以增加项目的说服力。

③影响行业发展的关键性因子。包括经济发展对行业有哪些影响，解释行业本身所处的发展阶段及其在国民经济中的地位；国家政策对行业的指导作用，判断对行业的影响力度，预测并引导行业的未来发展趋势；创新和技术进步在该行业扮演一个什么样的角色；行业发展的决定性因素与竞争本质；进入该行业的障碍是什么，创业者将采取什么策略克服障碍；判断行业投资价值，揭示行业投资风险，为投资者提供决策依据。

2. 市场分析

通过市场分析明确创业项目的业务性质，以便进一步预测销售量。销售额的预测会影响生产规模、营销计划、人力资源状况以及资金的需求量。市场分析的目的是更好地把握目标市场的状态，也是向创业计划书的阅读者表明，创业者对企业竞争环境有全面的理解。市场分析需要科学严谨的态度，提供的数据要翔实可信，可引用权威公开的数据，如国家部委发布的数据，知名市场调研机构的数据等，尽量选择近期公布的数据。市场分析的重点主要包括企业对目标市场的选择、竞争对手分析、消费者行为分析、预测销量以及开展竞争策略等信息。

（1）企业的目标市场

企业可依据地域、人口统计特征、心理变量等特点，将市场进行细分，选择一个细分市场作为目标市场。了解目标市场的规模，预测目标市场发展趋势、服务模式的变化和市场格局的变化。如果企业拟进入的市场是一个正在高速发展的增量市场，这将是企业的利好消息。企业增长来自市场本身的增长，而非抢占竞争对手的份额。如果市场正在发生变化，企业的产品（服务）、商业模式正好契合了这种变化趋势，抓住了机会，这将更能证明企业的竞争优势。初创企业往往以单个市场作为目标市场，以确保有足够的实力实现企业目标，增强企业竞争力。

（2）竞争对手分析

竞争对手分析的主要内容包括了解主要竞争对手的市场位置；企业有哪些竞争机会；企业主要竞争对手的市场份额；竞争对手的市场策略是什么，有什么发展。如果本行业存在大量的竞争者，可列表比较其产品和技术之间的不同，制订企业的竞争策略，分析企业能承受竞争压力的程度。市场竞争不可避免，市场竞争壁垒首先是专业技术壁垒，其次是资源壁垒，最后是许可壁垒。新企业要提高市场进入壁垒，获得持久的竞争力。

（3）消费者分析

消费者分析的主要内容包括产品（服务）的目标顾客及目标顾客的需求分析，特别是目标顾客的需求痛点分析，痛点要与自己的产品（服务）有契合点。

（4）预测销售额

通过市场调查，预测企业销售额。可以找一家可比企业了解其销售数据，通过行业协会了解可比企业的销售实际数据，还可以通过网络报纸等资料了解销售情况，结合自身特点预测销售额。几种方法同时使用，综合销售数据预测的销售额更具说服力。

（六）市场营销策略

市场营销策略是指企业如何销售产品（服务）以达成销售目标。企业的产品（服务）最终要推向市场，市场营销策略的成败，不仅影响企业的生存，更是体现新企业进入市场的能力。市场营销策略主要包括企业的总营销战略、产品策略、产品（服务）定价策略、销售渠道策略、促销策略等内容。

1. 总营销战略

总营销战略是指销售产品（服务）总体的思路，新企业在有限的资源条件下，营销活动的指导思想和操作原则。

2. 产品策略

该部分内容侧重于产品的市场营销。在产品策略中要说明新产品的开发方式，企业根据自身技术资源情况进行产品开发，以实现经济效益。

从企业产品的三个层次来看，产品的核心层面，即为顾客提供什么功能和效用，顾客可以获得的利益好处；产品的形式层面，产品的质量、品牌、包装与特色；产品的延伸层面，企业能给顾客带来哪些附加利益和附加服务。

一般新企业的产品（服务）处于引入期，重点说明如何获取顾客，占领更多的市场，提高市场占有率。如果产品进入成长期，介绍企业采取的策略偏重于改善和提高产品质量和服务质量，树立企业的品牌形象和口碑。如果产品处于成熟期，则要开发更多的细分市场以及扩大销售。如果产品进入衰退期，要提前做好产品退出市场的准备工作，同时寻找新产品、新市场。

如果企业产品（服务）品类众多，介绍说明产品（组合）的策略以及品牌使用。产品的包装是用于促进销售和对产品进行保护的，企业的包装采取什么策略也应说明。

3. 产品（服务）定价策略

由于产品（服务）的定价直接影响企业在市场中的竞争地位，决定销售业绩和经济效益，所以定价策略在营销策略中极为重要。

定价之前要全面考虑影响价格的几个重要因素，首先要考虑企业提供的产品（服务）本身的价值及成本；其次要判断市场对产品（服务）的供需情况；再次要了解竞争对手的定价策略；最后要考虑企业的经济目标。影响定价的因素是多方面的，在定价前要作全面的分析。

企业可以选择的定价方法大概有 3 类：①竞争导向的定价法。以竞争对手的价格为参考，确定企业产品（服务）的价格，即竞争定价法。②成本导向的定价法。根据企业产品（服务）的价值和成本，再考虑企业的经济目标，可用成本加成法。③需求导向法。根据市场的供给需求来定价，先确定一个满足需求合理的均衡价格，再根据需求变化，灵活调整。

4. 销售渠道策略

企业销售渠道是指产品（服务）如何到达顾客手中，是建自有渠道还是合作渠道，中间经历多少环节，选择这种渠道的原因。如果设中间环节，要设几个点来保障销售，同时说明理由。

5. 促销策略

促销策略是指企业通过加强与客户信息沟通来促进客户的购买行为，企业采取的促销方式，如广告、公共关系及其他促销活动。如果是广告，用什么方式做广告；如果是营销推广，可以通过公关促销与公众建立良好关系，树立良好品牌形象。

（七）研发计划、生产计划

1. 研发计划

新企业的产品（服务）都会经历创意开发、成品初步定型、产品雏形、产品批量生产等阶段。创业计划书在研发计划部分，首先应确定新企业的产品（服务）是处于哪一阶段，仍处于待开发阶段，还是已被充分开发。如果是创意阶段，仅是一个想法，则需要说明如何把创意想法具体为产品模型，有时新产品的开发过程可能需要数月的时间和可观的费用，在描述说明时要深入。如果产品已生产制作，可附上产品照片，重点说明产品批量生产所需具备的技术设备以及计划的时间表。

2. 生产计划

对于制造企业来说，生产计划是计划书非常重要的一部分内容，生产计划是企业生产产品进行的统筹安排，涉及以下内容：

①新创企业现有的技术情况、生产产品所需的技术设备情况。

②根据预测的销量，对产品种类、产量、产值等生产任务的计划和时间安排。

③产品质量控制及改进的能力。

④根据生产计划安排物料的采购计划、估算产品（服务）的生产成本、预算生产和采购过程中可能发生的现金支出，为后期编制现金流量表提供依据。

⑤根据生产任务，计划所需劳动力和雇员情况。如果新企业采取外包制造服务，则需解释外包生产如何完成。企业选址对有些企业运营极为关键，如餐饮企业，需说明选址的相关信息。

（八）财务分析与预测

财务分析是战略伙伴及投资人最关心的，是计划书的核心和灵魂，需要把商业创意具体化实现盈利，这是决定战略伙伴是否加盟，投资人是否投资的关键。

1. 财务预测

财务预测主要有两个方面工作，必须准确：一是通过财务预测，预计企业资金需求情况和需要融资的情况；二是通过相关预算，分析企业未来的财务状况及盈利能力。

（1）企业资金需求情况预测

企业资金需求涉及资金需求量、需求时间及需求条件。可根据计划书前面的生产计划、销售计划分析，分别列出生产产品或扩大规模需购买的设施设备等需多少资金。如果是新开办企业，还需列出需多少开办费，如市场调查费、加盟费、培训费以及其他费用。还要列出维持企业运营和发展需要的流动资金，如原辅材料、商品采购、场地租金、人员薪酬等费用。将不同时期需要的资金列表出来，预算出企业总的资金需求。

（2）企业未来的盈利状况预测

根据市场需求、生产计划、销售计划，预测销售收入、销售成本、营销费用、管理费用和财务费用及税收。

为确保财务分析的精准性和逻辑性，在分析过程中依据的基础与创业计划书其他部分描述的内容要一致，如生产成本、人员薪资、销售量、价格等。对成本费用部分，如是明确的成本费用，可以直接列出计算总额。对一些不明确的成本和费用，如已经营的企业可以用经营历史进行对比。如未开办的企业，可根据行业情况进行预测。

2. 财务报表

（1）资产负债表

资产负债表是反映企业在某一特定时期全部资产、负债和所有者权益状况的报表。企业资产价值包括现金、应收账款、存货、机器设备、土地等。公司所有债务包括应付账款、应付票据、应付税款和利息、应付薪水和工资。资产和负债的差额就是企业资产的净值或权益额。预计资产负债表格式见表7.3。

表7.3 预计资产负债表　　　　单位：元

项　　目	1	2	3	4	5	6	…
一、流动资产							
现金							
应收账款							

续表

项　目	1	2	3	4	5	6	…
存货							
预付费用							
其他流动资产							
流动资产合计							
二、非流动资产							
固定资产							
无形资产							
非流动资产合计							
资产合计							
三、流动负债							
短期借款							
应付账款							
应计费用							
应付所得税							
其他应付款							
流动负债合计							
四、非流动负债							
长期负债							
银行贷款							
其他非流动负债							
非流动负债合计							
负债合计							
五、所有者权益							
实收资本							
留存收益							
负债和所有者权益合计							
六、外部筹资额							

（2）损益表

损益表又称为利润表，是反映公司一定时期经营成果的财务报表，是企业实现的利润或形成的亏损，体现公司的盈利能力。根据企业前期预测，计算营业收入，用营业收入减去营业成本、营业税金及附加、销售费用、管理费用、财务费用，计算出营业利润。在此基础上加上营业外收入，再减去营业外支出，计算得到利润总额。利润总额减去所得税费用，计算出公司的净利润。一般来说，企业实现收支平衡之前，企业的利润表应该按月编制，达到收支平衡后可以按季和半年进行编制。预计利润表见表7.4。

表7.4　预计利润表　　　　　　　　　　单位：元

项　目	1	2	3	4	5	6	…
一、营业收入							
减：营业成本							
营业税金及附加							
销售费用							
管理费用							
财务费用							
二、营业利润							
加：营业外收入							
减：营业外支出							
三、利润总额							
减：所得税费用							
四、净利润							

（3）现金流量表

企业不一定因为经营亏损而破产，但会因为现金断流而清算。现金流量表提供一个非常重要的信息，它反映了企业计划执行中资金的需求数量，是企业经营业务是否成功的关键指标之一。它揭示了企业在一定时期的经营活动、投资活动、筹资活动等造成的现金流量，即企业资金流入与流出情况。编制现金流量表，以业务预算、资本预算和筹资预算为基础，将有关的预算资金进行汇总。详见表7.5。

表7.5 现金流量表　　　　单位：元

金额＼月份		第一年												第二年	第三年
		1	2	3	4	5	6	7	8	9	10	11	12		
现金流入	月初现金														
	销售总收入（收现部分）														
	赊账收款														
	贷款收入														
	所有者收入														
现金流出	采购材料														
	修理费														
	水电费														
	推销费														
	工资福利														
	办公用品														
	保险费														
	利息支出														
	装修等施工费用														
	房屋建筑租金														
	购置设备														
	所得税														
	现金总支出														
月末现金															

3.融资计划

企业融资渠道主要有私人资本融资、机构融资、风险投资、政府扶持基金和知识产权融资。对于新创企业来说，主要的资金来源是个人积蓄、亲戚朋友借款、风险投资和知识产权融资。

融资计划是在资金需求的基础上预算出来的，但真正投资人能投入多少资金还需要反复沟通和磋商。针对投资人的创业计划，关系与投资人的合作问题，融资计划主要涉及以下几个问题：

①预计的需求资金数额，创业者希望从风险投资人那里获取多少资金。

②以什么样的方式实现融资，获取风险投资的条件。

③企业资本结构情况，创业者、创业团队及投资人的所有权比例情况。

④资金使用计划。

⑤投资人的投资收益。

（九）风险管理

创业风险是指企业在创业过程中所遇到和存在的困难和问题。任何企业在创业过程中都会遇到所料不及的风险，新创企业所遇风险远大于正常运行的企业，市场上任何一点风吹草动都会引发蝴蝶效应。新创企业能够对风险进行预测，提出解决方法和规避方案，可以减轻投资者的疑虑，同时让投资者也有更全面的了解，更能体现团队的洞察力及解决问题的能力。

新创企业一般会面临来自自身以及外部环境的风险，即系统风险和非系统风险。系统风险是指由创业外部环境的不确定性引发的风险，创业者无法控制，或无力排除，只能合理规避。非系统风险是因创业者自身引发的风险。创业者能力和实力的有限性，以及创业机会与创业企业的复杂性，构成了非系统风险，可以通过各方面的努力，通过科学方法加以控制和消除。

（1）系统风险

系统风险包括政治风险、法律风险、宏观经济风险及社会风险。

①政治风险。是指国家政策、政治、管理体制、规划等对创业企业的影响。

②法律风险。是指法律法规的制定与修改给创业企业带来的风险。

③宏观经济风险。国家宏观经济的状况、产业政策等的变化和不稳定性，会给创业企业带来一定的影响。

④社会风险。创业企业受传统文化、地方文化、社会意识的影响，顾客在接受新产品时，受生活习惯、思维方式的影响。社会中介机构、基础设施状况等都构成了创业风险。

（2）非系统风险

非系统风险包括技术风险、生产风险、市场风险、融资风险、管理风险、人员风险、竞争风险、意识风险。

①技术风险。创业企业在技术商业化过程中存在一定的不确定性和偏差，导致一定技术风险。

②生产风险。创业企业在人员配置、生产设备等要素的供给等方面容易出现问题，从而导致企业失败和成本增加，利润受损。

③市场风险。是指市场的不确定性而导致的失败或损失，如选错方向、没有专注用户的痛点、市场上产品同质化、营销力度不够、商业模式不适合企业等。

④融资风险。创业企业开办后是否有足够的资金来保持企业的运营。

⑤管理风险。创业者及团队因管理不善引发的风险，特别是大学生创业，可能在技术上掌握不错，但缺乏社会经验，经营管理的实际能力不够，会影响企业运营。

⑥人员风险。创业者及团队的分裂，特别是关键技术人员的离开是创业企业失败的最主要风险，人员的道德风险也是致命的。

⑦竞争风险。创业企业不管进入蓝海还是红海，市场竞争是必然的，尽量做到竞争中生存化解和减少同行的排挤。

⑧意识风险。创业者有可能心存侥幸心理和投机心理，对他人过分依赖会成为最大、最内在的风险。

（十）退出策略

投资者的退出策略部分主要说明创业企业发展到一定阶段，投资人如何退出，退出的战略，即投资人的初期投资以什么方式收回的问题，对创业投资人可以接受的退出方式作详细的说明。退出方式主要有上市、并购、回购、后续融资轮次退出、破产清算。上市又称首次公开募股，简称IPO。企业第一次将其股份向公众出售，这是风险投资者最愿意看到的方式，不仅流动性强，退出无压力，且溢价高，收益可观，但概率很小。要考虑其他如并购、股权回购、管理层收购等退出方式。并购即兼并或收购，这是风险投资者很好的退出渠道。

（十一）附录及备查资料

创业计划书中涉及的一些细节问题及相关证书证件、图表等以附录方式呈现。例如，创业者和高层管理团队其他成员的完整简历；企业营业执照，公司章程、验资审计报告、企业证件证书、公司及产品介绍宣传等资料；财务报表。这些附件可与创业计划书主体部分一起装订成册，也可以只列清单，待投资人有意向时再查询。

三、创业计划书撰写要点及常见问题

一份优秀的创业计划书是撬开潜在投资人的大门，创业者需花费大量的时间和精力来

撰写。由于创业项目不同，创业环境、创业人员能力素质等有差异，因此评价一份创业计划书的优劣显得极为困难，创业者要抓住各部分的要点。

（一）撰写要点

1. 执行概要

执行概要包括企业产品（服务）介绍、市场竞争、营销策略、生产计划、财务预测、创业团队的优势、创意形成过程和企业发展展望，企业的价值体现，解决了哪些未解决的问题，机会优势在哪里，以及企业为什么会成功。

这部分要做到简明扼要，特色鲜明。风险投资家经验丰富、富有远见，执行概要一开始就要牢牢吸引他们，使他们能迅速作出决定。

2. 产品（服务）

产品（服务）如何满足顾客需求，解决了顾客需求的哪些痛点。产品（服务）如何进入市场，市场开发策略是什么。产品（服务）有无专利权、著作权、许可权。产品（服务）目前所处的阶段。

3. 市场

包括产品参与市场竞争的容量、竞争状况、市场变化趋势及潜力，产品（服务）的目标市场、顾客群体分析、预估的市场份额及销量。这部分内容要进行市场调查，要真实科学严密。

4. 竞争

新创企业要识别真正的竞争对手和潜在的竞争对手。分析竞争对手及市场驱动力，准确定位，确定企业各阶段的竞争目标及策略。

5. 营销

作市场营销总体安排，构建合理的营销渠道，制订适合的促销方案。

6. 经营

做好生产经营管理工作，重点是产品（服务）生产流程，合理安排人力、物力等资源，叙述操作性要强。

7. 组织

创业团队成员相关背景，即教育和工作背景、个人能力、专业专长，形成企业在各个方面的核心团队，如生产技术团队、管理团队、营销团队、财务团队。突出体现创业团队在技能、个性特征上的相互互补。构建组织结构，确定企业顾问团队，说明主要投资人及其持股比例。

8. 财务

预计启动资金、企业经营收入与费用情况、现金流量表。盈亏能力重点是基于什么样的假设预测的财务报表。

9. 风险评估

明确创业企业存在的系统性风险和非系统性风险、风险对企业的影响情况，以及如何规避或采取什么策略。

总体要求及评价：条理清晰、逻辑严谨、力求简洁、避免冗余、重点突出、层次分明、专业术语浅显易懂、用数据说话、数据可靠翔实。

（二）计划书撰写常见问题

1. 结构不全，不够完整

项目计划书要有较完整的结构，封面、扉页、目录、正文、附件这几个基本结构不能缺少。正文的执行概要、产品（服务）、市场、营销、财务等关键信息要交代清楚详尽。

2. 计划书格式规范问题

计划书一般以 Word 文档或 PPT 方式呈现，要注意在文字方面的处理，字体、字号、行间距等格式排版。要求做到美观、方便、易于阅读。文档中配以适当的图片，如产品技术原图、用户体验的现场照片、专利申请、团队成员获奖等照片，要合理排放，并加以恰当说明。

PPT 格式的计划书，除注意 PPT 制作设计精美，更要关注 PPT 的基本格式。PPT 缺乏目录页及章节过渡切换，使 PPT 显得不够规范清晰。

专业性较强的项目，评委、观众难以理解的，如医学、数学、工程学，展示时尽量多用一些图片。例如，技术原理、设计流程、国际国内产品技术比较，用图片方式更能生动展现项目技术的特点及价值。

3. 执行概要重点不突出

评委需要在很短时间内了解项目（往往只有十几分钟），他们首先关注的是执行概要。很多计划书在执行概要这部分，由于缺乏重点没能吸引评委关注。评委希望能从执行概要中快速找到项目的优势，项目在技术、产品和商业模式上的独特优势，具备的领先性和执行的可行性。

项目的商业化过程需要创业团队成员来实现，创业团队是否有相关创业的经验，创业的动机以及创业的意愿，是评委最看重的内容，在执行概要中要体现出来。市场规模的大小，项目以什么方式参与竞争，人力资源、财务、营销方面，都需要按照规范写。

4. 创业机会分析过于简单

投资人在评估项目价值时，看重项目的商业化可行性及其商业机会的大小，市场需求影响项目未来发展潜能。创业机会的分析，要深入清晰，有助于投资价值评估。

5. 缺少发展战略规划

很多计划书缺少项目的发展战略规划。一般创业有两个阶段：第一个阶段是把创意商业化的过程。从创意到新产品研发试制，注册成立公司，要有比较清晰详细的计划甚至是时间列表。第二个阶段是产品试制成功，有了业务，公司成立并逐渐发展壮大，就需要规划企业未来。通过规划以便进行资源整合，寻求投资，扩大发展。

6. 营销策划不详

项目性质不同，营销重点不一样。一般来讲，营销策划的"4P"，即产品、价格、地点、促销。要根据项目的类型分别制订方案，如项目有实物产品，营销渠道选择直销还是分销，应列举各自的优势。如果是互联网公司的产品（服务），销售渠道可能就不是重点，而产品（服务）是整个营销的重点，如靠产品（服务）来吸引顾客的病毒式营销。

7. 财务分析过于粗略

很多创业计划书财务部分过于简单，如没有比较清晰的预测销售。预测销售时，应将每年的销售收入情况分别列出。财务报表的3个关键表格可以参看拟上市公司的招股说明书，做到数据清晰，预测准确。

8. 管理团队成员介绍过于简单

人在创业项目中起决定性作用，不能一笔带过。计划书中团队核心成员的介绍要突出其专业背景、实习实践经历和创业经历。介绍要体现成员之间的专业技能互补，性格互补，有共同的价值取向；突出体现团队创业意愿，强烈的创业动机。可以把成员的获奖情况、技术专利情况展现出来。创业团队的介绍不能仅仅把成员姓名、职位作简单的罗列。

9. 理顺创意与创业的关系

有的创业计划书只是一个创意，计划书中没有说明如何将创意转换成产品。有创意，有产品，但商业化过程、商业模式不清晰。计划书应该把创意、创新、创意商业化的过程、商业模式讲清楚。

10. 没有注意评委的关注点

创业计划书没有关注评委关心的重点，使用的对象不同，关心的重点、焦点不同。创业计划书一般使用的场景有课堂、创业比赛和与投资人见面 3 个场景，应当根据阅读者关注的重点去做好计划书的撰写。

第三节　创业计划书的展示

一、创业计划书展示准备

（一）创业计划内容展示原则

1. 传递创业团队的优势及能力信息

创业团队是创业成功的关键，管理团队要富有战斗力，具有一定的管理经验和创业经历。投资人对创业团队的关注集中在团队成员的专业背景、管理能力、工作经验、互补性等方面。要充分展示体现创业团队的素质和执行能力。团队要有共同的目标、坚定的信念，整个创业团队成员富有执行力和战斗力。

2. 顾客利益至上

创业者偏向强调产品技术性、创新性，而忽视产品的市场需求；投资人更看重产品（服务）能给顾客带来多大价值，给顾客带来什么利益和好处，产品（服务）的卖点是什么，满足顾客哪些方面的需求或解决顾客什么问题，解决了顾客的难题痛点还是痒点。在投资人眼里，客户价值是首要的。

3. 产品（服务）描述通俗易懂

创业者对产品（服务）的概念、属性非常清楚，但投资人并不一定都是内行，展示时要把产品讲清楚，描述到位，不能用过于专业的术语，要用简单易懂的词语，把产品（服务）阐述清楚，易于理解，产生共鸣。

4. 科学准确的市场调研

创业者不仅自己要对市场了如指掌，还要让阅读者深入了解，以便树立信心。展示内容要体现通过调研，企业有市场、有价值，企业在市场中因产品的独特性，或是价格的更优、服务更优，在时间或空间上更快满足顾客需求，所有这些问题都是基于科学准确的市场调研得出的结论。在此基础上预测企业产品销售的市场反应，如产品真正给顾客带来的利益、客户购买的特征、目标市场规模的大小等。

5.客观对待市场竞争

创业者或是为了体现自己项目的优势，或是对市场调研不充分，或是把行业中的巨头公司列为竞争对手，或是认为产品没有替代品，也不会引起任何竞争，在市场竞争内容上没有真正的竞争对手。在撰写计划书时，创业者要认真调研市场，对主要竞争对手的优劣势作详细分析，并密切关注竞争对手的动态，要判断哪些是潜在的竞争对手。

6.行动方案切实可行

创业计划书是规划未来的创业活动，包括设计研发产品、生产线设计、产品组装、原材料购置、组织生产销售等一系列活动，需制订周密的行动计划。

（二）明确展示对象

1.向企业内部员工和股东展示创业计划书

清晰的计划书目标明确，可使团队的工作协调一致，增加团队凝聚力和行动力。特别是企业各职能部门负责人，向他们展示计划书，可以确保部分计划工作与企业整体一致。

2.向投资人及外部利益相关者展示计划书

可行的商业创意、适合的商业模式、深入的调查、真实的数据，对展示内容巧妙构思，既可提高展示者的信心，也可获得满意结果。

计划书在展示前，应分析展示对象，获得听众相关信息，与他们建立某种联系，使展示工作达到事半功倍的效果。

（三）做好展示内容准备

计划书的文档格式包括PPT、Word文档、思维导图。投资人更喜欢PPT格式。用PPT展示，图文格式更方便，表现的内容更丰富，适合创业项目路演。Word格式更适合通过筛选后进一步的交流，内容更详尽。思维导图有利于一目了然地展示创业者的创业思路。不管哪种形式，创业者对计划书的所有内容应熟记于心。

项目路演，PPT展示前熟悉创业计划书，做好展示内容，准备好PPT。准备预计时间的内容，做好场地设备等相关准备工作，选择合适的人员进行陈述。注意展示时的核心是人和项目，而不是PPT。

小·知识

创业计划书 PPT 展示

创业计划书展示的重点放在观众、投资人感兴趣的地方，不要追求全面，要抓住重点，尽可能简单。

1. 企业概述。用 1 张 PPT 说明企业概况，对产品（服务）进行简要说明。

2. 机会。用 2~3 张 PPT 说明亟待解决的问题，潜在的顾客需求是什么，问题解决的办法。企业将采取什么方式来解决问题，解决问题的方案与其他企业的不同之处。

3. 行业及目标市场。用 1~2 张 PPT 说明企业将要进入的行业情况，企业具体定位的目标市场，目标市场的前景、规模、预期销售等市场信息。

4. 技术。用 1~2 张 PPT 介绍产品（服务）的技术以及企业技术与其他企业的不同，涉及的知识产权情况。

5. 市场竞争。用 1~2 张 PPT 介绍市场现有的和潜在的竞争者，企业将如何参与现有的竞争。

6. 市场及销售。用 1~2 张 PPT 介绍企业将要采取的市场计划、销售策略，包括产品（服务）如何定价、销售过程、销售渠道。

7. 管理团队。用 1 张 PPT 说明创业团队的主要负责人经历、知识结构、拥有的企业资源和社会资源，重点体现主要成员的素质、从业经历、从业经验、既往业绩、圈内口碑。在专业知识和性格上体现互补，体现团队的稳定性。

8. 财务规划。用 1~2 张 PPT 简要说明企业 3~5 年的总体财务状况，可强调企业何时盈利、现金流情况、计划融资的渠道及筹集资金将如何使用。

9. 总结。用 1 张 PPT 总结企业最大的优势、团队优势、企业设想的退出战略，并征询反馈意见。

二、展示注意事项

创业者要敏锐地预见投资人所提出的问题，做好准备。投资人可能对计划书非常挑剔，所提问题比较尖锐，创业者不要因此泄气，投资人提出的问题往往对创业者有一定的启发。在现场回答问题时，创业者需注意以下几个问题。

（一）重视展示对象

创业计划书展示的场景不同，对象也不一样。一般有 3 类场景，即课堂、创业比赛及 VC 会面。由于场景不同，陈述对象不一样，他们关注的侧重点不同，所以在陈述计划书时创业团队成员一定要重视听众。根据场景展示对象准备陈述的重点和关键点。

（二）团队缺乏合作

团队成员缺乏合作，在陈述时比较明显，特别是参加比赛的团队。团队一般由 5~10 个人组成，陈述答辩时往往由一位同学完成，其他成员只是陪同。成员间缺乏合作，特别是回答评委问题时。团队可以根据评委提出的不同问题，如技术、产品、市场、财务等，分别由负责技术、产品、市场、财务的同学来回答，充分展示团队分工合作精神。

（三）PPT 的设计展示

创业计划书展示以 PPT 方式最常见。PPT 的制作设计，除注意文字处理、结构外，可适当配以图片、视频（如顾客反馈，专家认可的视频），以便让不了解行业技术的评委、观众能快速直观地理解和认可产品和技术。展示时要注意逻辑结构，应该有展示目录，并且在介绍每个部分时，要有过渡页，以便评委、听众有较清晰明确的了解。

（四）熟练地展示

展示的熟练程度会影响评委及观众对项目的评价，特别是比赛，因时间有限，要准确快速地把问题讲清楚。熟练程度不仅可以增强创业团队和成员的自信，还可以体现对项目的热爱。

（五）实物现场展示

产品介绍时有实物展示更直观，展示前要考虑实物演示涉及的声、光、电的需要，有些展示对流程操作等不熟悉，导致演示失败和出现各种问题，应提前做好准备。基于 App 的产品，已有几十万的用户，可以吸引现场评委观众体验。

（六）注意展示介绍时的重点

计划书比较完整的结构一般包括 10 个部分，在陈述时，并不是将 10 个部分一一呈现，而是要把握评委和听众的关注点，一般来说，以下 3 个方面是陈述重点：

一是项目产品技术的独特性、领先性。在同类或相似产品中项目的产品和技术是否领先现有同类或相似产品独创独特之处，有哪些目前的技术和专业来源目前的竞争对手是否有竞争。

二是项目市场。产品（服务）的用户是谁，市场规模有多大，市场已有的竞争对手或潜在的竞争对手有哪些，竞争情况如何，通过对比分析，体现项目自身的优劣势和领先性。

三是创业团队。创业团队是项目能否商业化成功的关键，陈述时可以重点介绍。团队核心成员的能力、经历、成员间性格技能的互补，体现团队成员的胜任能力。

（七）体现创业团队的创业激情和意愿

在陈述时，能够打动评委的关键点是创业者创业的动机，想创业、想服务的群体，想承担的社会责任的意愿。

（八）回答问题

回答问题环节要注意，如果没有听清楚问题而直接回答会浪费时间，评委也不满意，认真听评委的每一个问题，简要准确回答很重要。对有的评委提出的问题，不能回答，可以如实地告诉评委对所提的问题还没有作过多的考虑。

（九）时间管理

一般参加比赛，时间为 10 分钟，陈述 5 分钟，答辩 5 分钟。如果是几位同学共同配合来完成，要分配好每位同学的时间，整个答辩过程中第一分钟和最后一分钟非常重要。

（十）临场的应变

计划不如变化，答辩现场有可能出现各种问题，如 PPT 不能播放，实物不能运行，展示过程中卡壳了。出现这些挑战性的问题，一定要沉着冷静地应对。创业就是面对各种不确定性的问题进行处理。在答辩的过程中，如果出现意外情况，体现了创业团队对不确定性问题的处理能力。

课堂训练

日本软银集团创始人孙正义的 40 多个创业计划书

孙正义在美国凭借发明和开创企业赚到了一大笔钱。回到日本，他就用这些资金开了一家"个人事务所"，但事务所生意十分萧条。孙正义对自己 50 岁以前的人生作了规划，他当时已经 24 岁了，还没有打出自己的旗号，心里十分着急。他一直在考虑转型，但应该选择做什么项目呢？他的脑海中曾先后浮现过 40 个自己想做的项目，但没能确定下来做哪个。

孙正义把自己曾经想过的 40 多个项目一一记录下来，然后逐一制订出经营计划。"对这 40 多个项目，我全都作了 10 年的预想损益计算表、预测平衡表、资金周转表及组织机构图。组织机构图按照系列不同作出不同的类型。每一个项目的资料纸稿足有 30~40cm 厚，我对想到的这 40 多个项目做彻底的调查。"接着，孙正义把调查结果与自己的选择标准进行对照，看哪个项目值得投入毕生精力去做。这些选择标准是孙正义自己拟定出来的，拥有 25 项参考因素，诸如该项目是否能使自己不厌其烦地全身心投入，是不是其他任何人都没想到的做法，10 年以内是否能发展成为当地第一，是否确实能赚到钱，合不合时代潮流等。

经过调查分析，孙正义把目标集中在计算机软件批发业上。孙正义正式雇用了两个帮他作市场调查的临时工，成立软银创业企业，开始了新的事业。

刚开始时，软银创业企业只有两张桌子，办公环境简陋得让人无法与现在世界著名的软银创业企业联想在一起。事实证明，孙正义选择的道路是正确的。他的成功正是源于他认真写成的 40 多个创业计划书。

思考与讨论：

1. 创业计划书对孙正义创业成功起到了什么作用？

2. 如何看待创业计划书与创业成功之间的关系？

资料来源：王兴元 . 创业基础［M］. 北京：清华大学出版社，2017：179.

拓展阅读 1

创业计划书财务预测分析

新创企业需要创业者通过市场调查、研究、分析对财务部分有一个较准确的预测，帮助创业者提供一份清晰的财务规划蓝图。企业开办所需要的启动资金需求预测，需要分析预测未来 3~5 年的营业收入和成本，制作销售估算表、成本核算表、损益估算表、现金流量估算表、盈亏平衡的分析、投资回收期和投资回报率等。

1. 启动资金预算

启动资金包括新创企业在开办之前的流动资金投入、非流动资金投入，以及开办时所需的投入资金。在估算启动资金时创业者均能想到购置或租赁厂房，购买设备设施，购买原材料，支付员工工资、广告费等。但容易忽视创业者自己的工资，机械设备安装的费用，装修费用以及业务开拓，购买技术和加盟费用，营业税等大额费用支出。以列表方式将所有支出费用固化，可以较准确地计算出开办企业所需的投资资金。

资金需求包含 3 个部分内容：

①固定资产购置费用：新创企业需要购置的设施、设备，家具等有形的固定资产。

②开办费：一般包括工商注册费、市场调查费、差旅费、咨询费、各种许可证审批费用、支付连锁加盟费用、其他费用（如培训费）等。

③流动资金：一般包括原材料／商品采购、场地租金、员工薪酬、办公用品及耗材，水、电、交通差旅费，其他费用等，见表 7.6。

表7.6　新企业启动资金需求　　　　　　　　　　　　单位：元

类别 / 项目		金额 / 元	备注（对主要费用及其他重要事项说明）
固定资产购置合计			
开办费	工商注册费		
	市场调查费、差旅费、咨询费		
	各种许可证审批费用		
	支付连锁加盟费用		
	其他费用		如培训费、资料费、购买无形资产费用
	合计		
流动资金	原材料 / 商品采购		
	场地租金		
	员工薪酬		
	办公用品及耗材		
	水、电、交通差旅费		
	其他费用		
	合计		
启动资金合计			

　　固定资产购置明细报表内容一般包括生产经营所需设备、办公家具、电子设备、交通工具、店铺 / 厂房等，见表7.7。

表7.7　固定资产购置明细　　　　　　　　　　　　单位：元

项　目	金　额	备　注
生产工具和设备		
办公家具		
电子设备		计算机、打印机、复印机、传真机、电话机等
交通工具		汽车
店铺 / 厂房		
合计		

　　每个行业的原材料、产品单价都不一样，原材料 / 商品采购成本应根据经营的项目情况如实填写，见表7.8。

表 7.8 原材料 / 商品采购成本　　　　　　　　　　　　单位：元

名　　称	数　　量	单　　价	金　　额
一			
二			
三			
四			
合计			

销售与管理费用预测：销售费用一般指宣传推广费用等。管理费用一般指场地租金、员工薪酬、办公用品及耗材、水、电、交通差旅费和其他费用。财务费用一般指各种利息等。详见表 7.9。

表 7.9 销售与管理费用预测　　　　　　　　　　　　单位：元

类　　别	科　　目	金　　额
销售费用	宣传推广费用	
小计		
管理费用	场地租金	
	员工薪酬	
	办公用品及耗材	
	水、电、交通差旅费	
	其他	
小计		
财务费用	利息	
小计		
合计		

2. 启动资金来源

启动资金的筹资渠道主要有六个方面：①自有资金，如股东自筹。②私人拆借，如向亲属、朋友借款。③银行商业贷款。④地方政府优惠贷款。⑤天使投资。⑥机构投资。详见表 7.10。

表 7.10　启动资金来源

筹资渠道	资金提供方	金额 / 万元	占投资总额比例 /%
自有资金	股东		
私人拆借	亲属、朋友		
银行贷款	银行		
政府小额贷款	政府相关部门		
天使投资	天使投资人		
机构投资	机构投资人		

3. 编制销售额预测表

销售预测部分，第一年按月预测销售，其余可以按季度、半年以及年预测，一般预测 3~5 年的销售额。详见表 7.11。

表 7.11　月度销售预测

月份	销售量	销售额	月份	销售量	销售额
一月			七月		
二月			八月		
三月			九月		
四月			十月		
五月			十一月		
六月			十二月		
总销售量			总销售额		

4. 预计利润表编制

利益相关者还特别关注创业企业预测的利润情况，即：利润 = 收入 − 支出。详见表 7.12。

表 7.12　预计利润表　　　　　　　　　　　　　　　单位：元

项目		本期金额
一、营业收入		
减：营业成本		
税金及附加（按 5% 计算）		
固定销售费用	宣传推广费	
管理费用	场地租金	
	员工薪酬	
	办公用品及耗材	
	水、电、交通差旅费	
	固定资产折旧	
	其他管理费用	

项目		本期金额
财务费用	利息支出	
二、营业利润		
加：营业外收入		
减：营业外支出		
三、利润总额		
减：所得税费用（按25%计算）		
四、净利润		

5. 现金流量分析

现金流量是反映企业在一定时期内现金及其等价物流入流出的数量及时间安排，突出了企业在某一特定时期的预期销售额和资本费用。现金流的预测强调了融资的需求和时机，表明企业对营运资金的需求。流动资金是企业的生命线，企业在初创或扩张时，对流动资金需要预先有周详的计划和进行过程中的严格控制。企业不一定因为亏损而破产，却会因为现金断流而清算。新创企业更应重视现金流的预算和管理，利用好现金流量表这个工具，可参看表7.5。

对投资回报部分，如盈亏平衡点、投资回收期、资产负债率等，可以参考《会计学》《财务管理》等教材进行学习。

拓展阅读2

最吸引风险投资的商业计划书的形式和页数

风险投资公司每天从各种渠道收到的商业计划书很多，但是每天能用来看商业计划的时间是有限的。建议第一次给风险投资人的商业计划书，最好用PPT版本。一方面，PPT图文排版更方便、表现更丰富，方便讲清楚创业项目；另一方面，PPT一般是按页查看，让人更有耐心去了解。内容大概在20页，不要刻意控制页数，重在把每块的内容说清楚。

第一部分：What——讲清楚你要做什么

用2~3页PPT讲清楚你准备干一件什么事。不要整页PPT都是大段文字，你要做的事应该一两句话就能说清楚。最好能配上简单的上下游图或功能示意图，让项目一目了然。这里的核心是要突出专注，表明你就想做一件事，而且就想解决这件事中的某一个关键问题。项目不追求大而全，产业链也不要太长。目前商业巨头明显要做的项目、已经有几家在竞争且获得较好融资的项目不要去做。这样的项目已经有太多失败教训。不是说你做不成功，而是投资人不感兴趣。相对成功概率低，投资人不愿意同赌。

第二部分：Why now——行业背景、市场现状

用 4 ～ 6 页 PPT 讲清楚行业背景、市场发展趋势、市场空间。要说明你在正确的时间做正确的事，而且市场空间大。市场大，不代表有需求。要描述在目前的市场背景下，你的项目抓住了一个用户的痛点，或者你的项目可以为用户带来更高性价比的产品和服务。尽量列出与竞争对手的对比分析，表明当前的商业机会。

第三部分：How——如何做，以及现状

用 5~10 页 PPT 讲清楚商业模式实现的具体方案，包括产品的研发、生产、市场、销售策略。描述这个项目是如何实施的，以及最终达成的效果。

第四部分：Who——你的团队

用 2~3 页 PPT 讲清楚团队的股份和分工。团队要有合理的分工，还需要介绍团队主要成员的背景和特点。强调个人的能力适合该岗位，团队的组合适合创业项目。项目是靠人来执行的，不同的团队做出的效果不同。要让投资人知道你不是一个人在战斗，有没有团队也从侧面说明了你个人的领导力。当然投给个人的钱与投给团队的钱完全不一样。有些创业者会拿网上报道的某名人的大笔投资作比较，认为自己的项目更靠谱，应该获得相应的投资。他不知道产生高溢价的是团队而不是项目，某名人有一帮团队和相应的资源在后面。

第五部分：Why you——优势

用 1 ～ 2 页 PPT 讲清楚你的项目和团队优势。"事为先，人为重"。要让投资人相信你要做的事非常有前景，而且你们团队很适合做这个项目。回答好两个问题：为什么是现在做这个项目？为什么你们能做成功？

第六部分：How much——财务预测与融资计划

用 2~3 页 PPT 讲清楚前 3 年的财务情况，以及后 3 年的财务预测。早期项目的盈利不重要，投资人主要对高增长性感兴趣，表明你的融资计划，需要多少资金，准备稀释多少股份。资金需求一般做一年规划，这一年项目要达成什么目标，达成这个目标需要多少钱。稀释的股份要少于 30%，稀释太多，你就是打工的了，其实太少投资人可能不太感兴趣。

资料来源：创业邦网。

参考文献

［1］李家华，张玉利，雷家骕.创业基础［M］.2 版.北京：清华大学出版社，2015.

［2］张玉利，薛红志，陈寒松，等.创业管理［M］.4 版.北京：机械工业出版社，2017.

［3］徐俊祥，徐焕然.创未来：大学生创业基础知能训练教程［M］.2 版.北京：现代教育出版社，2017.

［4］王艳茹.创业基础如何教：原理、方法与技巧［M］.北京：清华大学出版社，2017.

［5］张帏，姜彦福.创业管理学［M］.2 版.北京：清华大学出版社，2018.

［6］石建勋.创业管理［M］.北京：清华大学出版社，2012.

［7］张玉华，王周伟.创业基础［M］.北京：清华大学出版社，2014.

［8］雷家骕，王兆华.高技术创业管理：创业与企业成长［M］.北京：清华大学出版社，2008.

［9］梅强.创业基础［M］.2 版.北京：清华大学出版社，2019.

［10］石建勋.创业管理［M］.北京：清华大学出版社，2012.

［11］朱恒源，余佳.创业八讲［M］.北京：机械工业出版社，2016.

［12］中国就业培训技术指导中心·创办你的企业.创业计划书［M］.北京：中国劳动社会保障出版社，2017.

第八章
新企业的创办与管理

知识框架图

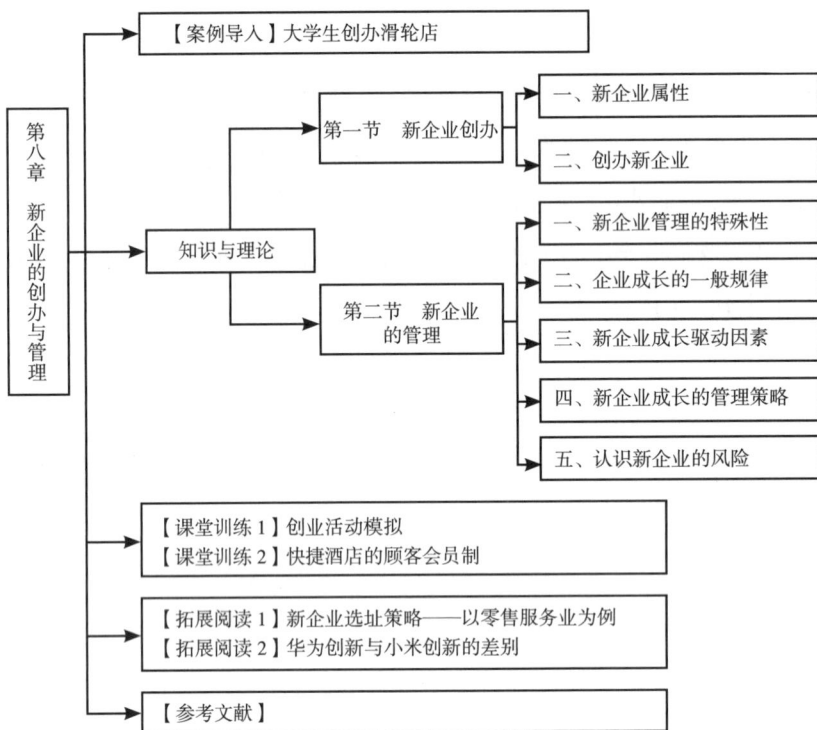

案例导入框架内容：

- 【案例导入】大学生创办滑轮店
- 第八章 新企业的创办与管理
  - 知识与理论
    - 第一节 新企业创办
      - 一、新企业属性
      - 二、创办新企业
    - 第二节 新企业的管理
      - 一、新企业管理的特殊性
      - 二、企业成长的一般规律
      - 三、新企业成长驱动因素
      - 四、新企业成长的管理策略
      - 五、认识新企业的风险
  - 【课堂训练1】创业活动模拟
  - 【课堂训练2】快捷酒店的顾客会员制
  - 【拓展阅读1】新企业选址策略——以零售服务业为例
  - 【拓展阅读2】华为创新与小米创新的差别
  - 【参考文献】

▶▶▶ 案例导入

大学生创办滑轮店

欧阳×，男，某大学国际经济与贸易专业学生，经营拥有自己品牌的轮滑专卖店——风火轮滑，主要经营成人轮滑装备，进行轮滑技术培训与咨询，并承接各类有关轮滑的商业表演。目前拥有3家连锁店，两家设在长沙，一家设在北京。

欧阳×本人酷爱轮滑运动，进入大学后，他发现很多有同样的爱好的同学，于是萌生了开创品牌轮滑店的想法，并进行了一定的市场调查，确定了创业方案。通过向朋友借款和自己的部分存款，欧阳×筹集了8万元资金，于2015年创办了"风火轮滑"专卖店，开始了自己的创业历程。通过一个多月辛苦的筹备，"风火轮滑"诞生了。但初期的经营不令人满意，少有人问津，没什么人了解他的"风火轮滑"。为了改变这种局面，扩大品牌的知名度，推广轮滑运动，欧阳×频繁在长沙各大高校演出，结交志同道合的朋友，吸引更多热爱轮滑的人，推广自己的品牌，同时也培养了一批新的轮滑爱好者。经过两年的摸索，"风火轮滑"已经初具规模，拥有3家连锁店、500余名会员，成为轮滑协会的合作伙伴。风火轮滑是轮滑协会的推荐产品，为长沙高校大学生熟知。

今年上半年大学毕业后，欧阳×继续经营着壮大中的"风火轮滑"，并且有意经营其他体育运动装备。

问题：

1. 你认为欧阳×的创业成功取决于哪些因素？
2. 欧阳×的创业属于什么类型的创业？
3. 欧阳×的哪些创业精神值得你学习？
4. 通过案例，你对初创企业的理解有哪些？

知识与理论

第一节 新企业创办

一、新企业属性

（一）企业法律形式

企业法律形式，也称公司形式、企业组织形式、公司法定种类、公司法定类型，是指企业在法律上的组织形态，它主要根据公司股东对公司债务是否负清偿责任以及所负清偿责任的程度来决定。它是企业组织内部各个有机构成要素相互作用的联系方式或形式，以求有效、合理地把组织成员组织起来，为实现共同的目标而协同努力。企业法律形式是企业资源和权力分配的载体，它在人的能动行为下，通过信息传递，承载着企业的业务流动，推动或者阻碍企业使命的进程。由于企业法律形式在企业中的基础地位和关键作用，企业所有战略意义上的变革，都必须首先在企业法律形式上开始。

中国企业的法律形式大体有个体工商户、个人独资企业、合伙企业、中外合资企业、中外合作企业、外商投资企业、国有独资企业、无限责任公司、有限责任公司和股份有限公司等。创业者应当根据自己的经济实力及其他有关情况，决定自己创办企业的类型。

不同企业法律形式有不同的要求，包括开办和注册企业的资金、开办企业手续的难易程度、风险责任的大小、纳税额的多少、筹措资金的难易、寻找合伙人可能性的大小、企业决策的复杂程度、企业利润的多寡等。

1. 个体工商户

个体工商户业主只需一个人或一个家庭，人数上没有过多限制，注册资本也无数额限制，开办手续比较简单。业主只需要有相应的经营资金和经营场所，到工商部门办理登记手续即可。个体工商户还可以根据自己的需要起字号。在经营上，由于全部资产属于自己所有，决策程序比较简单，不受他人制约；在利润分配上，全部利润归自己或家庭，但同时对外要承担无限责任，相应的风险也比较大。

2. 个人独资企业

个人独资企业是指由一个自然人投资，财产为投资人所有，投资人以其个人财产对企业债务承担无限责任的经营实体。个人独资企业在业主数量和注册资金上与个体工商户相似，但设立手续比个体工商户复杂，需要有合法的企业名称、有投资人申报的出资证明、有固定的生产经营场所和必要的生产经营条件及有必要的从业人员。在经营决策和利润分配上与个体工商户相似，决策程序简单，利润归投资人，同时负无限责任。

（1）个人独资企业的设立条件

①投资人为一个自然人。

②有合法的企业名称。个人独资企业不能使用"有限"或"公司"字样。个人独资企业的名称可以是厂、店、部、中心和工作室等。

③有投资人申报的出资证明。设立个人独资企业的投资人可以用货币出资，也可以用实物、土地使用权、知识产权或者其他财产权利出资。投资人可以个人财产出资，也可以家庭共同财产作为个人出资。以家庭共同财产作为个人出资的，投资人应当在设立登记申请书上予以说明。

④有固定的生产经营场所和必要的生产经营条件。

⑤有必要的从业人员。

（2）个人独资企业的法律特征

①个人独资企业不是企业法人，不具有独立的法律人格，它的财产与投资者的个人财产没有任何区别，投资人就是企业的所有人，以其个人全部财产对企业债务承担无限责任。

②投资人对企业经营管理拥有控制权和指挥权。尽管个人独资企业可以聘用经理或其他经营人员，但经营的最高决策权仍属于投资人。投资人有权决定企业的停业、关闭等事项。

③在组织结构形式上，个人独资企业是由个人创办的独资企业，其投资者是一个自然人。国家机关、国家授权投资机构或者国家授权的部门、企业、事业单位等都不能作为个人独资企业的设立人。

个人独资企业的经营方式是由经登记机关核准登记的个人独资企业经营活动所采用的方式或者方法。一般有自产自销、代购代销、来料加工、来样加工、来件装配、零售、批发、批零兼营、客运服务、货运服务、代客储运、装卸、修理服务和咨询服务等。代理销售、连锁经营是新产生的经营方式。

3. 合伙企业

合伙企业需要两个或两个以上的人合伙，无资本数量限制。成立条件较为复杂，需要两个以上的合伙人订立书面合伙协议，有合伙人的实际出资、合伙企业的名称、经营场所和从事合伙经营的必要条件。

合伙企业的主要特征如下：

①合伙企业不是法人，合伙人之间通过签订合伙契约，规定各合伙人在合伙中的权利义务关系。

②合伙人是"人的组合"，合伙人丧亡、破产或退出等都影响合伙企业的存续。

③合伙人对合伙企业的债务承担连带无限责任。合伙人以个人所有的全部财产作为合伙债务的担保。一旦合伙企业的财产不足以清偿其债务，债权人有权向任何一个合伙人请求履行全部债务。

④合伙人原则上均享有平等参与管理合伙事务的权利。除非契约另有规定，每个合伙人均有权对外代表合伙企业从事业务活动。

合伙企业的合伙人要依照合伙协议共同经营、共享利益、共担风险，各合伙人按照协议分配利润，同时要对合伙债务负无限连带责任，这种责任可以说是最重的。

小·知识

创办者选择股东的四个误区

1. 用股份来换抵工资

创业公司因为不想也付不起市场水平的工资，所以往往倾向于找人的时候许诺股权期权，希望对方降薪加盟。这样做的结果是让股份分散，形成了许多小股东，但起不到激励作用。试想一下，如果你认为公司的股份很值钱，你会大手笔给出去吗？如果你给出去的股份不很值钱，那拿到股份的员工会认为很值钱吗？尤其是初创公司，员工根本不相信股份的价值，多半是你给了也白给，还是要一步步地给对方市场化的工资待遇。

2. 让企业的朋友成为股东

许多创业者需要某个人帮助公司而对其赠予股权，这也有问题。一方面，并非非得如此对方才会帮助你，换而言之，不赠予对方也可能会帮助你，甚至其他方式的酬劳可能对方更喜欢，因为初创企业的股权别人不一定当回事儿；另一方面，即便对方能帮上忙，给予其股权也未必合适。不管对方的帮助价值多么巨大，都只应给予一次性回报。

3. 让亲朋好友当股东

创业初期很艰难，但是也有亲朋好友支持你的。原则上不赞成创业初期接纳亲友或部属的投资，至少是在明确知道可以成功之前不要让亲朋好友参股。理由有两个：一是亲朋好友的参股不可能是大资金，对你而言是杯水车薪；二是亲朋好友不可能将投资人的角色和亲朋好友的角色完全分开。早期公司未定型，风险很大，中国人承受风险的心理素质并不高，如果发展不顺，很可能让自己良心不安，同时会影响自己和亲友的关系。

4. 吸收不好的"战略投资者"

创业公司要慎重引入战略投资人，尤其是其关联业务和你的主业相关的战略投资人。中国的战略投资人有一种将战略投资作为竞争手段的倾向，和他们打交道需要小心为妙。

资料来源：孙陶然.创业 36 条军规［M］.中信出版集团.2019（05）：113-115.

4. 有限责任公司

有限责任公司是指股东以其出资额为限对公司承担责任，对公司的债务承担责任的法人企业。根据《公司登记管理条例》第九条规定，有限责任公司的登记事项包括名称、住所、法人代表姓名、注册资本、公司类型、经营范围、营业期限、有限责任公司股东或发起人的姓名。

（1）有限责任公司的组织机构

①股东会。有限责任公司股东会是由全体股东组成的权力机构。

股东会行使下列职权：决定公司的经营方针和投资计划；选举和更换董事，决定有关董事的报酬事项；选举和更换由股东代表出任的监事，决定有关监事的报酬事项；审议批准董事会的报告；审议批准监事会或者监事的报告；审议批准公司的年度财务预算方案；审议批准公司的利润分配方案和弥补亏损方案；对公司增加或者减少注册资本作出决议；对发行公司债券作出决议；对股东向股东以外的人转让出资作出决议；对公司合并、分立、变更公司形式、解散和清算等事项作出决议；修改公司章程。

②董事会。有限责任公司设立董事会。董事会是股东会的执行机构，由 3~13 名董事组成。董事会设董事长 1 人，可以设副董事长 1~2 人，董事长为公司的法定代表人。股东人数较少和公司规模较小的有限责任公司可以只设 1 名执行董事，不设董事会。股东会会议由董事会召集，董事长主持，董事长因特殊原因不能履行职务时，由董事长指定的副董事长或者其他董事主持。

③监事会。有限责任公司中经营规模较大的，设立监事会，其成员不得少于 3 人。监事会应在其组成人员中推选 1 名召集人。

监事会由股东代表和适当比例的公司职工代表组成，具体比例由公司章程规定。监事会中的职工代表由公司职工民主选举产生。有限责任公司数较少和规模较小的，可以设 1~2 名监事。

董事、经理及财务负责人不得兼任监事。监事的任期每届为 3 年。监事任期届满，连选可以连任。

④经理。有限责任公司设经理，由董事会聘任或者解聘。

经理对董事会负责，行使下列职权：主持公司的生产经营管理工作，组织实施董事会决议；组织实施公司年度经营计划和投资方案；拟订公司内部管理机构设置方案；拟订公司的基本管理制度；制订公司的具体规章；提请聘任或者解聘公司副经理、财务负责人；聘任或者解聘除应由董事会聘任或者解聘以外的负责管理人员；公司章程和董事会授予的其他职权。经理列席董事会会议。

（2）有限责任公司的优缺点

有限责任公司的优点如下：

①有限责任公司容易组建。

②有限责任公司一般采用董事单轨制。

③有限责任公司的股东风险较小。

有限责任公司的缺点如下：

①公司的信用程度不及无限责任公司。

②有限责任公司易产生投机倾向。

③筹集资本和转让资本较难。

与个人独资及合伙企业相比，设立有限责任公司的条件更为严格，承担的社会责任也更加复杂。但有限责任公司能够拥有更大的规模，适合现代化大生产的需要。

　　有限责任公司需要由 50 个以下的股东出资设立。根据《公司法》第二十六条规定，有限责任公司的注册资本为在公司登记机关登记的全体股东认缴的出资额。法律法规以及国务院决定对有限责任公司注册资本实缴、注册资本最低额另有规定的，从其规定。同时，有限责任公司还需要股东共同制订公司的章程、建立符合要求的组织机构、有固定的经营场所和必要的生产经营条件，还应设立股东会、董事会和监事会，并由董事会聘请职业经理管理公司事务，办理开业登记的手续也较为复杂。但有限责任公司的优点是股东按出资比例分配利润，并以出资额为限承担有限责任，对创业者而言风险最低。

小·知识

创业企业的治理结构分析

　　什么是公司的治理结构？吴敬琏认为，所谓公司的治理结构，是指由股东、董事会和管理层三者组成的一种组织结构。在这种结构中，三者之间形成一定的制衡关系。通过这一结构，所有者将自己的资产交由公司董事会托管；公司董事会是公司的最高决策机构，拥有对管理层的聘用、奖惩以及解股权；管理层受雇于董事会，组成在董事会领导下的执行机构，在董事会授权范围内经营企业。创业企业一定要建立一个好的公司治理结构，治理机构有问题的公司很难成功。

　　吴敬琏认为公司治理结构的核心有两个问题：

　　第一，公司的股东构成及其相互比例关系

　　股东根据性质分为国有股、个人股和外资法人股。选择不同的股东，公司的运转需要遵循不同的规则。股东之间的股份比例如何分配，里面的学问非常多，直接决定了权力分配和股东之间的相互制衡。柳传志曾讲过惠普公司的例子，惠普公司经过多年的发展，两个创始人在不断减持后持有的公司股份已经非常低了。惠普公司实际上处于没有主人的状态，公司的董事会里主要是一些独立董事，靠这些与公司没有"血缘"、没有"股权"关系的独立董事管理公司的结果是，这些不是公司"主人"的主人，为了维护他们所谓的"价值观"或者为了能"免责"一个很小的过失解雇业绩出色的 CEO，导致公司的业绩大滑坡。

　　第二，董事会和管理层之间的权力分配

　　这个问题的核心其实是董事长和 CEO 之间的分工问题，在董事长和 CEO 由不同人担任的公司里，董事长和 CEO 之间的关系永远是对立统一的，有分歧是正常的，尤其在战略问题上必须相互妥协。在实际经营中，对于绝大多数公司而言，要么是董事长要么是 CEO 在制订和执行战略，除非是董事长退休交班给 CEO 的情况，否则，在一个公司中，董事长和 CEO 只能有一个人强势，既负责战略也负责执行。

资料来源：孙陶然.创业 36 条军规［M］.中信出版集团.2019（05）：126-128.

5.股份有限公司

股份有限公司对股东的数量未作具体规定，对注册资本数量也无具体限制，利润分配方面按股东出资比例分配利润，同时，股东以出资额为限对公司承担有限责任。在经营上，企业成员入股，一般实行全员入股，建立资本金制度，职工既是参股人又是劳动者。

股份有限公司设立方式分发起设立和募集设立两种。

发起设立是指由公司发起人认购公司应发行的全部股份而设立公司。

募集设立是指由发起人认购公司应发行股份的一部分，其余股份向社会公开募集或者向特定对象募集而设立公司。

股份有限公司设立程序复杂，通常对注册资本要求高，一般不适合创业者选择。

表 8.1 不同企业法律特点比较

	优 势	劣 势
个人独资企业	企业设立手续简便，且费用低 所有者拥有企业控制权 可以迅速对市场变化作出反应 只需交纳个人所得税，无须双重课税 在技术和经营方面易于保密	创业者承担无限责任 企业成功过多依赖创业者个人能力 筹资困难 企业随着创业者退出而消亡，寿命有限 创业者投资的流动性低
合伙企业	创办比较简单，费用低 经营上比较灵活 企业拥有更多的技能和能力 资金来源广，信用度高	合伙创业人承担无限责任 企业绩效依赖合伙人的能力，企业规模受限 企业往往因关键合伙人死亡或退出而解散 合伙人的投资流动性低，产权转让困难
有限责任公司	创业股东只承担有限责任，风险小 企业具有独立寿命，易于存续 可以吸纳多个投资人，促进资本集中 多元化产权结构有利于决策科学化	创立的程序比较复杂，创立费用较高 存在双重纳税问题，税收负担较重 不能公开发行股票，筹集资金的规模受限 产权不能充分流动，资产运作受限
股份有限公司	创业股东只承担有限责任，风险小 筹资能力强 公司具有独立寿命，易于存续 职业经理人进行管理，管理水平较高 产权可以以股票形式充分流动	创立的程序复杂，创立费用高 存在双重纳税问题，税收负担较重 股份有限公司要定期报告公司的财务状况 公开自己的财务数据，不便严格保密 政府限制较多，法规的要求比较严格

6.中外合作经营企业

中外合作经营企业的投资人至少包括一个中方投资者和一个外方投资者。对这类企业，法律并没有特殊的注册资本限制，但如果是有限责任公司形式的，注册资本要按照有限责任公司的规定执行，是股份有限公司的，注册资本要按照股份有限公司的规定执行。需要特别注意的是，申请设立中外合作经营企业，应当将中外合作者签订的合作协议、合同、章程等文件报请国务院对外经济贸易主管部门或者国务院授权的部门和地方政府审核批准后方可。中外合作经营企业按照合作合同分配利润，并以其全部资产承担债务责任。这种企业形式在经营上设董事会或者联合管理机构，依照合作企业合同或者章程规定，决定合作企业的重大问题。中外合作企业的董事长或联合管理机构主任由中国公民或外国公民担任，副董事长或联合管理机构副主任由另外一方公民担任。

（二）影响企业选择组织类型的因素

企业组织类型各有利弊，不能简单地说某种企业组织类型最好或最差，选择适当的组织形式，有助于企业配置和利用好本企业资源实现企业最佳的经济目标。

具体而言，在选择企业组织形式时要注意以下 4 个方面：

1. 企业规模

如果准备开办的企业规模较小，投资人较少，资金较少，所有风险由自己一个人承担，可以选择比较简单的企业形式，如个体工商户或合伙企业。投资者的规模对企业法律形式选择有重要影响，3 种主要的企业法律形式都有法定人数要求。如果是一个创业者想创办企业，可以考虑个人独资企业或者一人有限公司；如果是多人投资成立企业，应优先考虑合伙制企业、一人公司外的有限责任公司；如果投资人数多到达到股份有限公司的要求，可以考虑注册股份有限公司。

2. 企业资金

如果准备开办的企业规模较大，投资人比较多，需要的资金较多，为避免较大的债务风险，可以选择有限责任公司这种企业法律形式；如果资金比较紧张，注册个人独资企业或者合伙企业可能更为理想；如果能争取到国外的投资者，享受外商投资的有关优惠政策，则可以考虑选择中外合作企业或中外合资企业这种企业法律形式。

3. 经验积累

如果创业者经营企业经验丰富，可以选择个人独资企业或者一人有限公司等独立性较强的企业法律形式；如果有其他的合伙人，可以选择合伙企业、有限责任公司等企业法律形式，从而可以发挥众人智慧，防止企业经营出现大的问题。

4. 技术门槛

如果所选择的是科技含量高、需要大量投资的企业，可以选择有限责任公司或股份有限公司等企业法律形式；如果企业所属行业适宜较大规模经营的，如制造型企业、贸易加工型企业以及大多研发技术型企业，适宜选择合伙企业和有限责任公司形式较为适宜；如果企业属于一般性服务行业，通常规模较小，可以优先选择注册个人独资企业或者个人有限责任公司类型。

创建企业法律形式应注意以下几个问题：

（1）几种经营形式的区别

最新规定的有限责任公司最低注册资金为1万元，而且股东人数最少可以是一人。通常有限公司比个体户等经营形式在人们心目中的信任度高，经营行业项目限制较少，未来发展空间大，还可以取得一般纳税人资格。股东对企业债务承担有限责任，即最高清偿不得高于注册资本金的数额。

（2）主要产品（服务）和经营范围

这些内容是创业者在选定创业项目、筹集启动资金时必须考虑的。

（3）创业者个人情况

创业者个人情况包括创业者年龄、性别、文化程度、技能特长、兴趣爱好及相关工作经历等。

（4）创业的基本条件

创业的基本条件包括创业项目、资金、场地等，如创业场地要靠近目标客户群体；初次创业要考虑租金的承受力；创业场地要符合国家有关行业的规定；选择创业场地要搞清市政规划；选择创业地址应考察周边的邻居；交通和停车情况要考虑是否方便客户驻留；按照创业场地综合评估表给选定的场地作全面的评估。

二、创办新企业

（一）创办新企业流程

按照现行法律法规，创业者注册新公司需要遵循一定的流程，并到相应的政府部门登记审批。相关审批登记项目包括公司核名（查询企业名称、客户提供材料），经营项目审批（如果有特殊经营范围的需要有关部门批准盖章），工商所初审，公安刻章（公司公章备案），验资，提交工商局审批（申领营业执照），申请组织代码证、税务登记证，银行开户，购买发票等。

企业名称与自然人名称相对，企业名称是作为法人的公司或企业的名称，该名称属于一种法人人身权，不能转让，随法人存在而存在，随法人消亡而消亡。法人在以民事主体参与民事活动如签订合同、抵押货款时需要使用企业名称。

企业名称必须经过核准登记才能取得。企业名称一般由4个部分构成，即行政区划（也可以不使用）+字号+行业（经营特点）+组织形式。行政区划是指企业所在地县以上行政区划的名称。企业名称中的行政区划名称如"省""市""县"等字可以省略，但省略后可能造成误认的除外。县以上的市辖区行政区划名称应与市行政区划名称联用，不宜单独冠用市辖区行政区划名称。一般而言，行政区划一般放在名称最前面，也可以放在名称中间，但应加上括号。字号是构成企业名称的核心要素，应由两个以上的汉字组成。企业名称中的字号是某一企业区别于其他企业或社会组织的主要标志。行业或经营特点应当具体反映企业的业务范围、方式或特点。确定行业或经营特点字词，可以依照国家行业分类标准划分的类别使用一个具体的行业名称，也可以使用概括性字词，但不能明示或暗示有超越其经营范围的业务。组织形式，即企业名称中反映企业组成结构、责任形式的字词，如公司、厂、中心、店、堂等。

注册企业名称的规定如下：

①企业名称不得含有下列内容和文字：a. 有损国家、社会公共利益的；b. 可能对公众造成欺骗或者误解的；c. 外国国家（地区）名称、国际组织名称；d. 政党名称、党政军机关名称、群众组织名称、社会团体名称及部队番号；e. 其他法律、行政法规规定禁止的。

②企业名称应当使用符合国家规范的汉字，不得使用外国文字、汉语拼音字母、阿拉伯数字。

③在名称中间使用"国际"字样的，"国际"不能作字号或经营特点，只能作为经营特点的修饰语，并应符合行业用语的习惯，如国际贸易、国际货运代理等。

④使用自然人姓名作字号的，该自然人应是企业的投资人或股东。所用投资人姓名与党和国家领导人或老一辈革命家的姓名相同的，不得使用。

⑤以商标作字号应提交商标所有权人出具的同意函，以及国家有关部门对该商标的认定证明。

企业名称有下列情形之一的，不予核准：

①与同一工商行政管理机关核准或者登记注册的同行业企业名称字号相同，有投资关系的除外。

②与其他企业变更名称未满1年的原名称相同。

③与注销登记或者被吊销营业执照未满3年的企业名称相同。

④其他违反法律、行政法规的。

（二）新企业选址

企业选址是指企业开业前对经营地址进行论证和决策，确定企业在何处建厂或建立服务设施、门店等的过程。它不仅直接关系设施建设本身的投资，而且在很大程度上决定了企业产品和服务的成本，从而影响企业的市场竞争力和经济效益，甚至关乎企业的生死存亡。

从世界各地新创企业成功和失败的经验来看，选址的重要性不言而喻。企业竞争力的内容具有复杂性和多层次性，一家新创企业的持续竞争力必然受到该地区商业环境质量的强烈影响。

从深层次上看，选址对创业成功的重要性还在于区域的竞争优势的独特性和集聚等效应。迈克尔·波特认为，各个地域中能存在的"知识""关系"以及"动机"通常具有难以被其他地域竞争对手所模仿和取代的特性。在一个发达的经济区域中，比地理位置优劣对商务环境更具影响力的因素是该地区的企业是否集聚在一起并形成了具有竞争力的"团簇（或称集群）"，这种团簇"构成了企业竞争中最为重要的微观经济基础"。

新企业选址是一个较复杂的决策过程，涉及的因素比较多。归纳起来，影响选址的因素主要有以下 5 个方面：

1. 经济因素

在关联企业和关联机构相对集中地区选址的新企业容易成功。波特在研究了全球产业竞争力的"钻石模型"后指出，某一领域内相互关联的企业和机构在选址上进行集中后可以形成"团簇（Clustering）"，这是一个地区经济竞争力的标志。若一家企业有幸建在一个好的企业聚集区，区内的各家企业间就会产生一种竞争与合作的关系。一方面，竞争对手之间展开激烈的竞争以求在竞争中胜出并保住市场；另一方面，在相关行业间的企业及地方机构间还存在着广泛的合作关系，一群具有竞争力的企业和一系列高效运转的机构共同实现该地区的繁荣。新企业在选址时都应考虑将自己建在一个好的产业"团簇"中。具体说来，选择接近原料供应或能源动力供应充足地区的新企业具有相对成本优势；选择接近产品消费市场的地区具有客户优势；选择劳动力充足且费用低、劳动生产率高的地区具有人力优势；选择有利于员工生活的地区。

此外，人力资源的可获得性及其费用、能源可获性及其费用和厂址及其费用均是要考虑的经济因素。

2. 技术因素

技术因素对高科技创业企业的成功是显然的，但技术本身的进步却难以预测。从某种意义上说，技术市场的变化是最为剧烈和最具不确定性的因素。为了能够了解和把握技术变化的趋势，许多企业在创业选址时，常常考虑将企业建在技术研发中心附近，或建在新技术信息传递比较迅速、频繁的地区。

3. 政治因素

政府对市场的规制也是值得创业者重视的一个方面。创业者要评价现在已经存在的及将来有可能出现的影响产品或服务、分销渠道、价格以及促销策略等的法律和法规问题；当地政府是否鼓励该产业的发展，有无歧视政策，是否具备产业规划、财税政策、人才培养等多种途径保障，能否提供高效优质的服务等，将企业建在政府支持该产业的地区。

当投资者到国外去设厂时，应考虑不同国家的政治环境，如国家政策是否稳定、有无歧视政策等。有些国家或地区的自然环境虽然很适合投资，但是其法律变更无常，资本权益得不到保障，并不适宜投资。

4. 社会、文化因素

企业选址要考虑新企业所在地的社区文化和商业文化，包括当地居民的生活习惯、文化教育水平、宗教信仰和生活水平、文化品位和消费心理。

人们生活态度的不同，人们对安全、健康、营养及对环境关心程度的不同，会影响创业者所生产产品的市场需求，当创业者准备生产的产品与健康或环境质量等有密切关系时更是如此，此时应优先考虑将企业建在其企业文化与所生产产品得到较大认同的地区。

5. 自然因素

选址需要考虑地质状况、水资源的可利用性、气候的变化等自然因素。有不良地质结构的地区，会对企业安全生产产生影响。水资源缺乏的地区对于用水量大的企业来说，会对正常生产产生不利影响。

上述各种因素对不同的行业企业来说有不同的考虑侧重点。例如，制造业的选址和服务业的选址的侧重点就不同。制造业侧重考虑生产成本因素，如原料与劳动力；而服务业侧重于考虑市场因素，如顾客消费水平、产品与目标市场的匹配关系、市场竞争状况等。

总之，企业选址应首选人才、技术、信息和资金密集的区域。城市的商务中心区聚集了最先进齐全的市政设施、商务设施、娱乐设施、文化教育设施及居住设施而始终成为企业青睐的首选区域。此外，在将时间和成本等同的今天，交通是否顺畅已经成了企业关心的因素之一。交通甚至会改变城市人口的经济行为、居住选择、空间概念。交通在完善城市空间布局方面发挥着重要作用，地铁、轻轨向郊区拓展并延伸，在时空范围内缩小了城市的体积，同时在经济上拓展了城市的功能。

一般来说，生产性质的创业企业选址要考虑原材料的供应地距离与价格，交通运输是否便利，是否具备生产水电与环保条件，有无优惠政策等；商业性质的创业企业选址应考虑客流量、租金、人群消费能力等；服务性质的创业企业选址要根据具体的经营对象灵活选址，但对客流量要求较高；知识技术的创业企业，如网络技术、电子科技、媒体制作和广告等可考虑选在行业聚集区或成熟商务区以及相应产业园区。

头脑风暴

地段对商业活动的影响

学校里的便利小超市，装修和商品都一般，为什么生意兴隆？

为什么相同商品不同地段，生意竟然有如此大的差别？

是不是人流量大的路边都适合开店？

（三）新创企业责任

1. 社会责任

社会责任是指一个组织对社会应负的责任。一个组织应以一种有利于社会的方式进行经营和管理。社会责任通常是指组织承担的高于组织自己目标的社会义务。如果一个企业不仅承担了法律上和经济上的义务，还承担了"追求对社会有利的长期目标"的义务，就说该企业是有社会责任的。

社会责任是社会法和经济法中规定的个体对社会整体承担的责任，是由角色义务责任和法律责任构成的二元结构体系。责任分为两种：第一种是指分内应做的事，如职责、岗位责任等。这种责任实际上是一种角色义务责任或者说是预期责任。第二种是因没有做好分内之事（没有履行角色义务）或没有履行助长义务而应承担一定形式的不利后果或强制性义务，即过去责任，如违约责任、侵权责任等。

社会责任也可分为"积极责任"和"消极责任"。积极责任也称预期的社会责任，它要求个体采取积极行动，促成有利于社会（不特定多数人）的后果的产生或防止坏的结果的产生。消极责任或者说过去责任、法律责任，则只是在个体的行为对社会产生有害后果时，要求予以补救。

2. 经济责任

经济责任是指公司生产、盈利、满足消费需求的责任。其核心是公司创造利润、实现价值的能力。公司的经济责任可以通过财务、产品服务、治理结构3个方面进行考察。

尽管企业经济责任并没有一个单一的定义，但从本质上，追求这一方法的公司，需要做以下3件重要的事情：

第一，公司认识到，其经营活动对其所处的社会将产生很大影响，而社会发展同样也会影响公司追求企业成功的能力。

第二，作为响应，公司积极管理其世界范围内的经营活动在经济、社会、环境等方面的影响，不仅使其为公司的业务运作和企业声誉带来好处，还使其造福于企业所在地区的社会团体。

第三，公司通过与其他群体和组织、地方团体、社会和政府部门进行密切合作来实现利益。

3. 持续发展责任

持续发展责任是指保证企业与社会持续发展的责任。该项责任可以通过环保责任和创新责任两个方面进行考察。

4. 法律责任

法律责任是指公司履行法律法规各项义务的责任。该项责任可以通过税收责任和雇主责任两个方面进行考察。

5. 道德责任

道德责任是指公司满足社会准则、规范和价值观、回报社会的责任。该项责任可以通过内部道德责任和外部道德责任两个方面进行考察。

（四）新企业应了解的法律问题

创业者在创建和经营企业的过程中，必须了解和遵守有关法律法规，以确保自身和他人的利益没有受到非法侵害。与创业有关的法律主要包括专利法、商标法、著作权法；反不正当竞争法、合同法；产品质量法；劳动法等。

1. 专利法

专利法是确认发明人（或其权利继受人）对其发明享有专有权，规定专利权人的权利和义务的法律规范的总称。1980年1月，我国政府正式筹建专利制度，后又成立了中国专利局。1984年3月，全国人大通过并颁布了《中华人民共和国专利法》。2001年6月15日，国务院颁布《中华人民共和国专利法实施细则》。2008年12月27日，第十一届人大第六次会议通过关于修改《中华人民共和国专利法》的决定，自2009年10月1日起施行。

2. 商标法

商标法是确认商标专用权，规定商标注册、使用、转让、保护和管理的法律规范的总称。它的作用主要是加强商标管理，保护商标专用权，促进商品的生产者和经营者保证商品和服务的质量，维护商标的信誉，以保证消费者的利益，促进社会主义市场经济的发展。

商标是企业在价值上可以量化的重要的无形资产，可以为企业带来巨大收益。商标只有经过注册，才会受到法律保护，才能取得商标专用权，否则企业的这部分无形资产就会大量流失或者严重缩水。商标不仅是消费者选择产品或者服务的依据，而且是企业参与市场竞争的主要载体。

3. 著作权法

著作权法是指保护文学、艺术和科学作品作者的著作权以及与著作权有关的权益。按照法律规定，中国公民、法人或者其他组织的作品，无是否发表，均享有著作权。

4. 反不正当竞争法

反不正当竞争法是调整在制止不正当竞争过程中发生的社会关系的法律规范的总称。1993年9月2日，八届人大第三次会议通过了《中华人民共和国反不正当竞争法》，共5章33条。立法目的是保障社会主义市场经济健康发展，鼓励和保护正当竞争，制止不正当竞争，保护经营者和消费者的合法权益。创业者除了力戒不正当竞争行为外，更应当在创业过程中注重应用反不正当竞争法维护企业的合法权益。

5. 合同法

《中华人民共和国合同法》于1999年10月1日起施行。合同法是规范市场交易，保护合同当事人合法权益，维护社会经济秩序，促进社会主义现代化建设的基本法律。按照《中华人民共和国合同法》的规定，合同是平等主体的自然人、法人、其他组织之间设立、变更、终止民事权益义务关系的协议。合同的形式多种多样，当事人可以用书面、口头以及其他形式订立合同。合同法就是用来调整合同当事人相互之间权利义务关系的法律规范。

6. 产品质量法

产品质量法是为了加强对产品质量的监督管理，提高产品质量水平，明确产品质量责任，保护消费者的合法权益，维护社会经济秩序而制定的。《中华人民共和国产品质量法》于1993年9月1日起施行，2000年7月进行第一次修正。

7. 劳动法

劳动法是为了完善劳动合同制度，明确劳动合同双方当事人的权利和义务，保护劳动者的合法权益，构建和发展和谐稳定的劳动关系而制定的法律。《中华人民共和国劳动法》于1995年1月1日起施行，2018年12月第二次修订；《中华人民共和国劳动合同法》是为了完善合同制度，明确劳动合同双方当事人权利和义务，保护劳动者合法权益，构建和发展和谐稳定劳动关系的法律，自2008年1月1日起施行，2012年12月修订。

课堂训练 1

创业活动模拟

请同学们回忆自己参与体验过的某个真实或模拟的创业活动。运用以下问题激发自己在体验中和体验后对自身的表现、感受及想法进行反思：

1. 自己在这次创业活动中哪些方面表现特别突出？哪些方面不如期望的好？个人认为在哪些方面可以作一些改进？

2. 在参与活动期间，自己与其他人有过哪些互动？意图是什么？自己的沟通和参与对这次活动或他人产生了哪些影响？

3. 从这次反思中，自己学到了什么？

拓展阅读 1

新企业选址策略——以零售服务业为例

1. 次优选择策略

（1）选址关系未来 10 年、20 年乃至更长时间的决策。由于长期预测的不确定性过大，即便掌握了丰富准确的市场调查数据和资料，也难以找到最优方案，能够满意就行了。

（2）繁华商圈旺盛的人气、集中的消费往往成为很多创业者的首选。但在创业初期，繁华商圈动辄数万元的月租以及不菲的转让费会让你的资金马上捉襟见肘。另外，繁华商圈内大型购物商场经常性的打折、送礼等促销活动，会让你的小店客流受到严重冲击。选择繁华商圈的次商圈成为新企业选址的最佳选择。

2. 便利客户策略

零售服务业选址要考虑其业态特征，创业者往往选择单体规模小、满足顾客便利需要、经营选择性较低的日常生活用品为主的零售业态，如中小型超市、便利店、餐馆、美发、洗染等，显然应在距离上靠近人群聚集的场所，如住宅区、商务办公区、影剧院、商业街、公园名胜、娱乐、旅游地区等。这些地方可以使顾客享受到购物、休闲、娱乐、旅游等多种服务的便利，是服务业开店的最佳地点选择。

交通便利已成了现代零售服务业必须考虑的重要因素，如果是几个车站交汇点，则该地段的商业价值更高。

3. 聚集与互补策略

零售服务业具有依附性、借客源性的特征，同行密集客自来，这是经商古训。人流吸引人流，商业吸引商业，生意大家做，才能造成一方的繁荣兴旺。在选址上应采取聚集策略，千万不要怕竞争而选在偏远地区。一种方案是在商业区、大商场、著名连锁店或强势品牌店的附近设店；另一种方案是在专业街区开店，专业街同业商店多，集中经营同一类商品，以其品种齐全、服务完善为特色，吸引大量慕名而来的顾客，会产生聚集效应。

此外，零售服务业选址还应考虑业种、业态分布和周围商店类型相协调，起到互补作用，或有鲜明特色，采用错位经营、差异化竞争策略，为顾客带来完整的"一条龙"服务。

例如，你经营的货品正好和附近知名店面的货品构成互补，那么你的小店一开始就拥有了初步的消费群体；又如，在体育馆、娱乐场所、旅游景点附近，你可以提供餐饮、美容美发、运动／休闲服装、照相馆、便利店、手机充电服务、纪念品零售店或咖啡茶饮等。

资料来源：杨凤.创业理论与实务［M］.北京：清华大学出版社，2014：123-126.

第二节 新企业的管理

一、新企业管理的特殊性

新企业成长和现有企业成长具有明显的不同。激烈的市场竞争对已经建立一定竞争优势的强大竞争者有利，它们已经树立了自己的优势，包括品牌、服务、渠道等。作为新入行的企业，只有打破原有竞争格局才能够扭转不利局面。在核心竞争能力尚未形成的时候，应该采用怎样的方式与对手周旋，争取生存机会，然后不断积累实力，加强自身的地位？与成熟公司不同，新创企业在创业初期的首要任务是在市场中生存下来，让消费者认识和接受自己的产品。

1.以生存为首要目标

新企业成立之初，尤其是前两年，首要任务是在市场上找到立足点，千方百计使自己生存下来，不要被市场所"消灭"。把产品或服务卖出去，掘到第一桶金，在市场上找到立足点，使自己生存下来。要明确，在创业阶段生存是第一位的，一切围绕生存运作，一切危及生存的做法都应避免。

新企业成长初期重要的不在于想什么，而在于做什么，一切以结果为导向。企业里的大多数人，包括创业者在内，都要出去销售产品，就是要"行动起来"。正因如此，企业往往缺乏明确的方针和制度，也没有严格的程序或预算，企业的决策高度集中，不存在授权，是创业者的独角戏。此时企业不清楚自己的能力和弱点，只是开足马力全速前进。

在创业期，企业是机会导向的，有机会就作出反应，而不是有计划、有组织、定位明确地开发利用自己所创造的机会。这使企业不是去左右环境而是被环境所左右，不是创造和驾驭机会而是被机会所驱使，这导致企业不可避免地犯很多错误，促使企业制订一套规章制度以明确该做什么而不该做什么。

2. 依靠自有资金创造自由现金流

现金对企业来说就像人的血液，企业可以承受暂时的亏损，但不能承受现金流的中断。所谓企业的自由现金流就是不包括融资，不包括资本支出以及纳税和利息支出的经营活动的净现金流。自由现金流一旦出现赤字，企业将发生偿债危机，可能导致破产。自由现金流的大小直接反映企业的赚钱能力。它不仅是创业初期也是成长阶段管理的重点，区别在于对创业初期的管理。由于融资条件苛刻，只能依靠自有资金运作来创造自由现金流，从而使管理难度更大。创业初期的管理要求经理人必须千方百计增收节支、加速周转、控制发展节奏，像花自己的钱那样花企业的钱。

3. 所有的人做所有的事

新企业在初创时，尽管建立了正式的部门结构，但很少能按正式组织方式运作。通常是，虽然有名义上的分工，但运作起来是哪里需要，就往哪里去。这种看似的"混乱"，实际是一种高度"有序"的状态。创业初期的企业很有人情味，相互之间都直呼其名，没有高低之分。每个人都清楚组织的目标和自己应当如何为组织目标作贡献，没有人计较得失，没有人计较越权或越级，相互之间只有角色的划分，没有职位的区别。这种在初创时期锻炼出来的团队领导能力，是经理人将来领导大企业高层管理班子的基础。

4. 创业者亲自深入运作细节

经历过创业初期的创业者大都有过这样的体验：曾经直接向顾客推销产品，亲自与供应商谈判折扣，亲自到车间里追踪顾客急需的订单，在库房里卸货、装车，跑银行、催账，策划新产品方案，制订工资计划，曾被经销商欺骗，遭受顾客当面训斥等。创业者对经营全过程的细节了如指掌，才使得生意越做越精。

随着企业的逐渐发展，创业者不可能再深入企业的各个角落去亲自贯彻自己的领导风格和哲学，授权和分权则成为必然，企业缺乏相应的控制制度，授权不可避免地转向分权，导致创业者对企业的失控，从而重新走向集权之路，这样反反复复，最终创业者必须由直觉型的感性管理转变为职业化的专业管理。

二、企业成长的一般规律

世界上任何事物的发展都存在着生命周期，企业也不例外。企业生命周期如同一双无形的巨手，始终左右着企业发展的轨迹。一个企业要想立于不败之地必须掌握企业生命周期的变动规律，并及时调整企业的发展战略，面向市场推动该企业的稳定、健康发展。如果一个企业能从盲目感觉的梦境中走出来，清醒地知道自己所处的生命阶段，抓住从量变到质变的机遇，采取新的管理方式和手段，平稳地实现突破和转折，就会不断创造业绩，健康成长。

（一）企业生命周期理论的流变

企业生命周期理论构成了经济学与管理学理论对企业成长问题最基本的假设之一。自1972年美国哈佛大学教授拉芮·格雷纳在《组织成长的演变和变革》一文中首次提出企业生命周期概念以来，来自生物学、心理动力学、经济学与管理科学等领域的学者和企业研究者，对企业生命周期问题进行了广泛的探讨和深入的研究。

尼尔森和温特等学者，从生物学的视角切入来研究企业的生命周期问题。他们认为，企业像生物有机体一样，有一个从诞生、成长、壮大、衰退、死亡的过程，要经历从生到死、由盛转衰的演化。企业具有和一般自然生物系统相似的3个生命特征，即新陈代谢性、自我复制性和突变性。企业成长通过类似生物进化的3种核心机制来推动，借助多样性、遗传性和选择性来完成。在企业发展过程中，市场环境为企业成长提供界限，这一界限与企业存活能力和增长率有密切的关系。

企业的成长和发展将遵循量变到质变的基本规律，在由一个生命阶段过渡至另一个生命阶段的转折点上，企业将面临独特的升级问题，质变前后企业将呈现非常不同的状态，质变后企业的功能和能力将发生显著的改变，同时企业发展面临的问题也会显著变更。

丘吉尔、奎因和艾迪斯等人将考察企业的重点放在企业成长和发展过程中的各个阶段的特征等问题上，并从企业的核心技术周期、企业家周期等多个角度认知企业的生命周期。他们认为，企业的成长和发展是一个具有若干阶段的连续过程，企业在各个阶段通常经历一段相当平静的稳定进化成长期，结束于不同形式的管理危机。

企业的核心技术周期、企业家周期等对企业生命周期有重要影响，这些周期的存在和共同叠加产生企业整体的生命周期。它们的核心思想是，企业在不同的发展阶段，会呈现出不同的形态特征和行为方式，这些特征和方式可以通过灵活性和可控性两个指标来体现。

企业生命周期阶段的划分有多种不同的方法，其中影响较大的当属艾迪斯的分法。

（二）爱迪思企业生命周期模型

在众多企业生命周期模型中，美国学者爱迪思提出的阶段划分最为细致，在理论界和实践界有着广泛影响。他把企业生命周期划分以下几个阶段，分别是孕育期、婴儿期、学步期、青春期、盛年期、稳定期、贵族期、官僚期、死亡期。盛年期之前是成长阶段，盛年期之后是老化阶段，如图 8.1 所示。

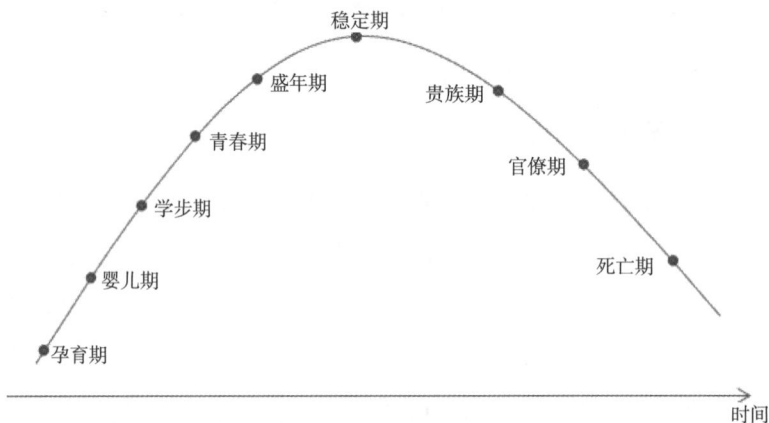

图 8.1　爱迪思企业生命周期

1. 孕育期

孕育期是先于企业出现的一个阶段，即梦想阶段。没有梦想，就不会有后来的企业。此阶段的本质，就是创业者确立自己的责任，并且一直伴随着创业者经历企业的全部生命周期。这种责任的形成标志，不是公司在形式上的成立，而是创业者的创意通过了利益相关人的检验，创业者和加盟人都树立起了承担风险的责任心，风险越高，责任越大。同时，这种责任能够得到经理人、雇员、客户、供应商等利益相关者的支持。成功的企业不仅要有好的创意、市场和资金的支持，更需要那种把自己的全部热情和精力都能投入事业的人。创业者的责任心和凝聚力，决定着资源能否积聚和充分利用。

如果创业者的动机仅是为了赚钱，这种急功近利的狭隘不能支撑建立真正的企业。真正的企业，在创业阶段必须要带一点超凡脱俗的动机，如满足市场需求、创造附加价值、增添生活意义等。创业的责任承诺在后来的兑现过程中，可能产生一些不正常的和病态的问题。创业者在激动状态下，会被迫或者自愿地作一些不现实的承诺，常见的问题如慷慨地给加盟者分配股份。在梦想阶段这种股份是不确定的，公司有了真正价值使这种股份权益变为现实时，创业者将会备受折磨。

2. 婴儿期

婴儿期不再有浪漫和梦想，而是实实在在的生存问题。这一阶段能否健康成长，取决于营运资金和创业者承诺的兑现，增加销售量成为头等大事。此时的正常问题是化解产品与扩大销售的矛盾，这将会使企业筋疲力尽。羽翼未丰的企业处处都需要资金，空想空谈不再有用，需要的是行动和销售。这时候必须稳定产品，核定价格，支持销售。但此时企业管理不到位，创业者忙得只能解决最紧急的事，没有明确的制度，缺乏必要的程序，预算相当有限，不足以建立庞大的团队。创业者只能高度集权，过度承诺，安排日程过满，加班加点工作，从领导到员工都在忙，没有等级之分，没有考核。家庭式的小本经营企业都很脆弱，一不留神小问题就会变成危机，全部人员全神贯注，决策权高度集中，领导者事必躬亲，只有那种每天工作十几个小时以上而且星期天可以加班的人才能胜任。

导致婴儿期企业夭折的第一个因素就是现金流断裂。婴儿期的企业总是投资不足，为了避免耗尽企业的流动资金，必须要有现实的商业计划。一旦出现把短期贷款用于长线投资、不恰当的价格打折、将股份转让给不能同舟共济的风险投资家等失误，就会严重到足以毁灭公司。导致婴儿期企业夭折的第二个因素是创业者失去控制权或者丧失责任心。缺乏规章制度，为了获取现金而采取权宜之计的坏习惯，尤其是为了保证资金链而引进了只求快速收回投资的控股者，会让创业者渐渐丧失企业的控制权。当追求事业的热情变成不堪重负的压力之后，特别是在外来投资者不当干预下企业背离了创业者的初衷时，创业者可能会放弃自己的责任。在婴儿期企业中，独断专行的领导风格几乎是不可避免的，这样才能适时处理危机。但这种风格如果不适当地长期持续，就会在下一个阶段阻碍企业发展。

3. 学步期

当公司运转起来，产品和服务得到市场认可的时候，企业就进入了学步期。这一阶段现金流增加，销售提高，会出现"初生牛犊不怕虎"的自大，最常见的问题就是摊子铺得过大，任何机会都要考虑，任何好处都舍不得丢弃，卷入太多相干和不相干的生意，精力不能集中，多元化遍地开花。公司就像是一个微型的企业集团，一个小部门甚至一两个人就想要撑起一个"事业部"。创业者独断专行，虽然造就了婴儿期的成功，却隐含着学步期的管理危机。老板们沉醉于眼前的成功，相信自己的天赋，充满不成熟的疯狂想法，而那些促销的折扣与奖励，使销售直线上升却没有利润，甚至销得越多赔得越多。

尽管快速增长表面上是好的，然而让销售额直线上涨是危险的，把资金流寄托于未知的市场份额更危险。此时企业应该夯实基础，稳扎稳打，关注预算、组织结构、分工、职责、激励机制等基本制度建设，学会自律，学会放弃。但是，经营现实中这种企业常常经历一连串的决策失误，碰了钉子才会有些许清醒。学步期实际上是频繁的试错阶段。

4. 青春期

这是摆脱创业者的影响进入经理人治理的阶段，也称为再生阶段，即脱离父母监护的独立阶段，这是一个痛苦的过程。即使创业者本人转变为职业经理人，其中的冲突、摩擦也在所难免。规章制度的建立和授权是青春期企业的必经之路。婴儿期大权独揽不存在问题，而到青春期则必须授权，就像父母对长大的孩子必须放手一样。一旦引入职业经理人，就会发生管理风格的变革和企业文化的转化。对于创业者来说，婴儿期需要冒险，学步期需要远见，而青春期需要的是规范经营。职业化、减少直觉决策、驾驭机会而不是被机会驱使、创建制度、形成责任体系、改变薪酬规定等，都会成为冲突之源。创业者、创业元老与新经理矛盾冲突不断。青春期的麻烦，实质上是经营目标的转变，由盲目扩大市场份额转向明确追求利润。如果经理人与董事会结成同盟，挤走富有开拓精神却在不断破坏制度的创业者，病态的结果是企业未老先衰，有了"数字化管理"却失去了前瞻眼光，有了组织纪律性却失去了朝气活力，最终会丧失盛年期的收获而直接进入贵族期。完成青春期转变的要害，是创业者与经理人之间的理解、信任与合作。

5. 盛年期

这是灵活性和控制力达到平衡状态的阶段，这是企业蒸蒸日上的时期。此时企业经过了青春期的痛苦，实现了领导机制的转变，建立了有效的管理制度体系，梦想和价值观得以实现，合适的权力结构平衡了创造力和控制力的关系。企业明白它要什么不要什么，关注点可以兼顾顾客和雇员，销售和利润能够同时增长，它能预测到即将取得的成效。这时的企业已经成为能够共享某些功能的利润中心组合体，规模经济和显著效益可以让公司多产起来，能够分化和衍生出新的婴儿期企业，也能够扩展到新的事业领域，有了相互尊重和信任的企业文化，可以促进企业的内部整合和团结。

当然，盛年期的企业也有问题。婴儿期、学步期、青春期出现过的问题，有可能在盛年期还会出现，但鼎盛状态下要想持续发展，管理人员的培训不足、训练有素的员工不够，则会上升到首要位置。此时已经进入公司发展有预见、可控制并具有资金基础的阶段，关键的难题是如何以高素质人员来保持兴盛状态。

6. 稳定期

稳定期是企业的转折点，虽然一切欣欣向荣，但是越来越循规蹈矩安于现状，保守处事。决策的隐含准则是保护自己的利益而非公司利益。高管层虽然能倾听建议，但却不会探索新的领域。琐细的事实、大量的数据和精密的公式在决策中满天飞。稳定期的表象是企业遇到了增长瓶颈，实际上是发展曲线到了顶点。公司有时会出现新的构想，但没有当年的那种兴奋和刺激。典型的表现就是对财务部门的重视超过了对营销部门和研发部门的重视，对改善人际关系的兴趣超过了对冒险创新的兴趣，对昔日辉煌的津津乐道超过了对发展愿景和新战略定位的探索，在用人上更乐意用唯唯诺诺者而不愿再见到桀骜不驯者。表面上，这一阶段没有大毛病，高管层更多地会误以为这就是盛年期，但衰败的种子正在悄悄发芽。

7. 贵族期、官僚期及死亡期

这个时期代表着公司越来越走下坡路。这个阶段的企业不再有真正的长期目标和事业追求，只是为了维持面子而热衷于短期获利和低风险目标。人们为了维护自己的利益而争斗，强调别人造成了灾难，总要有人为错误承担责任，内讧和中伤不断，大家都在争夺企业内部地盘，无人理睬客户需求，那些平时看着不顺眼的员工（正是这些人往往保存着一些创造力）变成了牺牲品。有创造力的人，在官僚化内讧中往往不是那些擅长权位者的对手。试图推行变革、扭转官僚化趋势的人，其努力不但无济于事，而且会搭上自己的职业前程，最后不得不走人。官僚化的结局是企业濒临破产，靠企业自身的努力已经无力回天，到处充斥着制度、表格、程序、规章，就是看不到真正的经营活动。企业最终的命运就是走向死亡。

爱迪思对企业生命周期的概括，为研究管理打开了一个新的视窗。必须注意的是，企业所处的生命阶段，不以时间长短来确定，也不以规模大小为前提。就时间来说，有不少百年老店依然"年轻"，也有不少刚刚建立的企业已经"老态龙钟"；就规模来说，有些世界排名领先的巨型企业依然生机盎然，而有些小型企业已经被送进了重症监护室。判断企业年龄的尺度，是灵活性和控制力的消长情况。

三、新企业成长驱动因素

"成长"是新企业生存和发展的一种状态。创业企业成长是指企业在一个相当长的时间内，通过创新、变革和有效管理等手段，积累、整合并促使资源增值，不断增强企业能力，形成企业核心竞争力，进而保持企业整体绩效平衡、稳定增长的势头的过程。并不是所有的新创企业都会进入快速成长阶段。一些从事服务业或手工业的个体所有制企业往往满足于较小的规模，为特定的客户群服务。但大部分创业企业在市场站稳脚跟后，遇到机会，往往倾向于企业和市场规模的扩张。

在现有企业成长影响因素的理论研究中，主要存在 3 种不同的研究视角。产业组织学派认为企业成长的主要影响因素在于企业的外部环境及企业在环境中的位置，企业成长的关键在于产业位势的选择。资源基础理论、企业能力理论等内生成长理论认为企业成长的影响因素源自企业内部，企业的异质性资源、独特的能力是企业成长的关键因素。快速发展的企业演化理论趋向于一种折中的观点，认为企业成长是企业内外部因素共同作用的结果，存在一个复杂的演化过程。总结近年来的研究成果：新企业成长的驱动力量包括创业者、创业团队、市场和组织资源等。

（一）创业者驱动

创业者是新企业的决策人和领导者，对新企业成长的驱动具有不可替代的作用。创业者发现商业机会后，要寻找、挖掘能利用机会来创业的资源，这些都需要创业者的素质、眼光、能力和胆略，创业者不仅要有前瞻性、洞察力，还要善于经营和管理。有了机会，也找到了资源，并不意味着企业的产品或服务能够得到市场响应。还需要有好的商业模式和发展战略，才能引领新企业可持续发展。创业者的能力和偏好决定了新创企业的成长。

（二）创业团队驱动

创业是一个包含众多人的组织形成过程，一个喜欢独立奋斗的创业者固然可以谋生，然而一个团队的营造者却能够创建出一个组织或一个公司，而且是一个能够创造重要价值并有收益选择权的公司。创业团队的凝聚力、合作精神、立足长远目标的敬业精神会帮助新创企业渡过危难时刻，加快成长步伐。另外，团队成员之间的互补、协调以及与创业者之间的补充和平衡，对新创企业起到了降低管理风险、提高管理水平的作用。 创业团队主要从创业精神、专业水平和组织方式 3 个方面影响新企业的成长。

（三）市场驱动

市场对企业发展起着决定性的作用。产品有市场，企业才能获得利润；产品无销路，企业就难于生存，更谈不上发展。企业成长必须确立以市场为导向的方针，首要的问题就是要研究市场环境以及如何开拓市场，并逐步提高市场份额。根据迈克尔·波特的竞争力理论，企业提高市场竞争能力就需要综合分析 5 种竞争力，五种竞争力制约并驱动着新企业的成长。

（四）组织资源驱动

组织本身也是一种资源。组织资源通常是指企业的正式管理系统，包含了企业生存、发展和运作的各个方面和层面，如企业组织结构、企业文化、企业的各项规章制度、管理与作业流程等。组织资源的驱动作用，在于通过实现组织机构的合理化，建立充满生机和活力的管理体制，实现组织运转的高效化和制度化。通过组织可以将组织成员所拥有的知识、技能和经验转化为组织特有的、共享的资源或资产，这种资源或资产一旦与组织其他资源结合，不仅为企业创造利润，还能为企业创造竞争优势，进而驱动企业成长。

四、新企业成长的管理策略

新创企业成立之初往往都是白手起家。但新创企业并不是规模小的大企业，尽管从规模、资金、员工人数等数量指标能够区分新创企业和大企业，但这些指标并不能够从本质上揭示两者之间的区别。其关键差异在于计划性、创新能力、控制系统和竞争优势来源。

新创企业通常缺乏制订计划的能力，也不存在大量数据资料作为决策参考。新创企业往往没有大公司一样的长远计划。但新创企业经营者为了提高企业生命力，可能更加关注市场变化，更加贴近顾客，更加注重短期的快速反应能力和适应外部动荡不定的商业环境。

一般意义上认为，大企业具备创新所需的资金和人才，其创新能力较强。但实践及相关数据表明，由于时滞等问题的困扰，大企业的创新能力往往落后于新创企业。相反，新创企业的创新效果较好，把最新科研成果实现产业化的周期明显比大公司短。新创企业把绩效作为工作的唯一标准，产品出现偏差时及时纠正，员工安排出现漏洞时适时调整，无论对外部市场还是内部管理，都能够拥有较强的控制能力。大企业组织机构复杂、等级层次多，会影响信息传递速度和决策效率，会出现控制能力的削弱。

大企业竞争优势主要体现在两个方面：一是大批量生产领域，此时竞争优势与规模经济有关。二是多种大批量生产业务的联合，此时竞争优势与范围经济有关。而新创企业一般会拥有大公司无可比拟的灵活性和专业化优势，灵活性保证了新创企业决策迅速，船小好掉头；而专业化程度则表现为新创企业的经营领域往往是某些利基市场，如规模较小的服饰配件或小家电，或某种专用设备、零部件、添加剂等专门化产品。

由此可知，新创企业并不是规模小的大企业，简单地把大企业成功的管理经验应用于新创企业，未必能保证新创企业经营获得成功。

（一）企业创建初期管理策略

1. 创业初期的营销管理

有别于成熟企业，创业初期新企业拥有的资源极其有限，市场份额小，地理分布十分狭小，难以形成规模经济。新企业急切需要将企业创造的产品或服务出售，获得收入，如此才能体现企业的价值，同时也对企业进一步的成长奠定基础。卖出产品，换回收入，即销售是此时最重要的任务。创业初期的销售有时甚至是不赚钱的，为了吸引顾客从消费其他公司的产品和服务转移到自己的产品和服务上，即使不赚钱甚至赔钱也卖。创业初期的销售收入增长很快，但成本增加更快，加上价格往往在成本附近，会出现销量很大却没有利润的困境。随着企业逐渐成熟，对已有的销售行为进行规范，对客户进行筛选和细化管理，对产品售前、售中、售后整个过程进行监控，整合所有销售相关的资源，把销售工作当成经营来做，逐步使销售收入和利润实现同步增长。

2. 创业初期的人力资源管理

创业初期人力资源管理的主要特点：企业规模小，组织结构层次简单，决策权在主要创业者手中，决策过程简单，只要经营班子制订出可行性方案，就可迅速执行；决策与执行环节少，使得决策集中高效，执行快速有力，对市场变化能够迅速作出反应；创业初期的企业人财物、产供销、机构设置、生产方式、经营形式、利益分配、规章制度以及人员使用都由企业自主决定，机构精简、决策自主、反应灵敏、工作效率高，尤其是在用人机制上，创业企业有充分的用人自主权，能够吸引大批的人才加盟。

创业型人才和创业型企业有勇气和信心，有冲劲，但缺乏经验。往往是创业前什么事都好办，创业时什么事都难办，创业后什么事都办不好。创业型人才一般年轻人居多，处事不够稳重，欠考虑，在创业初期热情高涨，情绪很能影响合伙人。他们考虑最多的是如何多拉业务、如何扩大业务圈、如何尽快提升销量、如何多进账，于是他们把更多的精力放在跑业务上，放在"钱""利""财"上，忽视了企业内部管理，如销售管理、生产管理、技术管理、采购管理、财务管理、后勤管理等，特别忽视人员管理的重要性。

初创企业一般都是中小企业，人员配置少、身兼数职，不能忽视每一个人对企业的影响力。创业者不能把做企业想象得过于简单，更不能忽视人员管理。每个企业都离不开员工在其中发挥的作用，企业管理人员与基层人员决定了企业的方方面面。人安定，则企业安定；人复杂，则企业复杂。对于新企业来说，创业者和他的团队是人力资源中非常重要的一个环节。有一句名言是这样说的，企业的血液可以替代，但企业的基因绝对不可以复制。这里的基因就是创业者和他的团队。他们给予了企业生命，帮助企业形成经营模式和企业文化。没有好的创业者和好的创业团队，想要创业成功，是不可能的。

3. 创业初期的价格管理

通过对产品在生命周期不同阶段的定价策略的学习，可以增进创业者对市场和价格的认识和理解，有利于创业者学会正确的产品定价方法。从现代市场营销理论来说，产品整体概念包含核心产品、有形产品、附加产品和心理产品4个层次。

核心产品也称实质产品，是指消费者购买某种产品时所追求的利益，是顾客真正要买的东西，在产品整体概念中也是最基本、最主要的部分。消费者购买某种产品，并不是为了占有或获得产品本身，而是为了获得能满足某种需要的效用或利益。

有形产品是核心产品借以实现的形式，即向市场提供的实体和服务的形象。如果有形产品是实体物品，则它在市场上通常表现为产品质量水平、外观特色、式样、品牌名称和包装等。产品的基本效用必须通过某些具体的形式才得以实现。市场营销者应首先着眼于顾客购买产品时所追求的利益，以求更完美地满足顾客需要，从这一点出发再去寻求利益得以实现的形式，进行产品设计。

附加产品是顾客购买有形产品时所获得的全部附加服务和利益，包括提供信贷、免费送货、保证、安装、售后服务等。附加产品的概念来源于对市场需要的深入认识。购买者的目的是满足某种需要，他们希望得到与满足该项需要有关的一切。

由于产品的消费是一个连续的过程，既需要售前宣传产品，又需要售后持久、稳定地发挥效用，因此，服务是不能少的。可以预见，随着市场竞争的激烈展开和用户要求不断提高，附加产品越来越成为竞争获胜的重要手段。

心理产品是指产品的品牌和形象提供给顾客心理上的满足。产品的消费往往是生理消费和心理消费相结合的过程，随着人们生活水平的提高，人们对产品的品牌和形象看得越来越重，它也是产品整体概念的重要组成部分。

具体地说，一个产品在它的生命周期的不同阶段，价格不同。开发阶段：在产品开发阶段进入市场，定价较高，但利润较低，营销成本偏高，如DVD、液晶屏、数码相机等。发展阶段：产品逐渐得到市场认可，定价较高，利润开始增长。成熟阶段：多数顾客已经买了，新顾客很少，价格降低或打折销售，盈利减少，营销费用加大。衰退阶段：原有产品销售额和利润开始下降，宜退出市场，新产品开始盈利。

作为创业者，应该分析进入的市场正处在哪个阶段，从而确定自身的营销策略。最佳的时机是及早进入市场，以在市场的发展阶段获得最大的利润。而且，这个阶段的竞争也不是很激烈。

4. 创业初期的顾客管理

企业每一时期的销售都来自两类顾客，即新顾客和老顾客。老顾客的推销作用不可低估。一个有购买意向的消费者，购买产品前必然会进行大量的信息资料收集，其中听取亲友、同事等亲身经历的推荐往往比企业作的介绍更具有吸引力。企业要永续发展，不断争取新顾客固然重要，但维系与老顾客的良好关系，培养老顾客对企业的信任和忠诚更能直接增强企业的获利能力。

每一个顾客都会对他所要购买的产品有一个期望值，顾客在选择产品时，往往基于以往的购买经验或者朋友和伙伴的意见。很多企业都把提高顾客的满意度作为自己的追求目标。顾客忠诚度往往靠一些小事的积累而形成，忽略这些细节，有可能使已经来过的顾客流失。

如何提高顾客的忠诚度？美国西北大学教授、当代市场学权威菲利普·科特勒（Philip Kotler）的研究结论表明：获取一个新顾客的成本是留住一个老顾客的5倍。公司每年老顾客的流失率为10%。一个公司如果将其老顾客的流失率降低5%，就可以提高利润25%~85%。在许多情况下，即使争取到一位新客户，也要在若干时间段后才能真正盈利。对一位新顾客进行营销所需费用较高的主要原因在于进行一次个人推销访问的费用远远高于对一般性顾客低廉的服务费用。很多时候，留住老顾客比发展一个新顾客更有吸引力，甚至比市场占有率还重要。确保老顾客的再次消费，留住老顾客可使企业的竞争优势长久，是降低销售成本和节省时间的最好方法。成功的企业和成功的营销员常把留住老顾客作为企业与自身发展的头等大事。

5.注重整合外部资源、追求外部成长

哈佛商学院教授史蒂芬森强调，创业是不拘泥于当前资源条件的限制下对机会的追寻，将不同的资源组合以利用和开发机会并创造价值的过程。创业活动往往是在资源不足的情况下把握商业机会，要求创业者必须创造性地整合资源，尽量运用少量资源，控制更多资源，注重借助别人（既包括竞争对手也包括合作者）的力量，发展壮大自身，注重整合外部资源追求外部成长。尽可能多地寻找可供整合的外部资源提供者，分析并寻找到潜在资源提供者共同利益所在，让对方先赢自己再赢的整合策略，强化沟通实现外部资源的有效整合。

（二）新企业核心竞争力培育

在企业生命周期模型中，当新创企业已经度过了为生存而战的婴儿期，处在学步期到盛年期之间的成长型新企业往往拥有优质的产品或比较成熟的项目，具备较快的发展速度和很大的发展空间，对未来增量发展有着积极的预测，同时也有着宏伟的目标，但成长型企业管理系统比较薄弱，更多依靠的是创业者及其团队的执行力，主要靠领导的权威推动企业的运作，而不是靠机制去运作。如何让新企业在有了生存保障后迅速成长？要想在市场上取得一定地位，需要一些必不可少的推动因素，这些因素能够持续有效地推动企业继续向前发展和成长。在这一过程中，创业者要注重整合外部资源，实现从创造资源到管好、用好资源的思维转变，形成较为固定的企业文化价值观。用成长来解决成长过程中所遇到的疑难杂症，还要从过分追求速度，转变为注重提升企业的价值。成长期的新企业与创业初期的新企业相比，在管理上的重点相应发生变化，表现为培育或者强化其企业核心竞争力。

企业核心竞争力体现在特定的能力上，这种能力本身又可以视为多种能力的聚合，是可以分解的。通过整合以下各方面的资源，以寻求企业更快、更好地成长。

1. 决策竞争力

决策竞争力是企业辨别发展陷阱和市场机会，对环境变化作出及时有效反应的能力。不具有这一竞争力，核心竞争力也就成了一具腐尸。决策竞争力与企业决策力是一种同一关系，决策频频失误的企业，肯定没有决策竞争力。没有决策竞争力的企业，也就是企业决策力薄弱。

2. 组织竞争力

企业市场竞争最终得通过企业组织来实施。只有当保证企业组织目标的实现必须完成的事务工作，事事有人做，并且知道做好的标准时，才能保证由决策竞争力所形成的优势不落空。并且，企业决策力和执行力必须以它为基础。没有强有力的组织明确而恰当地界定企业组织成员相互之间的关系，保障决策力和执行力的活动，没有恰当的人承担并完成，企业的决策力和执行力从何而来？

3. 员工竞争力

企业组织的大小事务必须有人来承担。只有当员工的能力充分强，做好工作的意愿充分高，并且具有耐心和牺牲精神时，才能保证事事都做到位。否则，企业的决策力和执行力也就成了无源之水的空话。保障企业决策力和执行力的活动要有效率和效益，也就是保证活动的主体——员工具备与之相适应的能力、意愿、耐心和牺牲精神。

4. 流程竞争力

流程是企业组织各个机构和岗位角色个人做事方式的总和。它直接制约着企业组织运行的效率和效益。企业组织各个机构和岗位角色个人的做事方式，没有效率和效益，企业组织的运行就不会有效率和效益。如果一个企业组织的做事方式没有效率，企业组织运行也就没有效率和效益，这就是企业没有执行力。

5. 文化竞争力

文化竞争力是指由共同的价值观念、共同的思维方式和共同的行事方式构成的一种整合力，它直接起着协调企业组织的运行，整合其内外部资源的作用。新企业成长的关键在于要形成共同的价值观念、共同的思维方式和共同的行事方式，否则，决策就不免频频失误，工作就不免效率低下。

6. 品牌竞争力

品牌需要以质量为基础，但仅有质量却不能构成品牌。品牌竞争力是强势企业文化在社会公众心目中的折射体现，也是直接构成企业整合内外部资源的一种能力。没有品牌竞争力，企业组织内部和外部都不认同企业的做事方式和行事结果，企业就谈不上有什么竞争力，更谈不上有核心竞争力。品牌一旦形成，它就是一种资源，是构成企业支持力的一个重要内容。

7. 渠道竞争力

企业要赚钱、赢利、发展，就必须有充分多的客户接受企业的产品和服务。如果没有宽阔有效的渠道沟通企业与客户之间的关系，企业与客户隔离，必然会惨败无疑。渠道也是一种资源，渠道竞争力是直接构成企业支持力的一个内容。

8. 价格竞争力

便宜是客户寻求的八大价值之一，没有不关注价格的客户。在质量和品牌影响力同等的情况下，价格优势就是竞争力。没有价格优势，最终都会被消费者淘汰。价格竞争力也是直接构成企业支持力的一个内容。

9. 伙伴竞争力

人类社会发展到今天，万事不求人包打天下的日子已成为过去，要为客户提供全面超值的服务和价值满足，必须建立广泛的战略联盟。如果一个企业失去合作伙伴的支持，也就无法适应客户价值满足集中化的要求，在残酷的市场竞争中会处于不利地位。伙伴竞争力的增强直接提升企业支持力和执行力。

10. 创新竞争力

一招鲜，吃遍天，这是市场竞争中的不二法门。要"一招鲜"就必须要不断地创新。谁能不断地创造出这一招来，谁就能在市场竞争中立于不败之地。创新竞争力既是企业支持力的一个重要内容，又是企业执行力的一个重要内容。

新企业的成长是靠资源的积累实现的。从整合企业资源的能力的角度进行分析，这10个方面的竞争力作为一个整体，体现为企业核心竞争力，任何一个方面的缺乏或者降低，都会直接导致这种能力的下降，即企业核心竞争力的降低。但这10种竞争力又各自相对独立。任何一个企业，拥有了其中任何一种竞争力，都是市场竞争一个制高点的占领。需要从注重创造资源转向管理好已经创造出来的资源，从"资源开创"到资源的"开发利用"。需要采取必要的措施，管理好客户资源，管理好有形、无形资产，通过现有资源创造最大价值。总之，重视创新、合作、质量、速度、服务和管理规范化等是促使企业持续快速成长的主要动力。

五、认识新企业的风险

创业过程需要承担一定的风险，包括负债、资源投入、新产品和新市场的引入以及关于新技术的投资。承担风险代表着把握机会。从财务角度看，可能的风险和预期报酬总是对应的，高报酬往往意味着高风险。当企业采用财务杠杆或投入资产以期获取高回报时，必须对项目的潜在风险保持高度警惕。德鲁克在《创新与企业家精神》一书中指出，成功的创业者不是盲目的风险承担者，他们采用各种方法降低风险。例如，通过调查、评估等降低不确定性，或者运用在其他领域内经过验证的方法和技术有效降低风险，加强竞争地位。

成长阶段新企业主要风险类型如下：

（一）最大风险来自管理

成长阶段创业企业面临的最大风险是管理风险。步入快速成长期后，企业市场迅速打开，这个阶段的企业，技术风险逐步消除，市场风险也变得较小。这个阶段人员急剧增加，生产规模不断加大，管理幅度不断扩大，资金规模不断加大，市场区域不断拓展等，这些因素都大大增加了管理的难度。如何控制成本，如何保障质量，如何管理渠道，如何树立品牌？正如人的成长要经历青春期的烦恼一样，这一阶段企业会出现许多管理问题，管理的风险变得最大。

如果不能及时解决管理问题，不仅会影响企业的成长，也会影响企业未来的发展。具体表现如下：

（1）管理失控

成长阶段的创业企业往往管理上存在诸多问题：重研发、轻市场，市场抓不住，研发方面一旦融资耗完，危机就开始出现；帮派严重，团队不和，各自为政，排斥能人参与，开始争权夺利；管理机制不明晰，用人不当，财务管理混乱；目光短浅，排斥现代企业理念，看不到更为广阔的市场，甚至产生自卑心理，不敢找高手竞争等。管理混乱导致机遇丧失、市场萎缩而逐渐失去竞争力。

（2）用人失察

创业初期，雇员不多，但是这些为数不多的雇员对公司的意义却非同小可。例如，你选错了助手，或者任命了不称职的人担任公司重要岗位的主管，那么就有可能使你的公司陷入困境；而一个不称职的销售主管可能会使一个销路很好的产品没有销路，这对公司的发展是毁灭性的。

（3）资金链断裂

资金风险主要是指因资金不能适时供应而导致创业失败的可能性。对新创企业，资金风险是最普遍的问题，如果创业者不能及时解决，一旦资金链断裂，极易造成创业夭折。像巨人集团、三九集团、飞龙集团等倒闭，原因都是惊人地相似，以致现在但凡有企业倒闭或者停产，人们往往想到的第一个问题便是资金链的断裂。

（二）战略失误必须防范

当创业企业初具规模，快速发展时，许多创业者容易被自己初步的成功冲昏头脑，有时甚至觉得无所不能，不顾实际扩大经营和盲目多元化发展，开拓超越实力的大市场，摊子铺得太大和对新业务不甚了解，难免出现战略失误，导致公司破产。像这样在获得巨大成功后很快就遭遇失败的惨痛教训实在太多。这些企业的共性是盲目扩张、发展速度过快，而人员、资金、管理三大要素相对滞后，企业发展根基脆弱。三大要素中的任何一个出现问题都会引发本不稳固的新创企业整体发生塌方。

（三）供应链风险

供应链系统是一个十分复杂的系统，风险来源于供应链上各种不确定性因素的存在。供应链网络上的企业之间是相互依赖的，任何一个企业出现问题都有可能波及和影响其他企业，影响整个供应链的正常运作，甚至导致供应链破裂和企业破产。

课堂训练 2

快捷酒店的顾客会员制

位于公园旁的某快捷酒店，他们把目标客户定位为个体商务旅行者，他们希望顾客记住他们的品牌，并且时常光顾他们的酒店。为了维护这些老顾客，他们从细致入微的服务入手，与每位顾客签订一个契约：请加入我们顾客会员俱乐部，凡住满十天即送一天，而且可以不计时间累积计算。住店期间，凡是顾客的要求，他们都尽力去满足。最后，这家酒店的顾客很稳定，而且，酒店四分之一的顾客，都表示不会去其他酒店，成了他们忠诚的顾客群体。

通过"会员制"进行管理客户，你认为某快捷酒店的客户行为有变化吗？

拓展阅读 2

华为创新与小米创新的差别

随着"大众创业、万众创新"的强力推动，创新成为推动我国经济结构转型发展的重要驱动力。由于社会环境等各种因素的不同，西方一些国家的创新模式在中国很难复制。企业的自主创新既面临着机遇，也面临着风险。成功固然能带来巨大的经济收益和社会效益，失败则可能使企业一败涂地，很难东山再起。失败有时是必然的，这令很多企业对创新望而却步，制约着企业的发展。本案以华为、小米为例，阐述各自企业的创新过程与创新模式，以期对读者有所启示。

创新模式的区别

据 2014 年的有关数据表明，在全球手机品牌排名前十位的企业中，中国手机厂商占据了一半，中兴通讯、华为、酷派、联想、小米等榜上有名。同为前十的企业，以华为为代表的传统创新模式和以小米为代表的新兴创新模式有哪些区别和共同之处呢？

对技术的高度重视是华为的一贯追求，技术创新是华为竞争力快速提升的关键因素，技术领先成为华为的核心竞争力。过去 10 年内，华为的研发经费投入累计超过 1 900 亿元人民币。咨询机构 Strategy 发布的一项全球研发费用报告显示，仅 2015 年华为的研发投入已经赶上大众、三星、英特尔等行业巨头。

在坚持技术领先、自主创新的同时，华为还借助外部资源不断完善、开发新产品。不仅自主量化生产手机芯片，还积极在竞争对手研发的前沿技术基础上进行再创新，实现了由内向外、由封闭式创新到开放式创新的逐步转变。经过十几年的积累，华为确立了以领先技术和标准专利为核心的竞争优势。

小米虽然起步较晚，但其凭"互联网＋手机"的创新模式成为一匹黑马，一举打破了华为、中兴通讯、酷派、联想相对稳定的市场结构。2014 年之前，小米因为专利授权量较少，所以另辟蹊径，采取了与华为完全不同的创新模式。小米的创新更多集中在品牌和营销方面，从"粉丝经济"到"饥饿营销"，搭着开放、包容、快速发展互联网的快车，小米的商业模式创新得到快速的推广和复制，得到消费者的认可，为小米带来了巨大的商业价值和社会价值。事实证明，无论是技术创新还是商业模式创新，都能为企业带来良好的收益，都能在竞争中获取较好的优势。

新形势下的创新突破

在互联网的冲击下，小米、华为等手机生产商发现商业模式创新可以独立于技术创新之外，过去靠知识产权制度构建的市场准入壁垒正在被逐渐打破，完全依靠知识产权垄断获取竞争优势已难以抑制业界新贵的崛起。微信、淘宝、滴滴打车、小米、共享单车等都借助互联网平台迅速发展壮大。

国内外都不乏在硬件上投入大量资金却遭遇发展瓶颈的企业，如诺基亚，大多数消费者称赞诺基亚过硬的技术和质量，但却不再购买诺基亚手机。与华为并驾齐驱的中兴通讯，虽然也掌握着大量的核心技术和专利储备，但中兴通讯智能终端的市场占比却呈不断下降趋势。目前，华为、酷派经过详细调研，开始向"互联网+"发展，通过互联网对传统产业进行改造，谋求升级转型。

小米凭借"硬件+软件+服务"的商业模式取得了成功。以目前小米的发展后劲，小米还将继续领跑国内手机市场一段时间。小米模式并非容易复制，如小米互联网电视也没能重复小米手机的成功。在开拓海外市场的过程中，2014年小米刚踏进印度就被爱立信盯上，并被申请禁令。可以说，小米在专利储备方面的薄弱，导致小米开拓海外市场时遭遇困局。

小米在智能手机上的技术创新远不及传统的手机厂商，却分得了国内市场最大的蛋糕，长此以往，小米有可能遭遇知识产权诉讼。目前，小米已经意识到自身发展的瓶颈，正积极展开专利布局，其提交专利申请的技术领域涵盖了数字传输、手机操作、图像处理及无线通信网络等方面。

由此可知，小米的知识产权战略是通过市场领先反哺技术创新，在商业模式取得阶段性成功以后，将商业上取得的优势资源用于弥补技术创新的不足，逐渐缩小甚至消除专利壁垒。

参考文献

［1］李家华.创业基础［M］.北京：清华大学出版社，2015：233-234.

［2］张玉利.创业管理［M］.北京：机械工业出版社，2016：200-201.

［3］陈晓红，周文辉，吴运迪.创业与中小企业管理［M］.北京：清华大学出版社，2014：200-201.

［4］布鲁斯R巴林杰，R杜安.创业管理［M］.薛红志，张帆，译.北京：机械工业出版社，2017.

［5］张玉利.创新与创业基础.［M］.北京：高等教育出版社，2017.

［6］杰弗里·蒂蒙斯，小斯蒂芬·斯皮内利.创业学.［M］.北京：人民邮电出版社，
2018.

［7］海迪 M 内克，帕特里夏 G 格林，坎迪达 G 布拉什，等.如何教创业：基于实际的百
森教学法.［M］.薛红志，李华晶，张慧玉，等，译.北京：机械工业出版社，2015.

［8］杨凤.创业理论与实务［M］.北京：清华大学出版社，2014.

［9］李家华.创业基础［M］.北京：北京师范大学出版集团，2016.

［10］孙陶然.创业 36 条军规［M］.中信出版集团.2019.